JN418450

Point 경제학 입문

조현수·황희정 공저

도서출판 두남

머리말

많은 시간 경제학강의와 경제관련 교양교과목을 강의하여 오면서 얻을 있었던 것은 경제학 강의가 정말 쉬운 일이 아니라는 것이다. 특히 기본적인 지식이 부족한 학생들을 대상으로 다양한 경제현상과 이론적인 배경에 대하여 설명하고 이해시키는 작업은 더 많은 노력과 인내심을 갖게 하여준다. 물론, 경제지식을 얻고자 하는 사람들도 경제학을 쉽다고 말하는 경우는 거의 없었던 것으로 기억한다. 그렇다고, 현대사회를 살아가는 이들이 경제를 무시하고 생활하는 것은 거의 불가능하기에 경제지식을 얻으려는 노력은 지속되어지고 있다.

현재의 일상적인 삶을 살아가는 어린아이부터 노령자에 이르기까지 경제사회의 테두리에서 벗어나 생활하기는 쉬운 일이 아니다. 때문에 초등학교의 학생으로부터 주부 내지는 노령자에 이르기까지 경제적인 생활방법과 기초지식의 확보에 많은 관심을 갖게 되는 것이다.

이와 같은 현상은 대학에서도 나타난다. 교양교과목으로 개설되는 경제관련 기초강좌에는 많은 학생들이 수강신청을 하게 된다. 물론 경제교과목은 어렵다는 인식과 함께 수강하기에 너무 재미없을 것이라는 사전 인식에 의하여 실제 수강신청하기까지 많이 망설이는 모습이다. 그렇지만 그 보다는 앞으로의 사회에서뿐만 아니라 지금의 시간에서도 살아가는데 꼭 알아두는 것이 좋겠다는 결정으로 수강신청을 하게 된다.

사실, 경제학을 처음 접하는 학생들과 일반인들에게 어디서부터 어디까지의 경제지식을 전달해 주어야 하는지 고민스러울 때가 너무나 많다. 특히, 다양한 전공의 학생들을 대상으로 하는 교양교과목으로 개설되는 경제관련 교과목의 경우는 더욱 그러하다. 그렇기 때문에 이들을 대상으로 경제현상을 설명하고자 할 때에는 더욱 조심스러워진다. 학생들 또한 기초적인 경제이론을 처음 접하기 때문에 강의한 설명을 자신이 어느 정도 받아들이고 있는지 파악하기 힘들 때도 있을 것이다. 결국 다양한 자료와 현상들을 중심으로 쉽게 설명해 주는 방법이외에는 없는 것 같다.

저자는 경제관련 교과목을 15년 동안 가르쳐오고 있다. 경제학의 모든 것을 가르친 것은 아니다. 중요한 이론과 개념의 정리 그리고 사회에서의 적용 등에 초점을 두고 가르쳐 온 것이다. 짧게 주어진 1학기 내지는 2학기에 경제학의 기본적인 이론과 개념을 가르치기에는 시간적 부족은 언제나 느끼고 있다.

이 책은 이러한 상황을 고려하면서 정리된 것이다. 경제관련 전공을 하는 학생들과 다른 전공의 학생들에게 꼭 필요하다고 생각된 내용을 이 책에 담기로 마음먹었다. 사실, 정리된 원고는 더 많은 분량으로 되어 있으나 모든 것을 담으려는 마음은 접어두기로 하였다. 이 책은 이전에 저술된 책자를 새롭게 내용을 보완하고 본문의 내용을 보다 쉽게 설명하기 위하여 많은 부분을 개정되었다.

저자는 경제지식을 처음 접하는 이들에게 적은 분량으로 시간적인 부담감과 많은 지식확보에 대한 두려움을 줄여 주고자 하였으며, 가능한 한 많은 보충설명과 통계자료를 추가하여 각 장의 내용을 가능한 한 쉽게 이해할 수 있도록 최선의 노력을 다하였다. 그렇지만 이제 최종원고를 정리하고 나니 두려움이 앞선다.

이 책을 세상에 내 보내기에 앞서 경제학 지식을 전달해준 은사님들께 감사 드려야 한다. 이 은사님들은 나의 학문적인 등불이기 때문이다. 특히, 작은 지식의 중요성을 가르쳐 주신, 지금은 고인이 되어 하늘에서 지켜봐 주시고 계실 일본 유학시절의 佐伯岩男 지도교수님과 다양한 전문지식을 전달해 주신 上領英之, 柳田義章 교수님 생각이 난다. 또한, 평생을 대학 강단에서 보내신 존경하는 아버지와 언제나 사랑을 주시는 어머니, 그리고 기업가이신 장인어른과 든든한 후원자이신 장모님에게 이 책으로 감사드리고 싶다.

언제나 바쁜 가운데 화목한 가정을 책임지는 사랑하는 아내와 귀여운 형권, 상권 두 형제와 함께 이 책의 발간을 지원하여 주신 도서출판 두남의 전두표 대표님과 많은 편집에 최선을 다해 주신 도서출판 두남의 가족들에게도 깊은 감사를 드린다.

2010년 1월

연구실에서 저자

차 례

제1편 Point 미시경제 기초지식

제2편 Point 거시경제 기초지식

제 1 편

Point 미시경제 기초지식

제1장 시장경제와 소비자

1 소비자의 욕망

1) 인간의 욕망과 한계

(1) 인간의 욕망

인간의 욕망은 누구에게나 존재하고 있으나, 원하는 욕망을 충족시켜주는 만큼의 만족을 얻는다는 것은 쉬운 일이 아니다. 거의 불가능한 일이라고 말하여도 좋을 것 같다. 욕망의 대상은 다양하고 그 한계가 어디인지 가늠하기 힘들며, 모든 상품에 대하여 소유하고픈 욕망을 갖고 있다고 말 할 수도 없다. 또한 욕망의 충족을 느끼는 정도 또한 개인에 따라 천차만별이기에 욕망의 크기를 수량화하는 것도 쉽지 않다.

만일 각 개인들의 물질적 재화에 대한 욕망의 정도와 만족의 정도를 알 수 있다면, 이러한 재화를 시장에 공급하여주는 기업들은 불필요한 자원의 낭비나 노력을 최소화 할 수 있게 되어 해당 재화의 생산에 최적의 상태를 유지할 수 있을 것이다. 물론, 각 개인들이 재화를 구매하는데 많은 조건들이 따라 붙지만 이러한 변수들이 일정하다고 가정되어 있는 상태에서 가능하다는 것이 전제되어야 한다.

일반적으로 인간의 욕망은 크게 2가지로 구분할 수 있다. 하나는 물질적 욕망이며, 또 다른 하나는 비물질적 욕망이다.

① **물질적 욕망** : 물질적 욕망은 경제적인 욕망이라고 말하여지며, 물질적 재화(자동차, 아파트, 보석, 토지 등)를 소유하고 싶어 하는 욕망이 여기에 해당된다. 이러한 물질적 욕망을 충족시키기 위하여 필요한 것은 화폐이며, 이 화폐를 통하여 재화를 얻을 수 있게 된다.

대부분의 재화들은 화폐 또는 그 이외의 어떠한 대가를 지불하지 않고서는 얻을 수 없으나, 반드시 그렇지는 않다. 공기와 물 등과 같은 자연적으로 얻을 수 있는 재화들이 있기 때문이다. 이에 기초한다면, 재화는 2가지의 형태로 구분할 수 있다. 하나는 어떠한 대가를 지불해야 얻을 수 있는 경제재이고, 또 다른 하나는 어떠한 대가를 지불하지 않고서도 얻을 수 있는 자유재이다.

㉠ 경제재(經濟財) : 대부분의 재화는 여기에 해당하며, 이 재화는 대금 또는 희생을 지불하지 않고서 소유불가능

㉡ 자유재(自由財) : 소수의 재화이며, 어떠한 대가를 지불하지 않고서도 소유가능

② **비물질적 욕망** : 비물질적 욕망은 비경제적인 것을 얻기 위한 욕망이라 말할 수 있으며 애인, 결혼, 친구 등이 여기에 속한다. 비물질적 욕망을 충족시키기 위하여 어떠한 대가를 반드시 치르지 않아도 되며, 그 욕망의 한계는 물질적 욕망의 한계에 비하여 그 한계를 지우기 더더욱 어렵다. 즉 시장을 통한 욕망의 거래방법이 형성되지 않는 이유로 경제학에서는 비물질적 욕망의 대상을 재화로 고려하고 있지 않다.

(2) 의식주 및 기타재화에 대한 욕망

① 의식주에 대한 욕망 : 인간의 기본적인 욕망은 의식주에 대한 욕망이다. 더 좋은 옷을 입고 싶고, 더 풍족히 먹고 싶으며, 더 쾌적한 주거지를 소유하고 싶어 하는 욕망은 인간뿐만 아니라 모든 동물들의 공통적인 사항일 것이다. 또, 의식주에 해당하는 욕망은 실제로 시장을 통하여 욕망이 실현되기 전 단계인, 상상에서 이루어지는 욕망의 한계는 무한하다고 생각되어진다.

의식주의 욕망에 대한 크기는 비교하기 힘들며, 그 크기에 의하여 의식주라는 욕망의 순서를 정하기도 힘들다. 이는 각 개인이 갖고 있는 성향이 다르기 때문이다. 그러나 일반적으로는 의와 주에 대한 욕망이 발생하기 이전에 식에 대한 욕망이 먼저 일어났을 것이고 그에 대한 충족이 기본적으로 갖추어졌다면, 그 다음으로 의와 주에 대한 욕망을 논하기 시작하였다는 점은 예상할 수 있다.

이러한 점에서 식에 대한 욕망은 우선적으로 갖추려는 욕망에 해당한다. 그러나 이것이 충족된 상태에서 의식주에 대한 욕망의 크기를 측정한다면, 이에 대한 결과는 측정대상이 되었던 개인들의 성향에 따라 달라질 것이다. 또, 시대의 변화과정과 사회의 상태에 따라 달리 나타나게 된다.

의식주라는 재화 또한 무한한 것이 아니기 때문에 이를 얻고자 하는 자들은 소유하기 위한 경쟁과정을 겪어야 한다. 경쟁과정에서 결정되는 의식주의 가치(가격)는 그것의 희소한 정도에 따라 결정되며, 이에 따라 경쟁의 정도도 결정된다.

[그림 1-1] 의식주 사진

② 기타 재화에 대한 욕망 : 의식주에 대한 욕망이 어느 정도 이루어지면, 인간들은 또 다른 부수적인 재화를 소유하고자 하는 새로운 욕망을 갖게 된다.

의식주라는 재화에 대한 기본적인 욕망이 충족되고 그 이후에 요구되는 재화를 기타재화라고 간주하기로 하자.

이러한 기타재화에 대한 소유욕망은 의식주 관련 필수적인 재화의 소유가 충족된 후 그 이외의 재화가 개선되거나 새롭게 나타날 때 높아진다. 그리고 이와 같은 과정 속에서 신상품들은 지속적으로 개발되는 것이다.

신상품의 개발과 욕망의 만족이라는 순환과정은 '발전되어 가는 욕망의 삶'을 만들어 내기에 이 또한 그 한계가 있다고 말할 수는 없다.

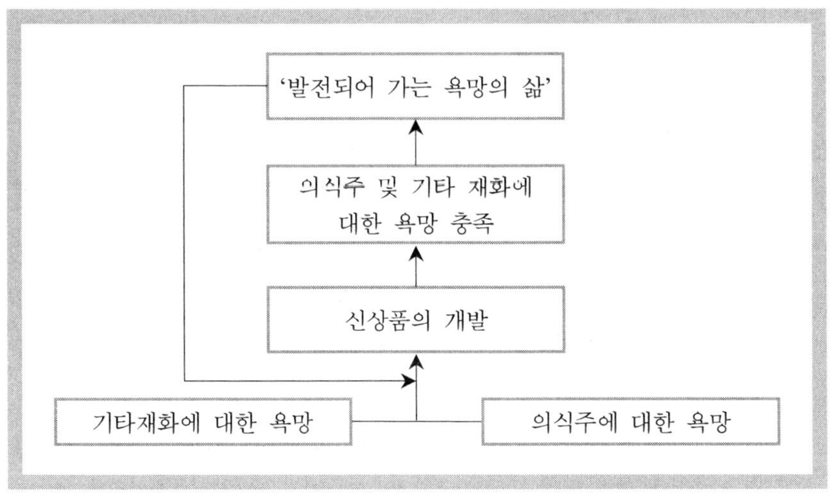

[그림 1-2] 재화의 욕망에 대한 충족과정

새롭게 시장에 나타나는 재화들은 과연 어떠한 것들인가? 이는 위에서 말하였듯이 '발전되어 가는 욕망의 삶'과 관련된 재화라고 말할 수 있다. 그 재화들 간에 차이가 있다면 직·간접적인 효과의 차이일 뿐이다. 즉, 인간의 욕망충족에 직접적인 효과를 미치는 것들과 간접적인 효과를 미치는 것들의 차이라는 것이다. 이러한 효과를 유발하는 재화들의 변화과정은 '인간의 삶'의 변화과정과 유사하다고 볼 수 있으며, 이를 떠나서는 물질적 가치로서 판단 받기 어렵다고 생각되어진다.

그렇기 때문에 재화는 인간의 생활과 연계되지 않은 상품은 존재하지 않는다고 까지 말할 수 있을 것이다. 그리고 재화의 발생단계로부터 판단해 본다면 재화는 인간의 생활에 직접적인 영향을 주는 재화의 발생으로 시작하여, 인간의 사회생활을 개선해 주는 재화의 발생 그리고, 기타재화의 발생이 나타났을 것이다.

③ **욕망의 한계** : 재화를 갖고 싶은 욕망은 그것을 취득하는 과정에서 한계성을 느끼게 된다. 소비자나 기업들은 각각에 따라 욕망이 충족되는 한계가 다르며, 욕망을 충족하기 위하여 소유하고 있는 소득 내지는 구매비용도 다르다. 그렇기 때문에 첫째는 해당재화에 대한 소유욕망과 그 재화의 소비능력에 따라 실제 재화소유에 대한 욕망은 제한되어지며, 둘째 소비자가 갖고 있는 재화취득과 관련된 보유하고 있는 화폐의 양에 의하여 제한을 받게 된다.

예를 들어 우리의 주식인 쌀의 경우, 여러분들에게 '어느 정도의 쌀을 원하는가?'라고 질문한다면, 어떻게 대답할 것인가? 한 가마, 두 가마, 그 이상의 쌀을 원하는 사람들도 있을 것이다. 그러나 현실에서는 어느 순간에 늘어나는 쌀은 사용되어지지 못하고 창고로 가야 한다면, 필요 없는 쌀 때문에 창고가 필요하게 된다. 오히려 쌀이 많아서 피해를 보게 되는 단계에 처할 수도 있다. 이러한 이유로 어떠한 재화를 많이 소유하게 된다고 반드시 좋은 것이 아님을 알 수 있다. 즉, 욕망의 한계는 실제 필요량에 의하여 제한을 받게 된다는 것이다. 이러한 예는 보유하고 있는 화폐의 양에 적용하여도 동일할 것이다.

그리고, 재화의 성질에 따라 욕망의 한계는 차이가 난다. 일반적으로는 다이아몬드, 금, 컴퓨터, 집, 자동차 등과 같이 재화의 가치가 높은 것에 대해 소유하고자 하는 욕망은 더 높다고 생각한다. 하나 더 첨부한다면, 희소성이 있는 재화라면 더욱 욕망이 커질 것이다.

[표 1-1] A 재화에 대한 욕망과 현실

소유욕망	현실적 제약요소	현 실
∞	소득, 구매비용, 재화의 희소성	필요량 구입

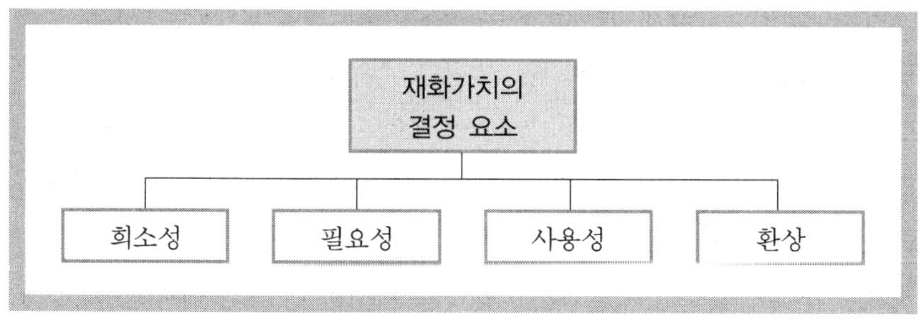

[그림 1-3] 재화가치의 결정 요소

2) 재화의 가치

재화의 가치는 보는 관점인 가치판단의 기준에 따라 다르다. 재화의 가치를 판단하는 기준에는 희소성의 가치, 필요성의 가치, 사용성의 가치 등이 있으며, 어느 것을 기준으로 할 것인가에 따라 그 재화의 가치 정도는 다르다. 물론, 이와는 관계없이 그 가치가 변하는 경우도 있다. 이것은 가치판단의 기준에 환상적인 요소가 더해질 경우에 그러한 결과가 나타나게 된다.

(1) 희소성의 가치

자원은 한정되어 있다. 많은 자원은 그 희소성의 정도가 다르며 일반적으로는 희소할수록 그 자원의 가치는 높아지게 된다. 그 자원 내지는 재화가 희소하다는 것은 소비자가 해당재화를 소유하고 싶게 만들어주는 하나의 매력적인 요소에 해당한다. 그렇다면 한정되어 있는 자원을 가지고 만들어진 재화를 소유한다는 기쁨은 어느 정도일 것인가? 또, 그것이 시장을 통하여 거래될 경우, 매매의 기준이 되는 가격은 어떻게 결정될 것인가? 그리고 희소하다는 것을 가치로 환산할 때 희소한 정도만으로 그 가치가 결정된다면 이를 받아들여야 하는가?

어느 질문에도 쉽게 답하기 어려울 것이다. 희소하다는 것만으로 시장에서 높은 가격을 받아낼 수 없다. 다이아몬드와 같은 재화를 예외로 한다면, 희소하다는 것이 높은 가격으로 연결되기 위해서는 그 희소자원 또는 상품에 사용성과 필요성이 더해져야 한다. 또한, 사용성과 필요성이 더할수록 그 재화의 가격은 상승하게 된다. 반대로 어떤 재화가 사용성과 필요성은 갖고 있지만 희소하지 않은 재화라면 그 재화의 가격은 하락하게 된다.

이러한 이유 때문에 대량생산과정에 들어간 재화의 가격은 점차적으로 하락하는 현상이 나타나는 것이다. 희소성의 가치는 재화의 가격을 결정하는 중요한 요소이다.

(2) 필요성의 가치

인간의 생활에 필요 없는 재화는 생산될 수 있는가? 아마도 필요성이 없는 재화는 기호, 미래적 가치의 증가 등을 예외로 한다면 생산되지 않을 것이다. 또, 필요성이 뒤떨어질수록 그 가치는 떨어지게 된다. 새로운 재화가 생산되기 전에 고려되어야 하는 것은 생산할 재화의 필요성이다. 생산자체는 판매를 목적으로 두고 있기 때문에, 기업들은 소비대상자들에 필요한 재화를 만들 수밖에 없다.

필요성의 가치와 희소성의 가치를 비교한다면, 어느 것이 재화의 가치결정에 더 많은 영향을 미칠 것으로 생각하는가? 예전부터 흔하게 비교되고 있는 것은 물과 다이아몬드의 비교이다. 두 가지의 재화를 일반적인 상황에서 비교한다면, 당연히 다이아몬드에 더 높은 가치를 부여하게 되어 다이아몬드는 시장에서 더 높은 가격을 받게 된다. 여기에는 다이아몬드의 희소성이라는 부분이 고려되었기 때문이다. 그러나 필요성을 기준으로 생각한다면 정 반대의 결론을 얻을 수밖에 없다. 물이 없으면 인간은 생존자체에 문제가 생기게 되기 때문이다. 인간의 생존자체에 영향을 주는 물의 가격은 당연히 다이아몬드의 가격보다 높을 것이다.

그렇다면, 열대지역이면서 물이 부족한 아프리카에서는 물의 가격이 다이아몬드의 가격보다 더 높게 설정되어 있는가? 그렇지 않다 물의 가격이 분명히 낮다. 물론 다른 자연환경에 처해있는 국가들에 비해 상대적으로 다이아몬드의 가격이 낮고, 물의 가격이 높을 수는 있지만 물의 가격이 절대적으로 낮은 것이 현실이다. 이러한 점들을 고려한다면, 재화의 가격에 영향을 미치는 희소성의 가치와 필요성의 가치 중 더 영향력이 있는 것은 희소성의 가치인 것으로 보인다.

물론 이와 관련하여 추가적인 설명이 필요하다. 대부분의 소비자들은 다이아몬드를 소유함으로써 얻게 되는 부유함의 정도가 상당히 높아진다는 점을 알고 있으며, 동시에 이를 거래하였을 때 얻을 수 있는 부가가치가 높아진다는 것을 알고 있다는 것이다.

[표 1-2] 희소성과 필요성의 가치와 가격결정

재 하	희소성	필요성	가격 결정
물	저	고	저
다이아몬드	고	저	고

(3) 사용성의 가치

사용성이 없는 재화는 가치가 있다고 말 할 수 있을 것인가? 그리고 사용성이 없는 재화는 생산되고 있는가? 재화의 가치를 논의할 때, 여기에 영향을 미치는 요소는 희소성과 필요성 이외에 사용성을 하나 더 추가하여야 한다. 사용성이 뒤떨어지거나 사용성이 없는 재화는 재화로서의 생명이 줄어들기 때문이다. 물론 여기에는 과거의 유물이나, 전시물, 고가의 재화 등 사용성 자체에 기본적인 문제가 있는 재화는 예외로 하여야 하지만, 일반적인 재화들은 판매를 목적으로 하기 때문에 그 재화의 사용성은 반드시 요구되어진다.

여기서는 일반 대중적인 재화로 한정하여 설명하기로 한다. 사용성이 뒤떨어지는 재화는 그 생명력이 적을 수밖에 없고, 대량생산에 의한 수익을 남기기도 힘들다. 반면에, 사용성이 높을수록 대량생산과 대량판매에 의한 수익을 얻을 수 있게 된다. 이러한 이유로 기업들은 재화를 생산할 때 다용도의 다 기능적인 재화를 생산하려고 많은 노력을 하고 있는 것이다.

사용성의 가치는 재화가치에 분명히 영향을 미치고 있다. 기업은 재화를 생산할 때, 재화의 필요성과 사용성 중 어느 것을 우선적으로 고려할 것인가? 개인적으로는 당연히 필요성이 먼저이고 그 다음이 사용성이라고 생각한다. 위에서 예외로 하고 있는 재화들의 경우는 다르겠지만, 일반적인 재화들을 구매하는 구매자들은 필요성이 없는 재화에 가치를 부여하려는 것 자체에 부담을 느끼게 되기 때문이다.

그렇지만, 필요성은 있으나 사용성이 뒤떨어진다고 하여도 그 재화의 가치는 부여하려고 할 것이다. 물론, 이러한 설명들은 재화의 구매자들이 재화의 구매에 앞서 우선적으로 고려하는 사항들의 순서를 기준으로 하고 있다는데 문제가 있을 수 있으나, 그것을 구매자들이 갖고 있는 재화의 가치 순서 또는 재화의 가치를 부여하는 정도로 보아도 좋을 것으로 판단된다.

이상에서 본다면, 재화의 가치는 희소성, 필요성, 사용성의 가치에 의해서 결정되는데, 그 재화의 가치에 영향을 주는 크기 또한 희소성, 필요성, 사용성의 가치 순이라고 말할 수 있게 된다.

(4) 환상에 의한 가치

소비자들은 가끔 재화의 가치판단에 혼란을 느끼게 된다. 재화가치의 판단기준이 되는 희소성, 필요성, 사용성의 가치 이외에 환상을 가져다주는 요소가 더해지기 때문이다. 이러한 것들은 대부분 해당 재화의 희소성 전달과 함께 해당재화의 소유에 따른 부유함 증대라는 인간의 욕망을, 홍보를 통하여 소비자의 마음에 내재하게 만들어줌으로써 그 재화의 가치를 높여주고 있다. 이러한 요소들에 대하여 몇 가지 예를 들어보기로 하자.

① '천연자원'의 이미지 : 몇 년 전, 한 맥주회사는 지하 수백 미터의 암반수를 이용하여 해당맥주를 생산했음을 강조하였고, 이러한 광고의 효과는 그 재화의 가치를 상상할 수 없을 정도로 상승시켜 놓았다. 물론, 여기에 부드러운 맛을 더해주었지만, 소비자들에게 직접적인 영향을 준 것은 오히려 수 백 미터 땅속에서 뽑아 올린 천연적인 암반수를 이용하여 만든 맥주라는 점이었을 것이다.

사실, 어느 소비자들도 100m와 200m 그리고 300m 땅속의 암반수 맛을 구별할 수는 없을 것이다. 그러나 땅속 깊은 곳에서 퍼올린 암반수는 오염이 안 된 깨끗하며 시원한 물이라는 점에 상당한 가치를 부여하게 된다. 이것은 자신도 모르는 사이에 재화의 구매욕구뿐만 아니라 가치판단에도 상당한 환상적 영향을 미치게 하였을 것이다.

② '민족'과 '통일'의 이미지 : '백두대간', '8 · 15 광복절', '백의민족' 등 민족과 통일의 이미지를 재화에 더하여 그 재화의 가치를 상승시키는 경우가 있다. 이러한 경우는 재화의 순수한 가치 이외에 구매자들인 소비자들의 자부심을 고취시켜, 그 재화의 구매에 더 높은 가격을 지불하여도 아깝지 않다는 마음을 갖게 하여주는 것이다. 오히려 소비자가 어떠한 역할을 담당하였다는 긍지까지도 갖게 한다. 이것은 재화가치를 순수하게 판단하려는데 상당한 혼란을 주게 된다. 여하튼 이와 같은 이미지의 부여가 재화가치판단에 영향을 미치고 있다는 점은 부인할 수 없다.

③ '복'과 '금'의 이미지 : 재화를 구매하였을 때, 재화뿐만 아니라 복이 함께 따라온다고 한다면, 이 또한 재화의 외형적 가치를 상당히 높여줄 것이다. 이러한 방법은 흔하게 쓰여 지고 있는 방법으로 청과물 시장에서 쉽게 그 예를 볼 수 있다. 즉, '복 수박', '금메달 수박', '복 참외', '금메달 참외'등이 그러한 예이다. 예로부터 '복'과 '금'은 우리들에게 친숙한 말들이며, 언제 어느 때 사용하여도 좋은 이미지만을 가져다주기 때문에 여기에 가치를 부여하려는 것은 당연하다고까지 생각되어진다.

만약, 유사한 재화에 한 기업이 해당재화의 이미지에 '금'색을 사용하였고 또 다른 기업이 시원함의 이미지를 내세울 수 있는 색으로써 '은색'을 사용하였다면 과연 판매량에 어떠한 결과를 가져다 줄 것인가. 아마도 소비자는 '금'색을 사용한 기업의 재화에 더 호감을 갖게 될 것이고 이것이 판매량의 증가에도 영향을 줄 것이다.

2 재화의 선택

1) 재화에 대한 선택

세계 속의 한정된 자원들은 인간의 욕망을 만족시켜주기 위하여 끊임없이 재화로 탈바꿈하고 있다. 초기단계에서는 천연자원 그 자체가 재화로써의 역할을 담당하였지만, 점차적으로 가공의 단계를 거쳐 새로운 재화로써 변화되어 왔다. 물론 이렇게 변화를 추구하면서 재화로 거듭나는 것은 인간이 필요로 하는 재화였기 때문이다. 또한, 이렇게 생산된 재화는 다양한 종류이면서 다양한 형태를 갖추고 있기에 재화의 구매자들은 항상 선택의 기로에 서있게 된다.

만약, 여러분들은 한정된 화폐량 내지는 소득 때문에 'TV와 냉장고', '돼지고기와 소고기'중 하나를 구입하여야 한다면 어떤 것을 구매할 것인가. 또, '연극과 영화, 음악회'중 하나를 보려고 한다면, 어떤 것을 보려고 할 것인가. 그리고 '자장면과 짬뽕'중 어느 하나를 먹어야 한다면 어떤 것을 먹어야 할 것인가. 인간은 사회생활 속에서 언제나 이와 같은 재화에 대한 선택의 기로에 서 있게 된다. 유사한 목적을 달성하게 하여주는 상품은 다양하기 때문이다. 물론, 위의 질문에 대한 결과는 개인적인 성향에 따라 해당재화의 필요성에 따라 달라질 것이다.

이상적으로는 위와 같은 상황을 가상적으로 설정해 두고, 구매하려는 재화의 선택을 결심해 둠으로써 최선의 재화구매성과를 얻을 수 있다고 생각할 수 있지만, 소비자에게는 사회적으로 처해있는 내・외적인 환경 또한 변화한다는 점을 고려한다면 각 소비자의 재화구매결정패턴을 예측한다는 것은 쉬운 일이 아니다.

그렇다면, 소비자들은 살아가는데 있어서 처해있는 상황 하에서 가장 필요한 것은 무엇인가를 생각하고 그에 따라 재화구매와 관련된 선택 내지는 결정을 하는 것이 좋을 것이라 생각해 본다.

2) 비물질적 것에 대한 선택

재화구매의 경우 이외에도 개인들은 선택하여야 할 것이 상당히 많이 존재한다. 이러한 것들을 비물질적인 것이라고 통칭하기로 하자. 비물질적인 것들은 구매로 이루어지는 것이 아니며, 양측간의 합의 또는 구매자의 선택에 의해서 이루어지게 된다.

결혼 상대자를 선택할 경우가 하나의 예가 될 수 있다. 모든 결혼 대상자들이 재산, 외모, 성격, 가문, 직업 등에 있어서 모두 만족스러운 사람을 결혼 상대자로 만나는 것이 쉽지 않으며, 모든 것을 갖추고 있는 사람 또한 많지 않다. 결혼이후에 어떠한 가정을 꾸려갈 것이며, 어떠한 삶을 살아갈 것인가의 결정도 뒤따라야 한다. 삶의 마지막을 맞이할 때에도 뜻대로 되기가 쉽지 않지만 병원과 집 중 어느 곳인가를 선택해 두어야 한다.

여가시간을 보내기 위한 경우에도 그러하다. 주어진 여가시간을 어떻게 소비할 것인가의 결정도 쉬운 일이 아닐 것이다. 여행을 하고자 한다면 어느 곳으로, 어떠한 교통편으로, 며칠 동안 등을 선택하여야 한다. 이와 같은 선택이 불확실한 상태에서 여행을 간다면, 예상치 못한 상황에 당황하게 될 가능성이 높아질 수밖에 없다.

3 시 장

1) 시장의 역할

시장은 재화의 거래가 이루어지는 곳인 동시에 거래를 성사시켜주는 매개체인 재화가격이 결정되는 장소이다. 그리고 이러한 재화가격의 조정과정을 통하면서 기업의 재화생산량과 소비자의 소비량은 일치하게 된다. 뿐만 아니라 시장은 자원의 효율적인 배분을 가능하게 하여 준다.

2) 유형의 시장과 무형의 시장

(1) 유형의 시장

유형의 시장이란 백화점, 재래시장, 청과물시장 등과 같이 재화나 용역의 생산·판매자와 구매자 즉 소비자가 모여 거래가 이루어지는 곳을 가리킨다. 통신수단 및 전자상거래가 나타나기 이전의 일반적인 시장의 형태이며 어떠한 건물이나, 장소에 의해 한정되어 있는 시장을 뜻한다.

이러한 시장은 재화의 유통과정이 복잡하고 유통속도가 다소 늦으며 판매되는 재화가격에서도 시장별 차이가 많이 나타날 수 있다.

(2) 무형의 시장

무형의 시장이란 통신수단 이용 시장과 인터넷쇼핑몰 등을 포함하는 시장으로 구매자의 구매결정과 판매자의 판매결정이 가격조정에 의해 동시에 이루어지는 과정의 시장을 의미한다. 이외에도, 노동시장,

[그림 1-4] 재래시장, 백화점

[그림 1-5] 인터넷쇼핑몰

외환시장 등과 같이 어떠한 장소로 한정할 수 없는 형태의 시장도 이에 포함시킬 수 있다. 물론, 무형의 시장은 부분적으로 일부가 유형적으로 보이기도 하지만, 유형의 시장에서와 같이 매매의 과정이 상시적으로 보이는 곳은 아니다.

이러한 시장은 재화의 유통과정이 단순하고 유통속도가 다소 빠르며, 판매되는 재화가격에서도 시장별 차이가 적게 나타날 수 있다.

3) 가격결정

시장에서는 재화의 판매자와 구매자간에 가격의 조정과정이 이루어지게 되며, 이를 통하여 상품의 수요량과 공급량은 균형을 이루게 된다. 아담 스미스(A. Smith)는 이러한 균형으로의 과정을 눈으로 볼 수 없는 보이지 않는 어떠한 시장의 힘에 의하여 이루어진다고 보았다. 그는 이를 "보이지 않는 손(invisible hand)"의 논리라 하였다.

판매자는 시장에서 결정된 균형가격에 구매자들이 요구하는 양의 재화를 공급하게 되어 재화의 수요량과 공급량의 균형이 이루어지게 된다. 이러한 상태는 판매자와 구매자를 연결해주는 재화의 균형가격이 형성되었기 때문이다. 이러한 가격결정과정을 간략하게 설명하고 있는 것은 위의 [그림 1-6]이다.

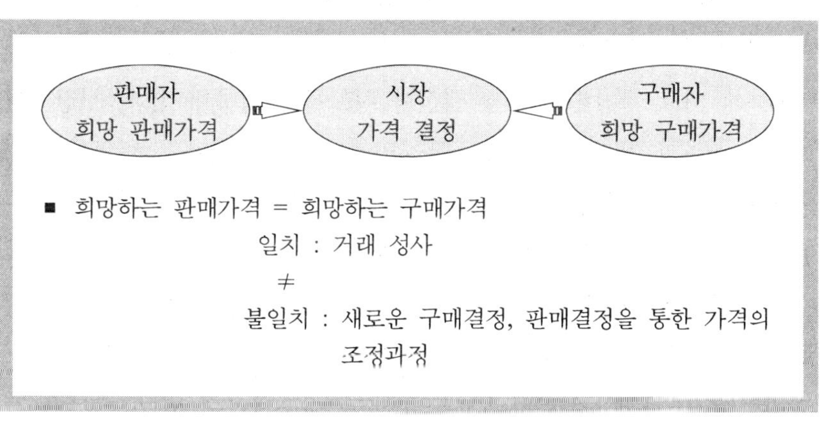

[그림 1-6] 가격결정의 과정

(1) 시장경제와 보이지 않는 손

시장경제는 경제주체인 소비자와 기업들이 어떠한 제약 없이 자유로운 경제행위를 할 수 있는 하나의 경제형태이며, 이러한 경제주체들의 경제행위에 의하여 한정된 자원들은 각 경제주체들에게 배분되게 된다. 즉, 소비자와 기업들은 시장경제체제 속에서 자유롭게 소비자행동과 생산자행동을 함으로서 만족과 이윤을 추구할 수 있는 경제형태를 의미하는 것이다.

아담 스미스는 이러한 시장경제가 움직여지는 것은 소비자와 기업들이 각각 이기심의 논리에 입각하여 행동하고 있기 때문인 것으로 보았으며, 이와 같은 행동들은 어떠한 유형적인 형태로 나타나는 것이 아닌 보이지 않는 형태로 존재하는 것으로 보았다. 이에 관하여 조금 더 설명해 보기로 하자.

소비자와 기업들을 시장에서 행동하게 하여주는 매개체는 시장에서 형성된 재화가격이다. 이 가격에 의해서 소비자들은 재화구매의도를 결정하게 되고 기업은 재화의 생산량 정도를 결정하게 된다. 시장에서 결정된 재화의 가격이 높으면, 기업은 더 많은 이윤추구를 위하여 재화생산을 증대시키게 되지만, 곧 소비자의 해당재화의 구매량 감소로 재화가격은 다시 균형가격으로 하락하게 된다. 그러나 대량생산체제에 의하여 생산된 재화는 하락된 상품가격에도 기술축적, 생산비 감소 등에 의하여 기업의 이윤은 증가하게 된다.

이와 같은 상황 및 변화과정을 통하여 대량생산에 의한 생산비 감소, 상품가격의 하락 그리고 기업의 이윤증대와 소비자들의 저가구매에 의한 이익증대가 어떠한 보이지 않는 손의 작용에 의하여 발생하게 된다는 것을 알 수 있다. 즉, 이러한 긍정적인 효과들은 기업들의 이윤추구를 위한 이기심의 행동과 소비자들의 이익증대를 위한 이기심의 행동들이 시장경제 속에서 발생시킨 결과이다.

그리고, 아담 스미스는 보이지 않는 손의 논리는 시장에서 상품의 시장가격과 자연가격을 일치시켜주는 역할을 한다고 보았다. 여기서, 시장가격은 말 그대로 시장에서 결정된 상품가격이고, 자연가격은 상품판매에 의한 초과이윤이 발생하지 않는 상태의 가격을 뜻한다. 이 과정을 조금 더 설명해 보기로 하자.

어느 상품에 대한 소비자들의 수요가 많을 때, 그 상품의 시장가격은 자연가격을 넘어 초과이윤이 발생하게 될 것이다. 이것은 다른 상품의 생산에 투입되었던 자본의 유입을 가져와 해당상품의 생산량을 증대시키는 결과를 가져오게 되고, 그 효과로 시장가격은 자연가격까지 하락하게 된다.

반대로 어느 상품에 대한 수요가 적을 때에도 동일한 효과를 발생시키게 된다. 즉, 어느 상품의 시장수요 감소는 상품의 시장가격을 자연가격이하로 하락시켜 기업에서는 손실이 발생하게 된다. 이에 해당상품에 투입되었던 자본이 다른 상품의 생산으로 유출되어 해당상품의 시장공급은 감소하게 되며, 그 결과 상품의 시장가격은 다시 상승하여 자연가격에 이르게 될 것이다.

이러한 보이지 않는 손의 조절작용효과는 자원의 효율적 배분이라는 결과도 얻을 수 있게 하여 준다. 그러나 보이지 않는 손의 작용이 모든 경우의 시장상황에서 이루어지는 것은 아니다. 시장경제가 극심한 불황상태에 빠져있거나, 실업, 분배의 불평등, 독점 등의 폐해가 심할 경우에는 보이지 않는 손의 작용에 문제가 발생하게 된다. 이 때에는 시장경제의 움직임이 자율조정의 기능 하에 움직여지지 않기 때문에 정부가 개입하여 시장의 자정적인 조정기능이 회복될 수 있도록 다양한 정책을 사용하게 된다.

아담 스미스는 신이 인간들의 행복이라는 목적을 달성하기 위하여 인간사회에 어떠한 질서를 만들어 놓았다고 보았으며, 그 질서가 「자연의 질서」라고 생각하였다. 그리고 인간들은 행복이라는 목적을 달성하기 위하여 '이기심'을 기초로 경제행위를 하여야 한다고 하였다.

또한, 이러한 이기심에 기초한 행동은 개인의 이익증대를 가져올 뿐만 아니라, 시장에서의 보이지 않는 손의 작용에 의하여 사회전체의 이익증진도 가져오게도 한다. 그렇기 때문에 이들의 행동이 극단적인 문제를 발생하기 전까지는 정부에 의한 어떠한 제약이나 간섭은 필요하지 않다고 보았던 것이다. 이와 같은 논리에 의하여 시장경제를 운용하려는 형태를 자유방임의 시장경제형태라 한다.

(2) 보이지 않는 논리의 적용

보이지 않는 논리가 받아들여지는 것은 시장 속에는 수많은 기업과 소비자들이 존재하고 이들의 행동들이 동시에 발생하지 않으며, 긴 시간을 두고서 연속적으로 발생하고 있다는 점과 함께, 어느 순간에 누구의 결정력에 의하여 가격이 결정되었는지 알 수 없다고 판단하였기 때문이다. 여기에 가격결정과정이 유형적인 서류들에 의하여 이루어지지 않는다는 점과 소비자들이 재화의 가격결정에 참여하는 것이 어느 정도인지를 파악하기 어렵다는 점도 보이지 않는 손의 논리를 받아들이게 하는 요인이 된다. 다시 말하자면 이 논리는 시장에서 재화의 균형가격은 형성되지만 그 과정은 현실적으로 상당히 불명확하다는 것이다.

그렇다면, 시장에서 이루어지는 재화의 가격결정과정이 명확하고 투명하다면 어떠할 것인가? 이 경우에도 보이지 않는 손의 논리는 적용될 수 있을 것이다. 이는 시장에 참여하는 기업과 소비자들이 다수가 있기 때문이다. 이들의 행동들이 균형가격결정에 미치는 모든 과정을 유형의 형태로 나타내기 힘들기 때문에, 역시 가격결정과정을 보이지 않는 힘의 논리로밖에는 설명할 수 없게 될 것이다.

(3) 균형가격과 판매가격

이론적으로는 시장의 가격결정과정 속에서 결정된 균형가격이 하나만 존재하여야 한다. 그러나 재화의 판매시장에서는 그렇지 않은 것이 현실이다. 어떠한 대표적인 시장에서 한 재화의 균형가격이 결정되었다 하더라도, 재화의 판매과정에서 그 균형가격은 모든 기업과 소비자들에게 동시에 만족을 가져다주는 가격은 아닐 것이다. 아마도, 시장의 가격결정과정 속에서 결정된 균형가격은 양측이 받아들이기에 커다란 부담이 없는 정도의 가격으로 보아야 할 것이다. 그렇기 때문에 이론적으로 받아들여지는 시장에서 결정된 균형가격은 하나이지만, 현실적인 판매시장에서는 다양한 균형가격과 같은 형태로 바뀌어 질 수 있게 된다.

그러나, 시간이 지나면 지날수록 재화의 구매자들은 재화에 대한 정보와 다른 지역에서 해당재화의 판매가격을 알게 되어감에 따라, 이론상의 균형가격은 현실적으로도 받아들여지게 되는 균형가격으로 변화하게 된다. 이러한 점들을 고려한다면, 시장에서의 균형가격이 결정되는 과정은 위에서 논의한 시장 속에서 발생하는 보이지 않는 힘의 작용과정을 거치면서 점진적으로 이루어지게 된다고 말할 수 있다. 이러한 과정은 [그림 1-7]에 나타나 있다.

[그림 1-7]의 균형가격으로의 수렴과정은 마치 거미집과 같은 모양으로 보이기 때문에 이를 거미집모형(cobweb model)이라고 부른다. 이러한 거미집모형의 화살표들은 균형가격을 향하고 있으나, 시장이

상당히 불안정한 요인에 의하여 흔들리게 되면 화살표들은 균형가격으로부터 멀어지는 반대방향의 형태를 나타내게 된다.

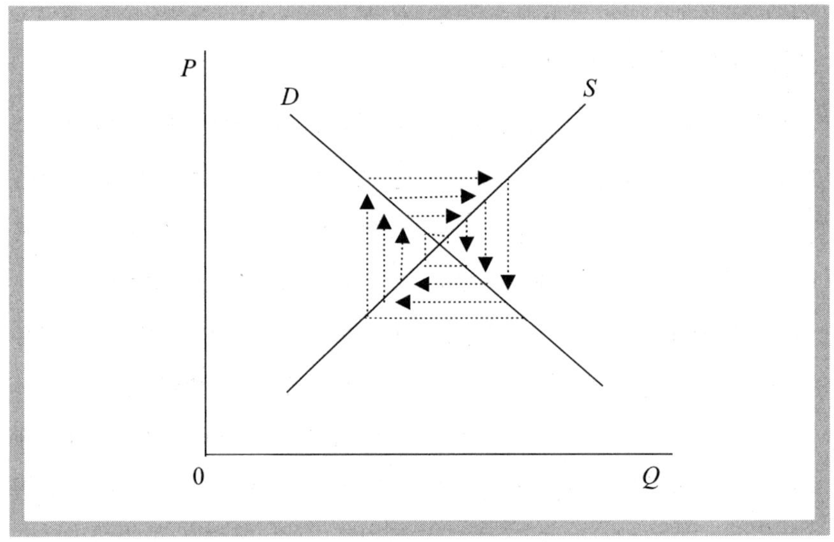

[그림 1-7] 시장에서의 균형가격 결정과정

만약, 시장에 참여하는 기업과 소비자가 각각 1명씩 존재하며, 이들이 투명한 가격결정과정을 거친다면 어떻게 될 것인가?

첫째, 이론상의 시장균형가격은 현실의 판매시장 균형가격과 일치할 것이다.

둘째, 시장에서의 수요량과 공급량이 일치하는 합리적인 재화의 균형가격이 도출될 수 있을 것이다. 이때의 기업은 적정이윤을 넘어선 이윤추구를 하기 힘들지만, 소비자들은 주어진 소득으로 해당재화에 대한 최적의 소비지출이 가능하게 된다.

셋째, 기업은 효율적으로 최적의 자원 활용 및 생산방법으로 재화생산에 노력하게 될 것이며, 소비자는 이렇게 생산되어 제시된 재화가격을 순응적으로 받아들이게 됨으로서 기업의 손실발생은 거의 없어지게 된다.

시장에 참여하는 기업과 소비자가 각각 1명씩 존재하는 상황에서도 보이지 않는 손의 논리가 적용될 수 있을 것인가? 만약, 기업과 소비자가 상대방에 대한 완전한 정보를 갖고서 시장에서 만났다면, 보이지 않는 손의 논리가 적용되지 않을 수도 있을 것이다. 그러나 완전한 정보를 갖고 있지 못한 상태에서 시장에서 만났다면 여전히 보이지 않는 손의 논리는 적용될 것이라 생각된다.

4) 시장에서의 효율적인 자원사용

재화시장만을 고려한다면 재화의 구매자는 그 재화의 소비자(consumer)이고, 판매자는 그 재화의 생산자(producer) 혹은 기업이다. 이들은 시장에서 최저지출에 의한 최대만족과 최저생산비용에 의한 최대이윤추구라는 서로 다른 기준에 의하여 행동하기 때문에 균형을 이루는 것은 쉬운 일이 아니다. 이러한 기준에 일치하는 균형이 시장에서 이루어진다는 것은 시장에서 자원이 효율적으로 배분되고 있는 상태라고 말할 수 있다.

자원이 시장에서 효율적으로 배분되고 있다는 것은 국가 또는 세계적인 차원에서도 중요한 부분이다. 자원은 무한정 존재하지 않으며 사용되고 있는 자원은 다시 자원으로 재생성 되기까지 상당히 오랜 시간을 요하고 있기 때문에 부존 된 자원의 효율적인 사용은 더욱 중요히 고려되어야 한다. 이러한 자원들에는 천연자원뿐만 아니라 인적자원도 포함된다. 여기서는 자원 가운데 재화시장에서 거래되는 생산된 재화와 관련된 자원만을 한정하여 설명하기로 한다.

기본적으로는 소비자와 생산자인 기업이 서로의 이기심의 원리에

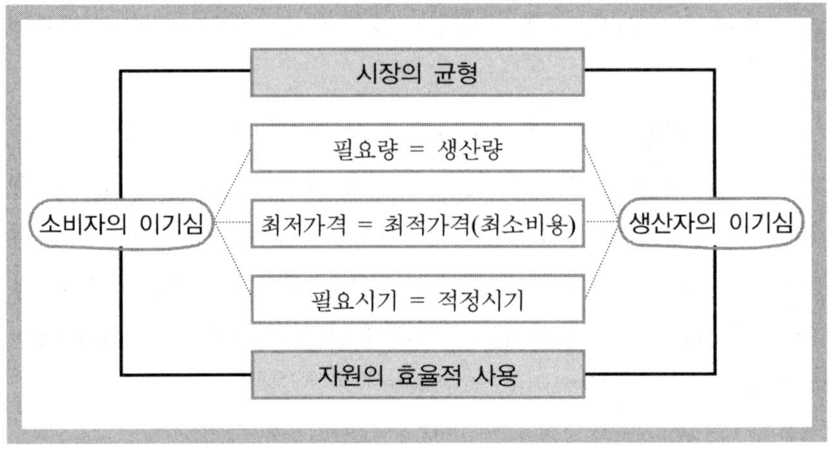

[그림 1-8] 시장의 균형과 자원의 효율적 사용

의하여 시장에서 행동하였을 때 시장은 균형을 이루게 되며, 자원은 효율적으로 배분된다고 말할 수 있다. [그림 1-8]은 이러한 관계를 설명해 주고 있다.

(1) 소비자의 이기심

소비자의 이기심이란 주어진 소득에서 가장 낮은 가격의 품질 좋은 상품을 얻으려는 마음이다. 물론 소비자들은 이러한 마음으로 행동할 때에 소비자만족은 극대화에 이르게 된다. 그리고 이 과정에서 소비자의 소비지출은 최적의 상태를 유지할 수 있게 된다.

소비자가 구입해야할 재화에 대한 모든 정보를 갖고 있다고 가정한다면, 소비자들은 재화구입에 지출하게 될 소비지출에 효율성을 유지할 수 있기 때문에 비효율적인 지출은 없어지게 될 것이다. 다시 말하자면 구입하게 될 재화가 가져다주는 만족만큼 그 재화의 가격이 지출되었으므로 소비자는 소비지출에 따른 만족이 극대화되었다고 볼 수 있게 된다.

소비자들의 대부분은 노동시장에서 노동을 제공하고 그 대가로써 소득을 얻게 된다. 이 소득을 주어진 소득이라 한다. 만약 한 가구의 가장만이 노동시장에서 소득을 올리고 있다면, 이 소득은 동시에 그 가구 구성원들에게 주어진 소득이 되는 것이다. 소비자들이 시장 속에서 이러한 주어진 소득을 효율적으로 소비지출 한다는 것은 필요한 재화를 필요한 양만큼 최적의 가격으로 구매한다는 것을 의미하는 것이다. 이는 기업에게 시장에서 요구되는 필요량만큼의 재화생산과 최적의 생산조건을 유지할 수 있게 영향을 줌으로서 간접적으로는 자원의 효율적인 사용에 영향을 미치게 된다.

(2) 생산자(기업)의 이기심

기업에서 생산된 재화는 소비자들이 필요로 하는 재화를 필요한 양만큼 생산하였을 때 최적생산의 상황이 이루어지며, 여기에 생산시기 또한 시장에서 판매활동이 이루어지는 적정시기를 유지하였다면 기업의 생산 활동은 더욱 왕성해질 것이다. 이렇게 소비자가 필요로 하는 재화 및 필요량 생산 그리고 적정시기 생산이라는 3측면이 조화를 이룬다면, 기업의 생산 활동에는 아무런 문제가 발생하지 않을 것이다. 그렇지만 현실에 있어서는 해당재화를 생산하는 기업이 다수이며, 그 행동이 동일하거나 동시에 발생한다고 볼 수 없기 때문에 시장에서의 재화생산과 판매에 불균형이 발생할 수 있는 상황은 항상 존재하고 있다.

기업은 최적의 생산요소와 기술을 선택하여 최상의 재화를 생산하려는 노력을 하게 되며 이때에 이윤을 추구할 수 있게 된다. 그리고 한 기업에서 생산된 재화가 동종기업들에서 생산된 재화에 비하여 최저생산비로 생산된 동시에 최고의 품질을 유지하고 있다면, 그 기업의 극대이윤추구는 가능하게 된다. 이러한 과정과 그 속에서 나타나는 기업의 이윤극대화가 기업의 이기심이다.

각 기업들이 기업간 경쟁관계를 유지하면서 이기심의 원리에 따라 행동하여 생산한 재화는 최적의 자원이용, 최적의 기술, 최저의 생산비라는 조건들을 동시에 만족시키게 된다. 이를 바탕으로 기업은 최적가격 판매에 따른 이윤극대화를 달성하게 되는 것이다. 물론 이러한 과정을 통하여 얻어진 극대화된 이윤은 무한정 가능한 것은 아니다. 이론적으로는 다른 기업들과의 생산 및 가격경쟁 속에서 이윤은 점차 감소하게 되고, 결국에 가서는 적정이윤만을 얻게 되는 상태까지 도달하게 된다.

이와 같은 상태는 소비자 입장에서 보았을 때 재화구매에 따른 최고의 만족도를 얻을 수 있는 상태이며, 자원의 사용 면에서 보았을 때 효율적인 자원사용이 이루어진 상태라고 간주할 수 있을 것이다.

4 몫의 분배

1) pie의 원리

pie를 한 국가의 경제규모가 얻을 수 있는 모든 것이라고 가정하고 이야기 하여보기로 하자. 국가가 국민들의 생활환경 조성에 필요로 하는 것을 크게 의식주라고 가정한다면, 국가는 우선 경제규모에서 얻어진 pie를 갖고서 먹는 것(食)을 해결하려고 할 것이다. 그리고 먹는 것을 해결하고도 남는 pie가 있다면, 입는(衣) 것과 거주(住) 장소를 해결해 주려고 할 것이다. 이때에 정부는 의식주 가운데 어떤 것을 어느 정도 해결할 것인지 선택하여야 한다. 이것은 마치 기업과 소비자들이 경제활동을 통하여 얻어진 이윤과 소득을 어떻게 배분하여 어느 정도의 투자 및 소비지출할 것인가를 선택하는 것과 비슷하다.

pie의 원리는 zero-sum의 논리로 받아들일 수 있다. 즉, 정부가 의식주 가운데 어느 한 부분에 집중적인 투자를 하게 되면, 나머지 부분에 그만큼의 투자 몫의 감소가 나타날 수밖에 없기 때문이다. 따라서 정부는 국가의 경제규모에서 얻어진 pie를 어떻게 배분할 것인가를 고심하고 있어야 한다는 것이다.

2) pie의 분배

이제 시장을 pie의 원리로 설명해 보기로 하자. 자본주의 시장경제 체제에서는 시장에 기업과 소비자 그리고 정부가 행동하고 있으며, 기업과 소비자는 각자의 이기심의 원리에 의해서 행동하고 있다. 그리고 정부는 기본적으로 기업과 소비자간 어떠한 문제가 발생하게 될 때만 그 문제들을 조정해주는 조정자 역할을 담당하게 된다.

시장에는 크게 1개의 pie가 있으며, 이 pie는 기업, 소비자, 정부라는 3개의 pie로 나누어진다. 시장에서 행동한 이들에게 그 대가로 나누어진 pie 몫은 다시 기업에 속한 각 기업들에게 나누어지게 된다. 물론, 기업에 나누어진 pie 몫 중 가장 많은 pie 몫을 갖게 되는 기업은 그만큼 많은 생산의 역할을 담당한 기업일 것이다. 바꾸어 이야기한다면, 시장에서 기업 측에 놓여진 pie 몫을 가장 많이 차지하게 되는 순서는 해당기업간 경쟁에서 나타난 서열 순서라는 것이다.

소비자들의 경우도 그러하다. 생활하고 있는 사회가 시장경제를 바탕으로 한 자본주의사회이며 여기서 얻어지는 pie의 크기가 무한하지 않기 때문에, 소비자들 사이의 pie 몫의 분배는 경쟁적인 수밖에 없다.

시장에 참여한 정도에 따라, 보유하고 있는 화폐량의 크기에 따라 그리고 정보의 빠른 획득능력에 따라 얻을 수 있는 pie몫의 크기는 차이가 나게 된다.

정부의 pie몫은 기업과 소비자들 사이에서 나타나는 문제들에 대한 조정자로서의 몫에 해당하기 때문에 기업과 소비자를 대상으로 한 영리추구와 같은 몫의 크기는 그리 크지 않다. 정부는 시장을 통해서 해결하기 어려운 국방, 치안, 공공재 생산 등과 시장경제체제의 유지에 노력하며, 여기서 얻어지는 또 다른 pie 몫을 기업과 소비자들에게 분배하게 된다. 그렇지만 정부 또한 무한한 pie를 만들어 내지 못하기 때문에 기업과 소비자가 요구하는 정도로 pie 몫을 기업과 소비자에게 균등하게 제공하기는 힘들다.

이상에서 본다면, 정부의 pie 몫은 실질적인 정부의 이윤추구라기보다는 정부기능을 유지하기 위한 필요한 정도의 pie 양이라고 말하여도 좋을 것이다. 만약 정부가 시장에서 더 많은 pie 몫을 차지하려고 한다면 이는 기업과 소비자에게 그 만큼의 pie 몫 내지는 그 이상의 pie 몫을 가져올 수도 있다. 이렇게 된다면 자본주의 시장경제체제는 균열이 생기게 될 것이다.

기업과 소비자들은 시장에서 만들어진 pie 몫을 더 많이 분배받기 위하여 경쟁하게 되며, 이 과정에서 기업과 소비자들의 관계는 불안정한 상태를 유지하기도 한다. 그러나 이러한 불합리한 pie 몫의 분배과정은 정부의 조정기능에 의해서 수정되어, 시장은 다시 안정된 pie 몫의 분배가 이루어지는 상태로 바뀌어 가게 된다.

만약, 시장에서 얻어진 pie 몫의 크기가 전체적으로 작을 경우에는 어떻게 될 것인가? 아마도 기업과 소비자들은 각자에게 필요한 pie 몫을 확보하기 위하여 더욱 치열한 경쟁상태에 빠지게 될 것이다. 이와 같은 상태에서는 경쟁에 참여하였다고 하여 모든 구성원이 pie 몫을 나누어 갖게 되는 것은 아니다. pie 몫을 얻지 못하였거나 소량의 pie 몫만을 얻은 소비자도 존재할 것이다. 이러한 상황 하에서 정부는 시상에서의 경쟁적인 행동과 연관된 반대급부에 의한 pie 몫의 분배와는 관계없이 정부의 공적지원에 의해 pie 몫을 분배하게 되는 경우도 나타나게 된다.

그리고 시장 속의 소비자들이 모두 경쟁적으로 pie 몫을 차지하기 위하여 생산과 소비, 소득추구과정이라는 경쟁적인 시장경제 속에 들어와 있지는 않다. 소비자들 가운데는 경쟁적인 시장경제활동과는 조금 동 떨어진 민간단체에서 종사하는 사람도 있기 때문이다. 물론, 이들이 일하고 있는 민간단체의 활동이 시장경제와 무관한 것이라고 말할 수는 없지만, 이곳의 설명과정에서는 예외로 간주해 두기로 한다.

3) 최선의 pie몫 분배

모든 구성원들에게 최대의 만족을 주기는 힘들다. 이는 위에서 설명한 바와 같이, 경쟁을 통하여 한 구성원이 pie 몫의 2/3를 갖게 된다면, 다른 구성원들은 3/1을 갖고서 경쟁하여야 하기 때문이다. 즉, 2/3을 소유한 구성원 이외의 구성원들은 zero-sum의 원리와 같이 pie몫의 양이 2/3 적어진 상태(손해 본 상태)에서 새롭게 경쟁해야하기 때문이다. 만약 2/3을 소유한 구성원 이외의 구성원들이 pie의 나머지인 1/3 양으로 작아진 pie 몫 분배에 만족한다면 예외가 되겠지만, 이러한 것을 가정한다는 것은 쉬운 일이 아닐 것이다.

모든 구성원들에게 만족스러운 분배가 이루어진다면, 이는 가장 이상적인 분배가 이루어진 것이라 볼 수 있다. 또 구성원들의 pie 몫의 소유량에 대한 불만족은 항상 존재할 수밖에 없다. 그렇지만, 모든 구성원들이 pie 몫의 소유량에 대하여 불만족하고 있다는 것이 좋을 수도 있다. 이러한 상태는 구성원들 사이에 지속적인 경쟁상태를 유지하게 하는데 원동력이 될 수도 있기 때문이다.

그렇다면, 어떠한 방법을 통하여 최선의 pie 몫의 분배가 이루어수 있는가? 이에 대하여 두 경우로 구분하여 설명해보기로 하자. 우선은 pie 몫이 충분한 경우이다. 이 때에는 모든 구성원들이 필요로 하는 양만큼 충분한 분배가 이루어지게 된다. 다음으로 pie 몫이 부족할 때에는 필요로 하는 양을 비율로 계산하여 균등하게 분배하면 될 것이다. 하지만 두 번째의 경우에는 구성원 간에 동일한 만족을 얻어낼 수는 없게 된다.

4) 분배의 방법과 기준

분배의 방법은 시장경제체제 속에서 마련된 각종의 수단과 각각의

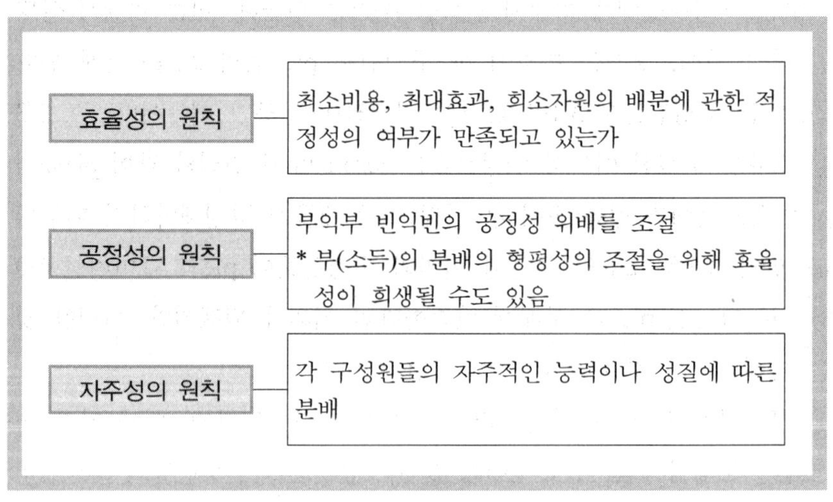

[그림 1-9] 분배의 기준

가격을 기준으로, 그 가격에 상당하는 대가를 지불하는 자에게만 그 몫을 분배하는 시장을 통한 분배방법과 계획주체(정부)의 판단에 따라서 각 기업과 소비자에게 나누어주는 계획에 의한 분배방법이 있다.

분배의 기준에는 효율성, 공정성, 자주성의 원칙이 있다. 먼저 효율성의 기준은 분배하는 방법이 최소비용, 최대효과. 희소한 자원의 배분에 관한 적정성의 여부를 만족하고 있는가를 의미하고 있다. 그리고 공정성의 기준은 부익부, 빈익빈의 공평성에 위배를 조절하여 분배되어야 한다는 것이다. 이 기준에 따르면, 부와 소득분배의 형평성, 분배의 형평성을 이루기 위해 자원배분의 효율성을 희생할 수 도 있게 된다. 마지막으로 자주성의 기준은 각 구성원들의 자주적인 능력이나 성질에 따른 분배를 말한다.

제 2 장 수요이론

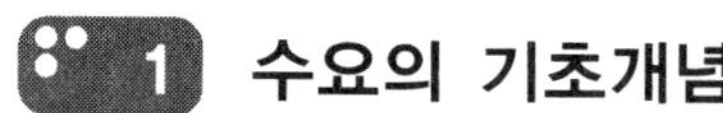

1 수요의 기초개념

1) 수요(demand)와 수요량(quantity of demand)

수요란 일반적으로 소비자가 소비를 위하여 구매하려는 의도로서 소비자가 일정기간 동안에 어떤 재화(goods)나 용역(services)을 대금과 요금을 지불하면서 구매하고자 하는 욕구 또는 욕망을 의미한다. 그렇기 때문에 수요는 소비자들이 의도된 양을 전부 구매한다고 보기는 힘들다. 즉, 의도된 구매와 현실에서의 실제 구매량과는 차이가 있음을 말해준다. 이와 같은 일반적인 수요가 실제의 수요로 나타나기 위해서는 실질적인 충분한 소득과 같은 구매력이 뒷받침되고 있어야 한다.

그리고 수요량이란 소비자가 어떤 재화나 용역을 구매하려고 의도하는 재화의 양을 의미하며, 이것 또한, 실제로 시장에서 구매가 이루어진 재화의 양은 아니다.

2) 수요의 2성질 및 개념

수요는 2 가지의 성질을 가지고 있다. 수요가 의미하는 첫 번째의 성질은 소비자들의 구매의도이고, 두 번째 성질은 어떤 기간 동안의 구매흐름을 말하고 있다. 그렇기 때문에 수요와 수요량을 나타낼 때에는 일정기간의 기간을 한정하면서 그 양을 나타내고 있는 것이다.

3) 수요함수(demand function)

수요함수는 그 재화의 가격(P)과 수요량(Q)사이에 존재하는 함수관계로서 각 가격수준에 대응하여 소비자들이 매기 당 구매하려고 하는 재화의 수요량을 나타내며 간단한 수식으로 표현하면 아래와 같다.

$$Q=f(P)$$

소비자들의 수요에 영향을 주는 요소로 가격이 나타나 있지만, 그 이외에도 다른 재화의 가격(P_2), 소득(I), 세금(t), 기호(T) 등도 수요에 영향을 미치는 요소들이다. 이들을 포함한 수요함수는 다음과 나타낼 수 있다.

$$Q=f(P_1,\ P_2,\ I,\ t,\ T,\ \cdots)$$

4) 수요곡선(demand curve)

가로축에 P(가격), 세로 축에 Q(수요량)를 표시하여 어떠한 함수 Q=f(P)를 다음의 그림과 같이 하나의 곡선으로 그려 놓은 것을 말한다. 수요곡선은 일반적으로 우 하향의 형태를 갖는다.

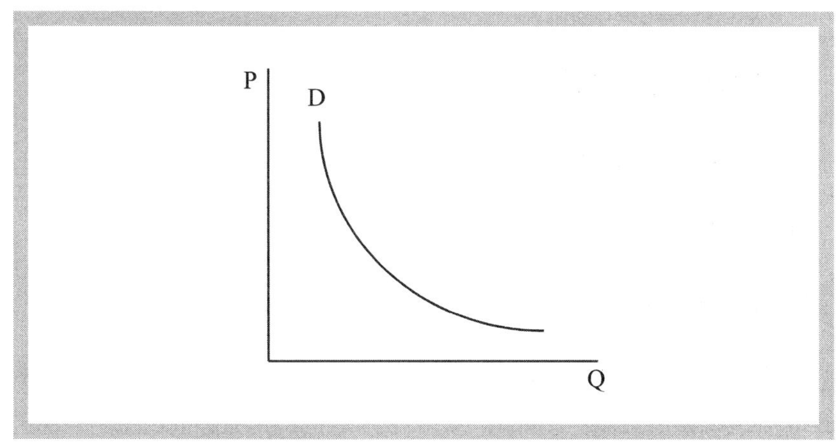

[그림 2-1] 수요곡선

5) 수요의 법칙(law of demand)

수요의 법칙을 말할 때에는 수요에 영향을 미치는 다른 모든 요인들인 다른 재화의 가격, 소득, 세금, 기호 등이 일정불변 하다는 가정을 전제로 하고 있다. 이와 같은 가정 하에 수요의 법칙은 재화의 가격이 상승하면 수요량이 감소하고, 재화의 가격(P)이 하락하면 수요량(Q)이 증가한다는 것이다.

물론, 이 수요의 법칙이 모든 재화에 적용될 수는 없다. 한 재화의 가격이 상승했을 때 그 수요량이 더욱 증가하는 경우도 있기 때문이다. 예를 들어 해당재화의 가격이 계속적으로 상승할 것으로 예상된다면가, 그 재화가 상당히 가치가 있는 재화이라면, 오히려 가격상승에 반응하여 그 재화의 수요량이 증가할 수 도 있기 때문이다. 뒤에서 논의하겠지만, 기펜재(Giffen goods)도 그와 같은 예외인 재화에 해당한다.

6) 수요의 결정요인

(1) 그 재화의 가격(P_n)

어떤 재화의 가격상승은 그 재화의 수요감소로 나타난다.

(2) 타 재화의 가격(P_n, …, P_{n-1})

어떤 재화의 가격상승 내지는 하락은 또 다른 재화가 해당재화에 대하여 대체재(substitute goods), 보완재(complementary goods), 독립재(independent goods)에 따라 나타나는 반응은 다르다.

(3) 소비자의 소득(M)

소비자의 소득이 증가하거나 감소하게 되면, 그 재화가 상급재, 하급재에 따라 그 수요는 다르게 나타나게 된다. 즉, 소득이 증가하게 되면 상급재(superior goods, 고기 · 쌀 등)의 수요 증가 하면, 하급재(inferior goods, 고등어 · 보리 등)의 수요는 감소로 나타난다.

(4) 소비자의 기호(Taste)

소비자들은 현대화과정을 거치면서 과거의 전통적인 상품보다는 현대적인 상품에 더 많은 관심을 나타내게 된다. 예를들어 전통사회로부터 현대사회로 변화하면서 대부분의 사회구성원들은 전통복장보다는 현대적인 양복에 대한 기호가 증가하고 있다는 것을 알 수 있다. 이에 따라, 전통복장에 대한 수요는 상대적으로 감소하게 된다.

(5) 예상(Expectation)

재화의 가격변동에 대한 소비자들의 예상을 말하는 것으로, 소비자들이 구매하려는 재화의 가격이 계속 상승할 것으로 예측하게 된다면, 소비자들은 그 재화에 대한 현재의 수요를 증가시키게 된다는 것이다.

(6) 소득분배의 양상

국가들의 소득분배는 안정된 균형적인 상태로 이루어지고 있다고 말할 수 없다. 이 가운데 소득분배가 비교적 균등한 사회의 소비자들은 검소한 재화에 대한 수요가 증가하는 특징을 갖고 있는데 반하여, 소득분배가 심각한 문제를 나타내고 있는 사회의 소비자들은 고가의 귀금속 등에 대한 수요가 상당히 크다는 특징을 나타내고 있다.

이와 같은 결과에 의한다면, 소득분배가 평준화된 사회와 그렇지 못한 사회에서의 소비패턴이 다르다는 것을 알 수 있게 된다.

(7) 인구의 크기

국가의 인구규모는 그 국가의 재화에 대한 수요규모를 나타내준다고 말할 수 있다. 즉, 인구가 많은 국가일수록 소비재에 대한 수요가 증가한다는 것이다. 물론, 소비자들의 필수적인 기초수요재화에 대한 수요의 증가는 틀림없이 증가할 것이다. 그러나 해당국가의 소비자들 대부분이 저소득층으로 구성되어 있는 상태에서 인구가 증가한다면 그에 비례적이거나 그 이상의 소비수요의 증가로 연결되는 것은 쉬운 일이 아니다.

2 수요의 종류

1) 개별수요(individual demand)와 시장수요(market demand)

개별수요는 한 재화에 대한 각 개인의 수요이며, 시장수요는 개별수요를 합친 것이다. [표 2-1]은 커피의 가격변화에 따른 시장 속 5명 소비자들의 커피수요량 변화와 시장 전체의 수요량변화가 나타나 있는 수요계획표이다.

기업이 소비자들의 수요계획표를 정확히 예측할 수 있다면, 관련기업들은 시장에 공급할 해당재화의 적정공급량을 파악할 수 있게 된다.

[표 2-1] 커피가격 변화에 따른 5 소비자들의 커피수요량 변화(수요계획표)

가격	A 수요량(g)	B 수요량(g)	C 수요량(g)	D 수요량(g)	E 수요량(g)	시장 수요량(g/월)
1,000	1,000	1,500	1,800	2,000	2,400	8,700
1,500	800	1,200	1,600	1,800	2,200	7,600
2,000	600	900	1,400	1,600	2,000	6,500
2,500	0	600	1,200	1,400	1,800	5,000
3,000	:	0	1,000	1,200	1,600	3,800
3,500	:	:	800	1,000	1,400	3,200
4,000	:	:	0	800	1,200	2,000
4,500	:	:	:	600	1,000	1,600
5,000	:	:	:	0	800	800
5,500	0	0	0	0	0	0

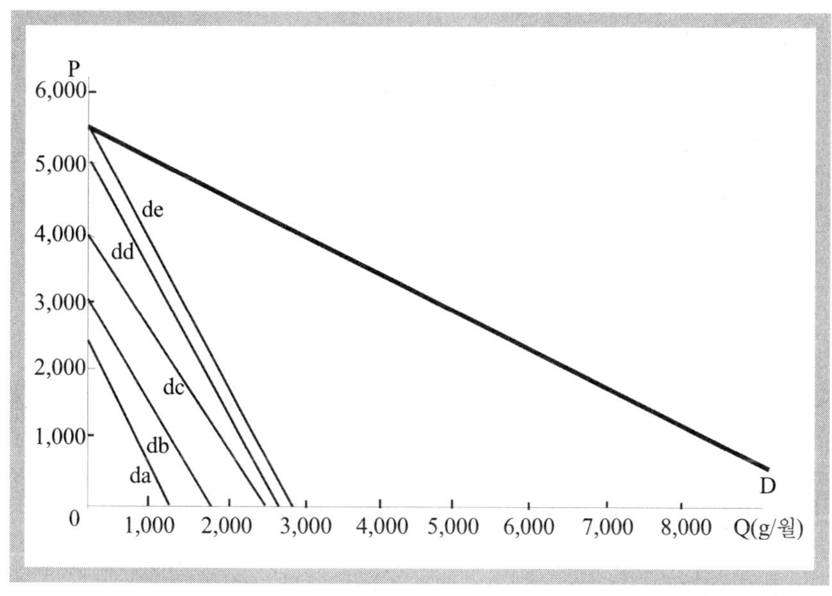

[그림 2-2] 5명 소비자의 개별수요곡선과 시장 수요곡선

2) 시장수요곡선

시장 수요곡선은 커피 가격에 대한 각 소비자의 수요량을 합계해서 그린 것이다. (개별수요곡선의 각 점을 수평방향으로 합계해서 얻은 것이다).

3) 수요증가 및 감소 요인

(1) 수요의 증가 요인

① 두 재화가 대체재인 경우, 상대 재화가격이 상승하였을 때
   두 재화가 보완재인 경우, 상대 재화가격이 하락한 경우

② 그 재화가 상급재인 경우, 소비자의 소득이 증가하였을 때

③ 소비자들이 그 재화를 선호하는 경우

④ 소비자들이 앞으로 그 재화의 가격이 상승할 것으로 예상하는 경우

⑤ 소비자의 수가 증가하는 경우

⑥ 소비자들의 소득분포가 그 재화의 수요를 증가시키는 방향으로 재분배될 때는 수요곡선 자체를 우측으로 이동시켜 수요의 증가를 가져온다.

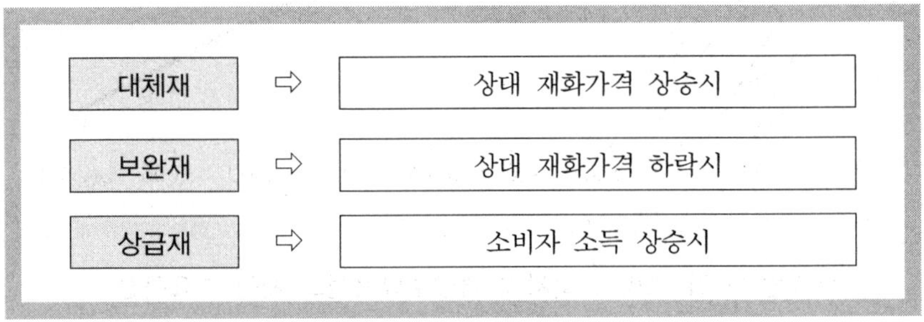

[그림 2-3] 재화간 상호성격에 따른 수요증가 요인

(2) 수요감소의 요인

① 두 재화가 대체재인 경우, 상대 재화가격이 하락하였을 때
두 재화가 보완재인 경우, 상대 재화가격이 상승하였을 때

② 그 재화가 상급재인 경우, 소비자의 소득이 감소하였을 때

③ 소비자들이 그 재화를 싫어하는 경우

④ 소비자들이 앞으로 그 재화의 가격이 하락할 것으로 예상하는 경우

⑤ 소비자의 수가 감소하는 경우(인구유출)

⑥ 소비자들의 소득이 그 재화의 수요를 감소시키는 방향으로 재분배될 때는 수요곡선 자체를 좌측으로 이동시켜 수요의 감소를 가져온다.

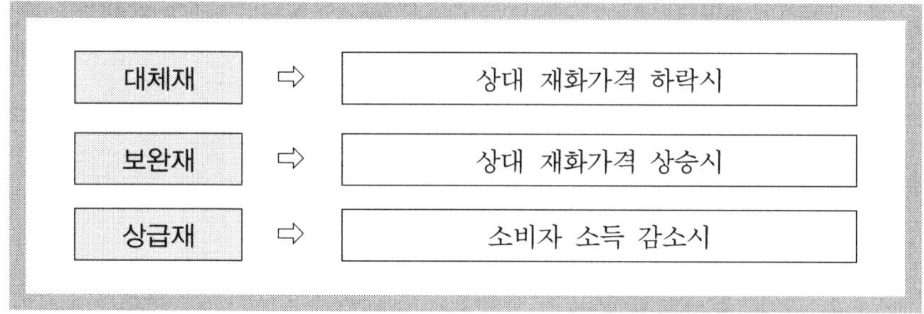

[그림 2-4] 재화간 상호성격에 따른 수요감소 요인

4) 수요와 수요량의 변화

(1) 수요의 변화

이제까지는 해당재화의 가격을 제외한 수요변화의 요인들이 모두 일정하다고 가정한 상태에서 수요곡선을 그렸으나, 가정하였던 조건들이 변하게 된다면 그 효과는 수요의 변화를 나타내는 수요곡선 자체의 이동(shifting)으로 나타난다. 즉, 일정하다고 가정했던 요인이 변동한다면 수요함수 자체가 변동하게 되어 수요곡선 자체가 이동한다.

(2) 수요량의 변화

수요량의 변화는 해당재화 이외의 다른 수요변화의 요인들이 일정하다는 가정 하에 주어진 수요곡선 상에서 해당재화의 가격이 상하로 변동함에 따라서 나타나는 변화를 말한다(주어진 수요곡선에서의 점의 이동을 수요량의 변화라 한다).

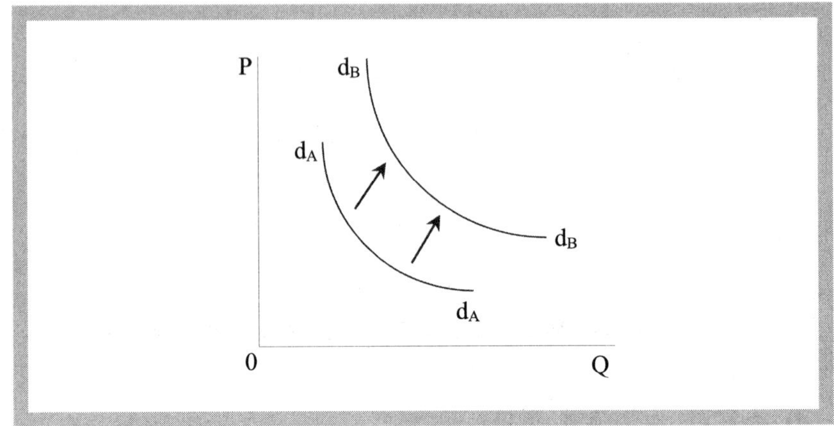

[그림 2-5] 수요곡선의 이동

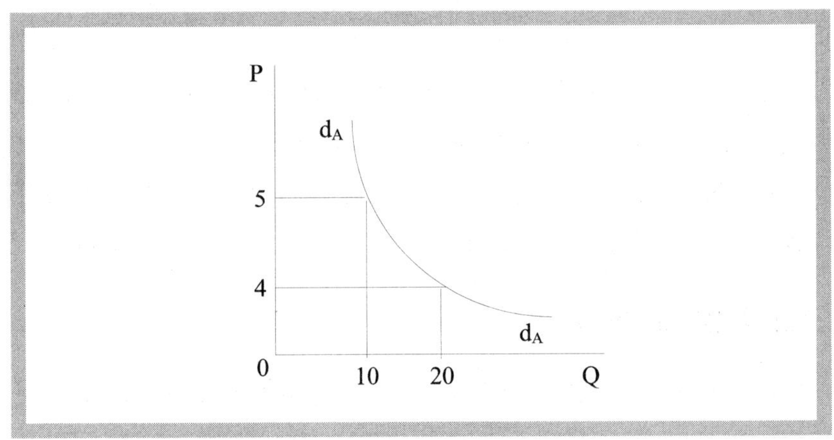

[그림 2-6] 수요량의 변화

5) 수요의 탄력성(elasticity of demand)

수요의 탄력성은 시장에서 수요변화의 요인들이 어떠한 충격에 의하여 변화가 생겼을 때 시장에서 나타나는 반응의 정도를 의미하며,

통상적으로는 수요의 가격탄력성이라 한다.

즉, 수요의 가격탄력성은 재화의 가격이 P_1에서 P_2로 상승하거나 하락하였을 때에 반응하는 수요량의 변화 정도를 나타내는 지표이므로, 가격변화에 대해 수요량이 얼마나 민감하게 반응하는가를 나타내어 주는 척도라고도 말할 수 있다.

(1) 수요의 탄력성(e_P)

$$e_P = -\text{수요량의 변화율} / \text{가격의 변화율}$$
$$= -q/\triangle q \;/\; \triangle p/p$$
$$= -q/\triangle q \cdot p/\triangle p$$
$$= -\triangle q/\triangle p \cdot p/q$$

가격과 수요량은 서로 상반되게 움직임으로 수요탄력성의 값은 부(−)의 부호를 갖게 되어 탄력성 자체의 값은 음(−)이 된다. 그렇지만, 실제 값의 기입에 있어서는 탄력성의 값이 음이라는 것의 의미상의 문제점 때문에 식 앞에 음(−)의 기호를 붙여 수요의 탄력성 값을 양(+)으로 나타나게 한다.

예를 들어 피자의 가격(P)이 5,000원에서 6,000원으로 상승 시, 수요량(Q)이 10,000개에서 8,000개로 하락했을 때의 수요탄력성을 구하여 보기로 하자. 이 경우 피자가격이 변화하기 이전과 이후의 수요의 탄력성을 구할 수 있다. 즉, 수요의 탄력성을 구하는 기준을(5,000원, 10,000개)에 둘 것인지, 아니면 (6,000원, 8,000개)를 기준으로 할 것인지에 따라 아래와 같이 각각 다른 값을 얻을 수 있게 된다.

㉠ 5,000원, 10,000개 기준 시(변화 전 수요의 탄력성)

$$e_P = 2{,}000/10{,}000 \;/\; 1{,}000/5{,}000 = 1$$

㉡ 6,000원, 8,000개 기준 시(변화 후 수요의 탄력성)

e_P = 2,000/8,000 / 1,000/6,000 = 1.5

① **호 탄력성(arc elasticity)** : 호(弧)는 원주나 곡선상의 두 점에 의해 한정된 부분으로, 수요곡선 상에서 호 탄력성이라는 것은 수요곡선 상의 두 점간의 탄력성을 말한다. 호 탄력성은 같은 구간임에도 불구하고 탄력성의 출발점을 어디로 잡느냐에 따라 그 탄력성의 값이 크게 달라진다. 이러한 현상은 수요곡선상의 두 점이 멀리 떨어지면 떨어질수록 더욱 현저하게 나타난다.

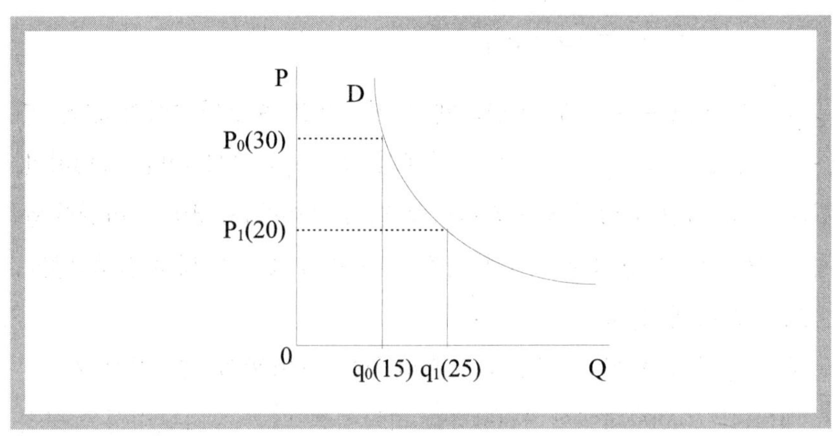

[그림 2-7] 수요의 호 탄력성

호 탄력성은 선분 중점의 탄력성으로 탄력성을 계산한다. 위의 [그림 2-7]에서 나타난 값으로 호 탄력성 값을 구하면 다음과 같다.

호 탄력성(e_P) = 구간 내 자체 변화 분 × 전체 변화 분
= 10/10 × 50/40 = 0.8

② **점 탄력성(point elasticity)** : 점 탄력성은 수요곡선상의 한 점에서의 탄력성을 말하며, 재화가격의 미세한 변동에 대한 수요량의 변동비율을 알 수 있다. [그림 2-8]에서의 점 탄력성은 다음과 같이 구할 수 있게 된다.

점 탄력성(e_P) = AB/OA = KB/CK = E0/CE

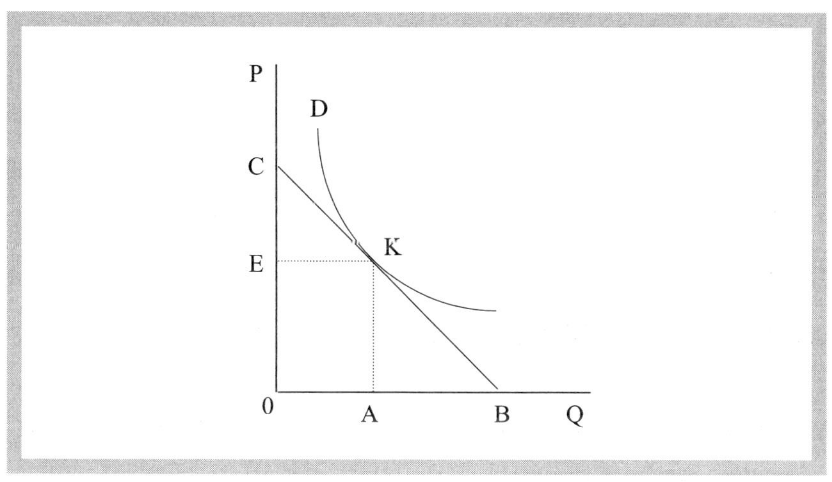

[그림 2-8] 수요의 점 탄력성

(2) 탄력성의 크기

① **탄력적(elastic)** : 수요의 탄력성이 탄력적이라는 것은 재화가격의 변화인 △p/p 값보다 수요량의 변화인 △q/q 값이 더 큰 경우로, 수요의 탄력성 값이 1보다 클 때(e_p > 1)를 의미한다.

이러한 탄력성을 가진 재화는 사치품에 해당하며, 재화가격이 인하 시 소비자들의 수요량이 증가하게 되므로 기업의 총수입이 증가하게 된다. 반대로 가격인상 시에는 기업의 총수입이 감소하게 된다.

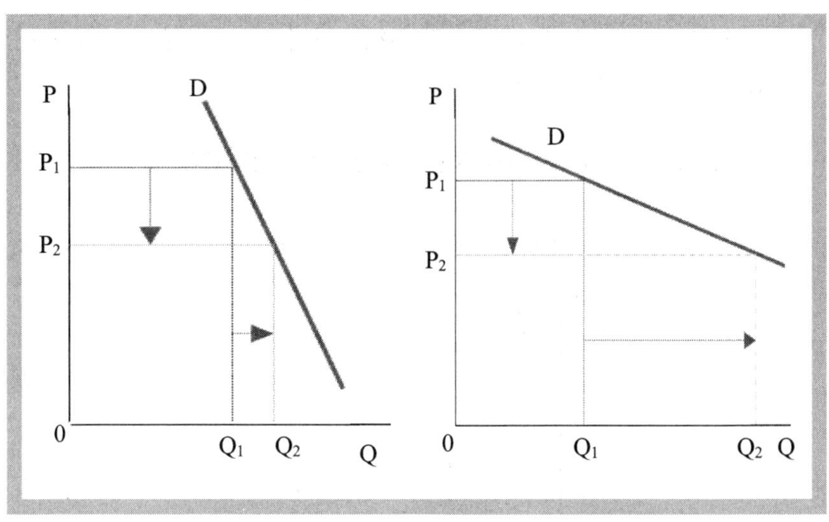

[그림 2-9] 가격변화에 상당히 민감한 경우와 그렇지 않은 경우의 수요곡선

② 단위 탄력적(unit elastic) : 수요의 탄력성이 단위 탄력적이라는 것은 재화가격의 변화인 △p/p 값과 이에 따른 수요량의 변화인 △q/q 값이 동일한 경우로, 이때의 수요의 가격탄력성 값은 1($e_p = 1$)이 된다.

이러한 경우, 재화가격의 변화 전과 후의 기업의 총수입은 변화가 없게 된다.

③ 비탄력적(inelastic) : 수요의 탄력성이 비탄력적이라는 것은 재화가격의 변화인 △p/p 값보다 수요량의 변화인 △q/q 값이 더 작은 경우로, 수요의 탄력성 값이 0보다 크고 1보다 작은($0 < e_p < 1$) 경우를 의미한다.

이러한 탄력성을 가진 재화는 가정의 생활필수품에 해당하며, 재화가격이 인하 시 소비자들의 수요량이 재화가격의 증가에 비하여 적게 증가하게 되므로 기업의 총수입은 오히려 감소할 수 있다. 반대로 가격인상 시에는 소비자들이 생활필수품에 해당하는 그 재화에 대한 수요에 별다른 변화를 주지 않게 되어 기업의 총수입은 약간의 감소밖에 없게 된다.

④ **완전 비탄략적**(perfectly inelastic) : 수요의 탄력성이 완전 비탄력적이라는 것은 재화가격의 변화인 △p/p 값이 아무리 변동하여도, 수요량의 변화인 △q/q 값의 변화가 발생하지 않는 경우로, 수요의 탄력성 값이 0(e_p = 0)인 경우를 의미한다.

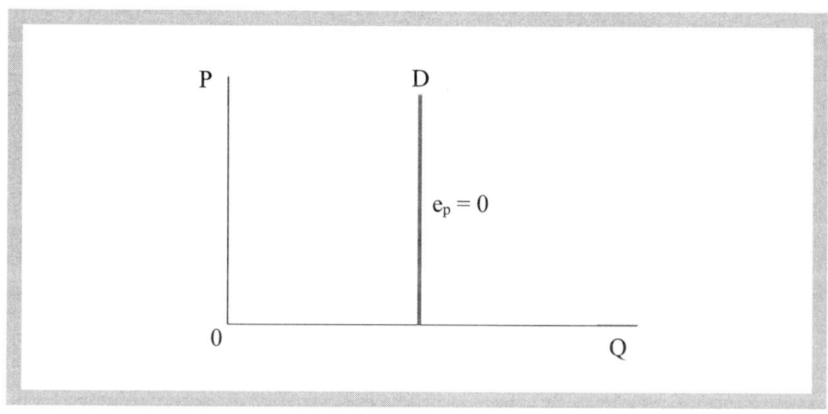

[그림 2-10] 완전 비탄력적 수요곡선

이러한 탄력성을 가진 재화는 현실적으로 존재하지 않는다고 말할 수 있다. 그러나 이에 근접한 재화를 든다면 생활필수품 중에서 가장 기초적인 재화들을 거론할 수 있다. 즉, 간장, 된장, 소금 등이 그에 해당하며, 이와 같은 재화들의 수요의 탄력성은 거의 완전 비탄력적(e_p = 0)이다.

완전 비탄력적인 재화의 가격은 인하되어도, 소비자들의 수요는 변화하지 않음으로 기업의 총수입은 감소하게 된다. 반대로 가격 인상 시에도 소비자들의 수요는 변화하지 않음으로 기업의 총수입은 증가하게 된다.

⑤ **완전 탄력적(perfectly elastic)** : 수요의 탄력성이 완전 탄력적이라는 것은 재화가격의 변화인 △p/p 값이 조금만 변화하여도 수요량의 변화인 △q/q 값이 무한대로 증가하는 경우로, 수요의 탄력성 값이 ∞(e_p = ∞)인 경우를 의미한다.

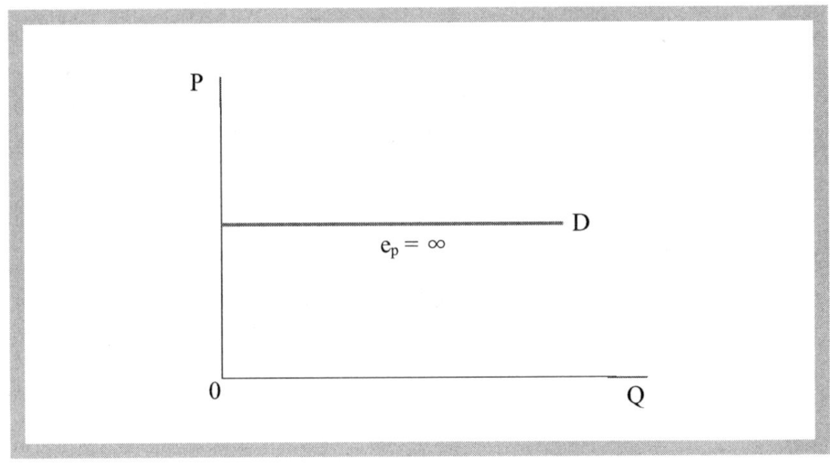

[그림 2-11] 완전 탄력적 수요곡선

이러한 탄력성을 가진 재화는 현실적으로는 존재하지 않으며, 이론상으로 존재할 뿐이다. 완전 탄력적인 재화의 가격이 조금만이라도 인하하게 되면, 소비자들의 수요량이 무한히 증가하게 되므로 기업의 총수입 무한히 증가하게 된다. 반대로 재화가격이 조금이라도 인상 되면, 소비자들의 수요가 0이 되어 기업의 총수입은 0이 된다.

이상과 같은 5가지의 탄력성 형태를 나타내는 그림과 기업의 총수입과의 관계는 위의 [그림 2-12]와 [표 2-2]에 잘 나타나 있다.

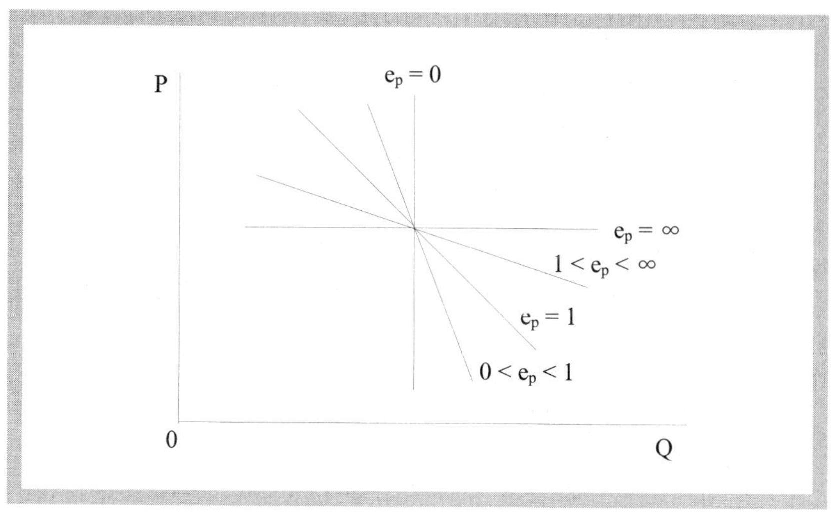

[그림 2-12] 수요의 가격 탄력성

[표 2-2] 수요의 탄력성과 기업의 총수입과의 관계

탄력성	(△q/q) / (△p/p)	p↓	p↑
$e_q > 1$	△q/q > △p/p	R↑	R↓
$e_q = 1$	△q/q = △p/p	R	R
$0 < e_q < 1$	△q/q < △p/p	R↓	R↑

(3) 수요의 가격탄력성의 적용사례

서울시는 도심 교통난을 완화하기 위해 1993년 7월부터 출퇴근 시간에 남산3호 터널과 남산 1호 터널을 통과하여 도심으로 진입하는 3

인 이하 승차한 승용차에 대해 2,000원의 할증요금을 부과하고 있다.

① **정책 목적** : 서울시 교통난 해소 및 환경오염 방지

② **결과** : 터널 통과에 대한 할증료 부과로 인하여 불요불급한 사람들의 남산터널 이용을 자제하게 하여 출퇴근 시의 터널통과 통행량은 감소하게 되었다.

③ **이론적 근거**(수요의 가격탄력성) : 터널통과 비용의 부담으로 터널이용 상품에 대한 수요량(통행량) 감소효과가 있었다. 그러나 터널 이용자들이 부과된 통행료에 대하여 커다란 부담을 느끼는 정도가 되지 않는다면(비용부담의 정도가 터널 이용자들이 충분히 부담하고도 남는 정도라면), 통행량 감소의 효과는 기대에 미치지 못할 것이다.

(3) 수요의 소득탄력성

수요의 소득탄력성(income elasticity of demand, e_i)은 소득의 변동에 대한 수요량의 반응정도를 의미하며, 그 값은 다음과 같이 구한다.

$$e_i = \text{수요량의 변화율} / \text{소득의 변화율} = \triangle q/q = \triangle M/M$$

수요의 소득탄력성의 값은 크게 3가지로 구분할 수 있다. 첫째는 소득의 증가율 = 수요량의 증가율 동일한(e_i = 1) 경우이고, 둘째는 정상재(normal goods)와 같이 소득이 증가하면 그에 따른 재화의 수요량이 증가하게 되어 e_i 값이 + 인 경우, 그리고 하급재(inferior goods)와 같이 소득이 증가하면 그에 따른 재화의 수요량이 감소하게 되어 e_i 값이 −인 경우이다.

일반적으로 식료품의 e_i 값은 1보다 크게 나타나며, 사치성 재화들의 e_i 값은 1보다 크게 나타나고 있다. 그리고 상급재와 하급재를 구분

하여 e_i 값을 비교하여 본다면, 상급재의 e_i 값은 0보다 크며, 하급재의 e_i 값은 0보다 적다고 말할 수 있다.

또한, 소금과 간장의 경우와 같이 소득의 변화에 관계없이 일정량만을 사용하는 재화들의 e_i 값은 거의 0이라고 볼 수 있다.

(4) 수요의 교차탄력성

수요의 교차탄력성(cross elasticity of demand, e_c)은 한 재화의 가격이 변동할 때 다른 재화의 수요량에 미치는 반응의 정도를 의미한다.

Y재의 가격 p_y , X재의 수요량을 q_X라 하면, 이 때 수요의 교차탄력성은 다음과 같이 구할 수 있다.

수요의 교차탄력성(e_c) = X재 수요량의 변화율 / Y재 가격의 변화율

$$= \triangle q_x/q_x \ / \ \triangle p_y/p_y$$

수요의 교차탄력성의 값은 두 재화의 성격에 따라 다르다. 먼저 X재와 Y재가 서로 대체재의 성격을 갖고 있다면, 이때의 교차탄력성 값은 0보다 크게 된다. X재와 Y재가 대체재의 성격을 가진 커피와 녹차라 하였을 때, 녹차가격의 상승은 하였다면 커피 수요량은 증가하게 된다. 반대로 녹차가격이 하락하게 되면 커피 수요량도 감소하게 되어 e_c 값은 0보다 크다는 것을 알 수 있다.

그러나, X재와 Y재가 보완재의 성격을 가진 커피와 프림에서 커피가격이 상승하게 되면 커피의 수요량이 감소하게 되고 그 영향에 의하여 프림의 수요량도 감소하게 된다. 반대로 커피가격이 하락하게 되면 커피 수요량은 증가하게 되고 이에 프림의 수요량도 증가하게 된다. 즉, 두 재하가 보안제의 성격을 갖고 있나년 e_c 값은 0보다 작게 된다

는 것을 알 수 있다.

마지막으로 X재와 Y재가 독립재의 성격을 갖고 있는 경우는 서로 아무런 연관이 없으므로 두 재화간의 e_c는 0이 된다.

7) 수요법칙의 예외

(1) 기펜재(Giffen' s goods)

소비자들은 시장에서 구매하려는 욕구가 있는 재화의 가격이 하락하면 해당 재화에 대한 수요량을 늘리게 되며, 반대로 그 재화의 가격이 상승하게 되면 해당재화에 대한 수요량을 감소시키게 된다. 이것은 일반재화 즉 정상재에 대한 소비자들의 반응으로 수요의 법칙이라고 한다.

그러나, 재화가격이 상승하면 오히려 그 재화에 대한 수요량이 증가하는 수요의 법칙을 따르지 않는 재화가 있다. 이와 같은 재화 중의 하나가 기펜재(Giffen's goods)이다.

아일랜드에서는 주식의 하나로 육류와 감자가 많이 소비되고 있었는데, 1845년 아일랜드에 기근이 들어 감자생산이 줄어들게 되었으며 감자의 가격은 상승하게 되었다. 이에 소비자들은 상승한 감자가격으로 감자의 수요량을 줄여야 하지만, 오히려 감자의 수요량은 증가하게 되었다. 이는, 감자에 비해 상급재인 육류를 선택하여 소비할 수 없었기 때문이다. 즉, 감자대신 육류의 수요를 늘려나가면 되지만 소득이 적은 소비자들은 더 높은 가격의 육류를 수요한다는 것이 더 많은 소비생활에 부담이 되기에 육류를 감자로 대처하기 힘들게 되었던 것이다.

기펜은 이와 같은 상황을 들어 수요의 법칙이 맞아 들어가지 않는 경우가 있다는 것을 밝히고. 이에 해당하는 재화를 기펜재라고 칭하였다. 이러한 기펜재들은 하급재에 해당하는 재화들이다. 하지만, 하급재라고 해서 모두 기펜재의 성향을 띄는 것은 아니다. 하급재이면서 이 재화에 대한 지출이 소득에서 차지하는 비율이 작은 경우에는 기펜의 역설(Giffen's paradox)은 발생하지 않는다.

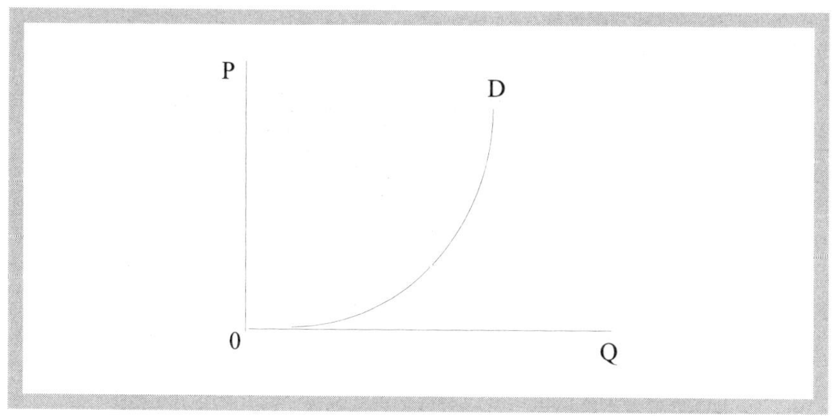

[그림 2-13] 기펜재의 수요곡선

(2) 베블린 효과(Veblen effect)

베블린 효과를 다르게 표현하면 과시소비(conspicuous consumption)라 표현할 수 있다. 즉, 사치성 재화를 과시하고 싶은 욕망에 의하여 값비싼 재화를 더 선호하게 되며, 해당재화의 가격상승이 일어날 경우 그 재화에 대한 수요량이 증가하는 경우를 말하는 것이다.

예를 들어 커다란 크기의 다이아몬드와 진주는 상당한 사치재화에 해당한다. 고소득자들은 어떠한 경우에 이 재화들의 가격이 상승하게 되면, 이를 구매하여 더욱 과시하고 싶은 욕구가 발생하게 되므로 다이아몬드와 진주의 수요는 더욱 증가하게 될 것이다.

반대로 다이아몬드와 진주의 공급량 증대가 두 재화의 희소성 감소와 가격하락으로 작용하게 되면, 고소득자들은 두 재화를 통한 과시욕구가 감소하게 되므로 그 재화에 대한 수요는 감소하게 된다. 이와 같은 효과를 베블린 효과(Veblen effect)라 한다. 이러한 경우의 수요곡선도 기펜재의 수요곡선과 같이 우 상향하는 모양을 갖게 된다.

[그림 2-14] 베블린 효과(브랜드 상품의 유혹)

(3) 반 베블린 효과(counter-Veblen effect)

베블린 효과의 반대적인 효과를 나타내는 것으로 가격이 낮을수록 소비를 자극하는 효과를 의미한다.

(4) 스놉 효과(snob effect)

희귀성이 높을수록 소비를 자극하는 효과, 특정상품을 소비하는 사람이 많아질 수 록 그 상품에 대한 수요는 줄어들고, 값이 오르면 오히려 매수 심리가 올라간다.

혼자 있어도 외롭지 않다(감성에 호소한 제품), 나만의 개성을 추구, 한정소량 판매를 기본으로 한다.

[그림 2-15] 스놉 효과(브랜드 한정 상품의 유혹)

(4) 밴드웨건 효과(bandwagon effect)

다른 사람들이 많이 살수록 소비를 자극하는 효과를 의미하며, MP3 플레이어, 디지털 카메라, 정수기 등등이 그 예라 말할 수 있다.

(3) 예상소비(expectative consumption)

만약 소비자들이 쌀값, 금값 등이 폭등 할 것으로 예측한다면, 소비자들은 이 재화의 현재가격이 이전보다 상승하였다 하더라도, 소비자들은 그 재화에 대한 수요를 더욱 증가시키게 된다. 이러한 예는 사회가 불안정한 경우나, 기후적인 환경변화에 의하여 나타나는 농수산물의 극심한 감소현상이 발생하였을 때 볼 수 있게 된다.

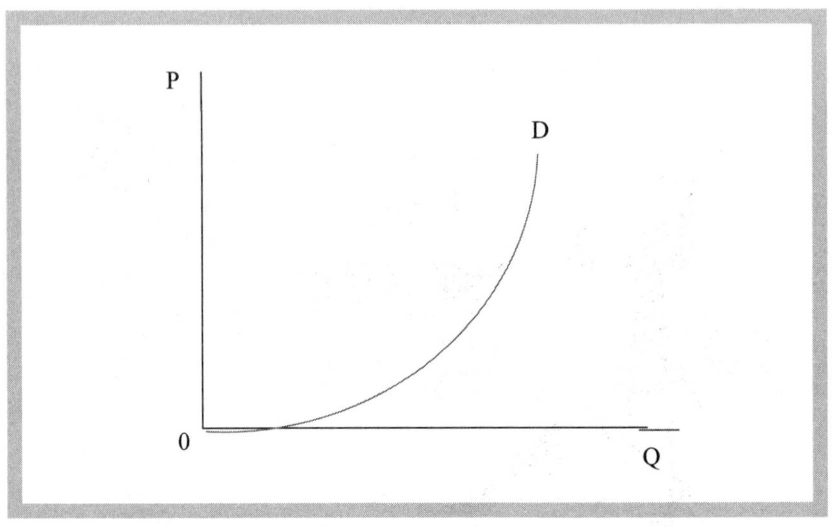

[그림 2-16] 기펜재, 베블린효과, 예상소비의 수요곡선

제 3 장 ▌ 소비자의 행동

1 소비자의 행동

시장경제체제 내에서 소비자의 행동을 설명하기 위해 가정하여야 할 몇 가지가 있다. 그 첫째는 소비자들은 합리적인 행동을 한다. 둘째는 소비자들이 재화를 선택하는데 있어서 그 재화에 대한 완전한 정보를 갖고 있다. 셋째는 각각의 소비자들이 맞이하게 되는 동일한 재화들은 질적으로 동일하다. 넷째 소비자들에게 주어진 소득의 크기는 동일하다 등이다.

이상과 같이 소비자 행동을 설명하기 위하여 가정하여야 될 사항들은 상당히 광범위한 것이다. 이는 수많은 소비자와 그들이 갖고 있는 소비자들의 개성과 행동의 다양성을 모두 고려할 수 없기 때문이다. 즉, 소비자들은 이러한 가정들 하에서 주어진 소득으로 최대의 만족을 얻기 위하여 소비행위를 한다고 말할 수 있다.

소비자들의 행동은 다양한 방법에 의하여 분석되어져 왔지만, 완벽한 소비자 행동을 분석한 이론이라고는 말하기 힘들다. 여기에서는 한계효용이론(theory of marginal utility), 무차별곡선이론(theory of indifference curve), 현시선호이론(revealed preference theory) 이라는 다음의 세 가지 이론에 대하여 알아보기로 하자.

1) 한계효용이론(theory of marginal utility)

한계효용학파는 소비자들이 어느 한 재화로부터 느끼게 되는 만족감은 그 재화가 가지고 있는 효용(utility)의 크기에 의해서 가치의 크기를 결정할 수 있다는 이론을 정립하였다.

즉, 가치의 결정은 그 재화가 소비자들에게 가져다주는 전체적인 효용인 총 효용(total utility)에 의해서 결정되는 것이 아니라, 그 재화가 한 단위씩 추가될 때 얻게 되는 한계효용(marginal utility)에 의해서 결정된다는 것이다. 이러한 한계의 개념을 처음으로 도입하여 재화의 가치크기를 설명함으로써, 재화의 양과 가치를 보다 명확히 하여주었다. 이를 한계혁명(marginal revolution)이라 한다.

(1) 한계효용이론

한계효용이론은 효용의 수량적인 측정 가능성(measurability)과 효용의 합산 가능성(additivity)을 전제로 하고 있다.

예를 들어, X재, Y재, Z재라는 3재화의 효용크기를 기수적(cardinal)으로 측정하여, X재의 효용크기를 1, Y재의 효용크기를 2, Z재의 효용크기를 3 으로 나타내었다고 하자. 각 재화를 효용의 크기로 비교하여 보면, Y재의 효용크기가 2이고, X재의 효용크기가 1이므로 Y재의 효용크기는 X재보다 2배 크다고 말할 수 있게 된다. 그리고 Z재의 효용크기는 3이므로 Y재에 비하여 1.5배의 효용이 있다고 말할 수 있다는 것이다.

또한, 한계효용학파는 X재, Y재, Z재를 소비함으로서 얻는 총 효용의 크기는 각각의 효용크기를 산술적으로 합(1 + 2 + 3)한 값인 6이 된다고 설명하고 있다.

이와 같은 효용측정의 개념을 이용하여 소비자들이 재화로부터 느끼는 만족도의 크기를 비교할 수 있게 되었을 뿐만 아니라 이를 통하여 해당재화의 가치를 파악할 수도 있게 되었다.

① **총 효용**(total utility, TU) : 총 효용은 소비자가 일정기간 동안에 어떤 재화를 소비하였을 때, 그 재화의 소비로부터 얻게 되는 주관적인 만족도의 총량을 말한다. 여기서 일정기간을 전제하고 있는 이유는 다음과 같다.

A와 B인 두 소비자가 동일한 2 *l* 의 음료수를 마시게 된다고 가정하면서, A는 1시간동안 그리고 B는 10시간동안 해당 음료수를 마실 때 동일한 양의 음료수지만 A, B가 느끼게 되는 효용의 크기는 서로 다르기 때문이다.

일반적으로 알 수 있는 것은 어떤 재화를 소비하게 되면 총 효용은 점점 증가하게 되고, 그 소비가 어느 일정한 양(Q*)에 도달하게 되면 총 효용은 극대(욕망의 포화점, saturation point of wants)가 된다. 그리고 그 이상의 재화의 소비가 이루어지게 되면 오히려 총 효용은 감소하게 된다. 이와 같은 설명은 아래의 [그림 3-1]의 곡선으로부터 알 수 있다.

마샬(A. Marshall)은 특정 재화에 대한 인간의 욕망은 무제한적인 것이 아니라 일정한 한도가 있다고 설명하였다. 이를 마샬의 욕망포화의 법칙(the law of saturant wants)이라고 한다.

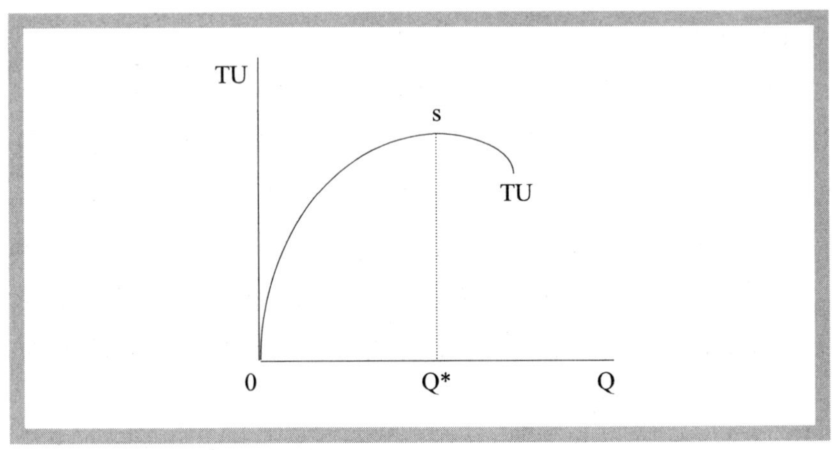

[그림 3-1] 총 효용

② 한계효용(marginal utility, MU) : 한계효용은 추가적으로 재화를 한 단위 더 소비하였을 때 얻게 되는 효용의 추가분이다. 즉, 어떤 재화를 추가적으로 한 단위 소비함으로 인해서 더해지는 효용의 증가분을 한계효용이라고 말한다.

이를 총 효용의 개념을 이용하여 수식으로 나타내면 아래와 같으며, [그림 3-2]에서는 총 효용 곡선으로부터 도출된 한계효용 곡선의 모습이 나타나 있다.

$$MU_n = TU_n - TU_{n-1}$$

MU_n : n번째의 재화의 소비로부터 얻는 한계효용
TU_n : n번째의 재화의 소비로부터 얻는 총 효용
(n번째까지의 재화를 소비해서 얻는 한계효용의 합계)
TU_{n-1} : n번째의 재화에서 한 단위(n-1)재화를 뺀 재화의 소비로부터 얻는 총 효용

* n단위를 소비하다가 n-1단위를 소비함으로써 잃어버리는 효용의 크기를 n번째의 재화의 소비로부터 얻는 한계효용의 크기라고도

볼 수 있다.

* 총 효용함수가 연속함수일 때의 한계효용

총 효용을 재화소비량(q)으로 미분(MU = dTU / dq)한 값이다.

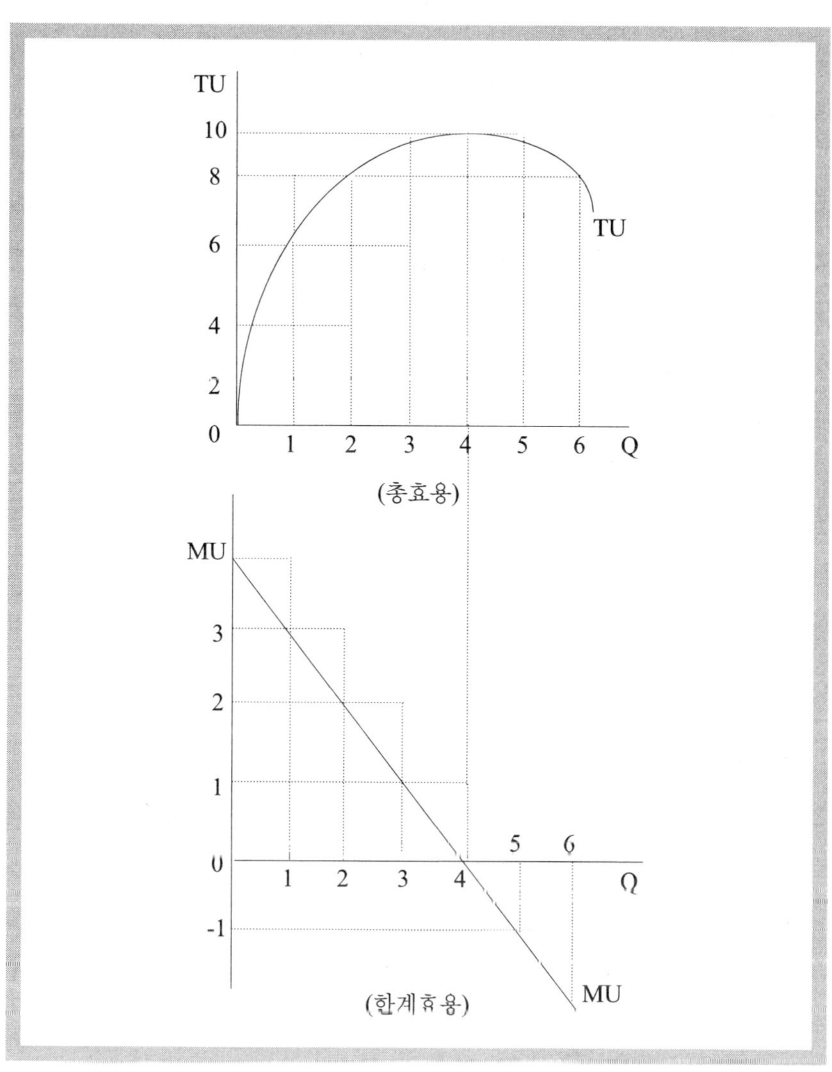

[그림 3-2] 총 효용과 한계효용

(2) 한계효용체감의 법칙(law of diminishing marginal utility)

한계효용체감의 법칙은 재화의 소비를 한 단위씩 증가시켜 나감에 따라 추가적인 한 단위의 소비로부터 얻어지는 소비자의 한계효용이 점점 감소하는 현상을 말한다. 이를 [그림 3-3]를 통하여 설명해 보기로 하자.

총 효용함수가 연속적인 상태를 나타내는 경우 총 효용(TU)곡선의 모양은 [그림 3-3]에서와 같이 그려진다. 이때, 한계효용(MU)은 재화의 소비를 한 단위씩 증가시켜 나감에 따라 추가적인 한 단위의 소비로부터 얻어지는 소비자의 한계효용을 의미하므로 이는 총 효용곡선 상에서 접선의 기울기와 같다.

총 효용곡선은 소비가 한 단위 증가할수록 점차 감소하는 상태로 증가하다가 어느 단계(4단위 소비)에 이른 후에는 지속적인 감소하는 모양을 나타내고 있다는 것을 알 수 있다. 즉, 재화의 소비를 증가시켜 나갈수록 그 재화수량에 해당하는 총 효용곡선 상의 점에서 그은 접선의 기울기가 점점 작아진다는 것을 말한다. 이는 한계효용체감의 법칙이 작용하고 있음을 나타내고 있는 것이다.

(3) 총 효용과 한계효용의 관계

총 효용과 한계효용은 상당히 밀접한 관계를 유지하고 있다. 첫째로, 재화의 소비 증가로부터 나타나는 한계효용의 값을 합치게 되면, 이것은 곧 총 효용의 값이 돈다는 것이다. 둘째로, 총 효용이 극대가 되는 점에서의 한계효용의 값은 0이 된다. 이는 [그림 3-4]에 잘 나타나 있다.

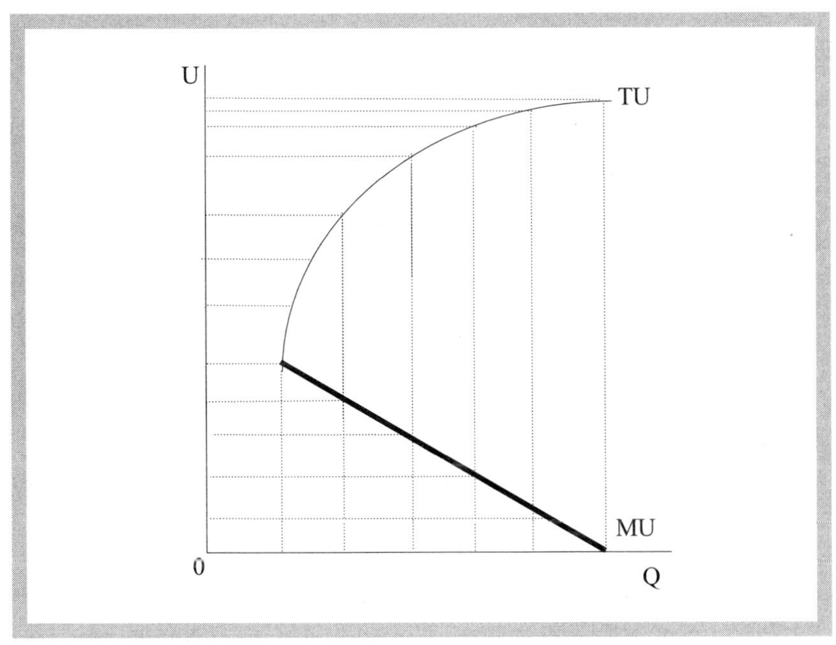

[그림 3-3] 총 효용과 한계효용의 관계

(4) 총 효용과 한계효용을 이용한 재화의 구매

소비자는 2개의 재화를 구매한다고 가정하고, 그 경우를 3가지로 구분하여보기로 하자. 첫 번째는 그 재화들이 소고기와 돼지고기인 서로 대체될 수 있는 대체재 성격의 재화를 구매하는 경우이다. 두 번째는, 커피와 설탕인 서로 보완적인 성질을 가진 보완재 성격의 재화를 구매하는 경우이다. 그리고 세 번째는 커피와 당근과 같이 서로 아무런 관련이 없는 독립적인 독립재 성격의 재화를 구매하는 경우이다.

이상의 3경우에 있어서 두 재화를 어떠한 방법으로 구매하는 것이 좋을 것인지에 대하여 아래의 식을 이용하여 알아보기로 하자.

$$U(x) = U_1(X_1) + U_2(X_1)$$

$U(x)$: 두 재화 동시보유 할 경우의 총 효용
$U_1(X_1)$: X_1재를 단독보유 할 경우의 총 효용
$U_2(X_1)$: X_2재를 단독보유 할 경우의 총 효용

① **대체재(X_1 : 소고기, X_2 : 돼지고기)인 경우** : 모든 소비자들에게 적용된다고는 말할 수 없지만 대부분의 소비자들은 소고기의 가격이 상승하였을 경우, 소고기의 소비량을 줄이고 돼지고기의 소비량을 증가시키는 것으로 보아 두 재화는 서로 대체재의 성격을 지니고 있다고 간주할 수 있다.

두 재화는 서로 대체재의 성격을 갖고 있기 때문에 두 재화를 동시에 구매하여 동시에 소비되어지기는 쉽지 않을 것이다. 일반적인 경우라면, 소고기와 돼지고기 중 어느 하나를 먼저 소비하고 그 다음에 또 다른 재화를 소비하는 방법을 선택하게 된다. 즉 각 재화를 동시에 보유하는 경우에 소비자가 느끼는 총 효용의 크기는 각각의 재화를 따로 보유하였을 때보다 적게 된다는 것을 의미하는 것이다.

그 이유는 다음과 같다. 만약, 소비자가 돼지고기를 보유하지 못하고 소고기만을 보유하였을 때, 그 소비자는 소비하여야 하는 소고기 보유에 대하여 느끼게 되는 가치인 총 효용은 동시에 두 재화를 보유하고 있을 경우보다 상당히 클 것이기 때문이다. 이에 비하여, 두 재화를 동시에 보유하게 될 때의 소비자는 두 재화 가운데 어느 한 재화만을 사용하여도 좋다는 풍족함에 의하여 오히려 한 재화를 보유할 때 갖는 총 효용의 크기보다 각 재화의 총 효용 값은 감소할 것이다. 이를 수식으로 나타내면 아래와 같다.

$$U(X) < U_1(X_1) + U_2(X_2)$$

이상에서 구매하려는 두 재화가 대체재인 경우는 각 재화를 따로 따로 구매할 때 총 효용이 높다는 것을 알 수 있게 된다. 그렇기 때문에 소비자들은 대체재를 동시에 보유하거나 소비하는 것보다는 대체재인 한 재화를 완전히 소비한 다음에 또 다른 대체재의 재화를 구매하는 것이 좋다는 결론을 얻을 수 있다.

② **보완재**(X_1 : 커피, X_2 : 설탕)**인 경우** : 커피와 설탕은 보완재의 성격을 갖고 있다. 대부분의 사람들이 커피를 마실 때 설탕을 넣어 마신다고 본다면, 그들은 커피와 설탕을 동시에 보유하려고 할 것이다. 이들이 만약, 커피만 보유하고 설탕을 보유하고 있지 못하다면 커피를 마시는 것이 쉽지 않을 것이기 때문이다.

이와 같은 상황에서 본다면, 소비자들은 커피와 보완재의 성격을 갖고 있는 설탕은 각각 보유하였을 때의 총 효용보다 동시에 보유하였을 때의 총 효용이 크다는 것을 알 수 있다.

$$U(X) > U_1(X_1) + U_2(X_2)$$

그러므로, 보완재인 커피와 설탕의 경우는 동시에 구매하여 소비될 때 소비자의 총 효용은 커지게 된다.

③ **독립재**(X_1 : 커피, X_2 : 당근)**인 경우** : 두 재화의 성질이 서로 독립재인 경우, 한 재화의 소비의 증가는 타 재화의 한계효용에 영향을 미치지 않기 때문에 두 재화를 동시에 보유하였을 때의 총 효용이나 각각 보유하였을 때의 총 효용은 같게 된다.

$$U(X) = U_1(X_1) + U_2(X_2)$$

그러므로 독립재의 경우는 동시에 구매하여 소비하거나 각각 구매하여 따로 따로 소비하거나 어느 경우도 그 효과는 같다는 것이다.

2 소비자 균형

합리적으로 행동하는 소비자는 주어진 조건하에서 자기만족의 극대화를 위한 소비행위에 최선을 다하게 된다. 소비자들이 이러한 행동을 하게 될 때 그들은 어느 재화를 소비함에 있어서 효용의 극대화(utility maximization)를 얻을 수 있게 될 것이며, 이는 곧 소비자 균형의 조건이 되는 것이다.

소비자 균형을 분석하기 위하여 소비자에 대한 몇 가지의 가정이 필요하다.

1) 기본 가정

첫째, 소비자의 소득 일정
둘째, 재화의 가격 불변
셋째, 소비자는 각 재화에 대하여 이미 자신의 한계효용을 알고 있음

이와 같은 3가지의 기본가정 하에서 소비자가 만족의 극대화를 얻기 위하여 이루어져야할 조건은 한 단위의 화폐로 얻을 수 있는 각 재화의 한계효용이 일치해야 한다는 것이다. 이를 수식으로 나타내 보기로 하자.

소비자는 n가지의 재화를 구매하였고 구매한 각 재화의 한계효용이 MU_1, MU_2, …, MU_n이며, 각 재화의 가격을 P_1, P_2, …, P_n이라 한다

면, 이때의 소비자의 만족 극대화가 이루어지는 상태는 다음과 같이 나타낼 수 있다.

$$MU_1 \ / \ P_1 = MU_2 \ / \ P_2 = \cdots = MU_n \ / \ P_n$$

위와 같은 상태를 한계효용균등의 법칙(law of equi-marginal utility)이 적용되는 상태라 한다. 한계효용균등의 법칙이 의미하는 것은 소비자가 구매한 각 재화로부터 얻는 한계효용이 모두 동일하기 때문에 어느 재화의 구매에서도 불만족의 상태는 발생하지 않는 다는 것을 의미하고 있다.

예를 들어 설명한다면 다음과 같다. 소비자는 2개의 재화(X재, Y재)를 구매하였으며, X재의 가격(P_X)이 2원, Y재의 가격이(P_Y) 4원이었다고 하자. 이 때 X재를 구매한 결과 한계효용(MU_X)이 8이었다면 (MU_X / P_X = 8 / 2 = 4), Y재의 경우는 한계효용이 16이 되는 수량을 구매(MU_Y / P_Y = 16 / 4 = 4)하여 한계효용의 균등의 법칙이 적용되었을 때, 소비자는 재화 구매에 따른 최대 만족을 얻게 된다는 것이다.

2) 소비자효용의 극대화

소비자가 재화를 소비하는데 있어서 제1조건인 한계효용균등의 법칙과 제2조건인 주어진 소득 하에서 재화의 구매가 이루어져야 한다는 조건을 만족하여야 한다.

① **1차조건** : 앞에서 논의된 것과 같이 한계효용이 균등하게 소비가 이루어져야 한다. 이를 수식으로 표시하면 다음과 같다.

$$MU_1 \ / \ P_1 = MU_2 \ / \ P_2 = \cdots\cdots = MU_n \ / \ P_n$$

② **2차조건** : 소비자는 주어진 소득으로 재화의 구매활동을 할 수

있다는 것이다. 즉, 주어진 소득이라는 소득제약의 범위를 만족하여야 한다. 이를 수식으로 표시하면 다음과 같다.

$$Y = p_1q_1 + p_2q_2 + \cdots + p_nq_n$$

위의 식은 소비자에게 주어진 소득(Y)이 소비자가 구매한 각각의 재화량에 해당가격을 곱하고 이를 합한 금액과 같다는 것을 의미하고 있다.

3) 한계효용이론의 응용

① 아담 스미스의 가치의 역설(A. Smith's paradox of value) : 한계효용이론이 정립되기 이전에는 재화의 가치판단에 있어서 사용가치와 교환가치의 개념을 주로 사용하였다. 즉, 재화의 사용성과 교환성의 정도를 중심으로 하여 해당 재화의 가치를 판단하였던 것이다. 때문에 재화의 가치는 명확하게 판단하기 어려운 상태를 종종 접하게 되었던 것이다.

예를 들어, 물과 다이아몬드의 가격을 비교하는 경우에 그러한 상태는 명확히 나타나게 된다. 물은 사용가치에 있어서 다이아몬드에 비하여 필수불가결 한 재화에 해당하지만 그 가격은 저렴하다. 그러나 교환가치로 본다면, 다이아몬드는 물에 비하여 상당히 높다는 것을 알 수 있다. 즉, 어느 것을 기준으로 하느냐에 따라 그 재화의 가치는 달라지는 것이다. 이를 가치의 역설이라 한다.

그렇다면 재화의 가격을 책정하여야 할 경우 어떠한 것을 기준으로 사용하여야 할 것인가. 이에 대하여 한계효용학파가 나타나기 이전에는 명확한 해답을 얻을 수 없었다. 단지 아담 스미스는 사용가치와 교환가치가 다르다는 것만을 지적하고 있었을 뿐이다. 한계효용학파는 100년간 해결되지 못하였던 문제를 한계효용의 개념을 이용하여 해결 할 수 있었다. 아래의 [그림 3-5]를 이용하여 설명해 보기로 하자.

[그림 3-4]에서는 물과 다이아몬드의 소비량 변화에 따른 물의 한계효용곡선(MU_W)과 다이아몬드의 한계효용곡선(MU_D)이 그려져 있으며, 종축은 두 재화의 한계효용, 횡축은 두 재화의 존재량을 나타내고 있다. 각각의 한계효용 곡선의 길이가 다른 이유는 현실적으로 다이아몬드는 물에 비하여 존재량이 적기 때문이다.

먼저, 물과 다이아몬드의 존재량이 적은 상태를 보기로 하자. 이러한 상태에서의 한계효용은 당연히 물이 클 것이다. 물이 없이는 인간이 생존할 수 없으나, 다이아몬드는 없어도 인간의 생존 자체에 문제가 없을 것이기 때문이다. 이러한 결과로 물의 한계효용 값을 나타나내는 곡선은 다이아몬드의 한계효용 값을 나타내는 곡선보다 높은 곳에 위치하게 된다.

다음으로, 물과 다이아몬드의 존재량이 많은 상태를 보기로 하자. 두 재화 모두 존재량이 많은 상태는 현실적으로 가능하지 않은 상태이다. 물의 경우는 가능하지만 다이아몬드의 경우는 그 존재량이 많지 않은 정도로 한정되어 있기 때문이다. 그러나 비현실적이긴 하지만 두 재화 모두 많은 양이 존재한다고 가정한다면, 이 때의 한계효용은 당연히 물의 경우가 낮게 된다.

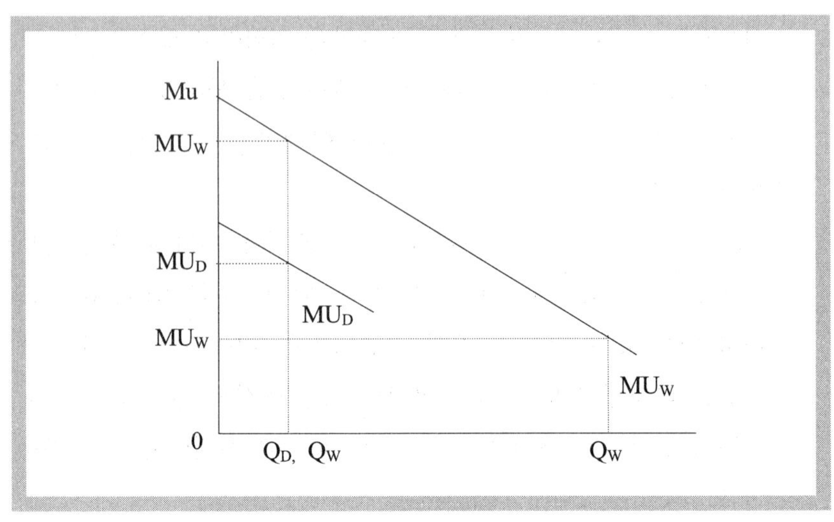

[그림 3-4] 물과 다이아몬드의 효용

이상에서와 같이 물의 한계효용은 현실적인 상태에서 다이아몬드의 한계효용가치보다 낮기 때문에 그 가격도 낮게 되는 것이다. 즉, $MU_W < MU_D$일 때 $P_W < P_D$이므로 한계효용이 더 큰 다이아몬드 가격이 더 비싸게 된다. 한계효용에 의한 재화가치의 판단방법은 기존에 해결할 수 없었던 재화가치판단의 다양한 문제들을 해결해 주는 것이었다.

② 소비자잉여(consumer's surplus) : 소비자들은 재화를 소비하는데 있어서 최소한 지불한 가격만큼의 효용가치를 얻으려고 한다. 또, 지불 된 가격보다 더 많은 효용을 얻게 된다면 그 소비자는 상당한 만족감을 얻을 수 있게 된다. 소비자잉여란 소비자가 재화의 소비에서 얻은 효용과 그 재화에 대해서 지불하는 가격과의 차이를 의미한다.

소비자잉여는 동일한 재화를 소비함에 있어서도 소비자들이 느끼는 크기는 다르다. 이는 소비자들의 특성 상 해당 재화에 대한 선호도 및 사용정도 등이 동일할 수 없기 때문이다. [그림 3-5]에는 소비자잉여의 크기(SP_0R)가 나타나 있다.

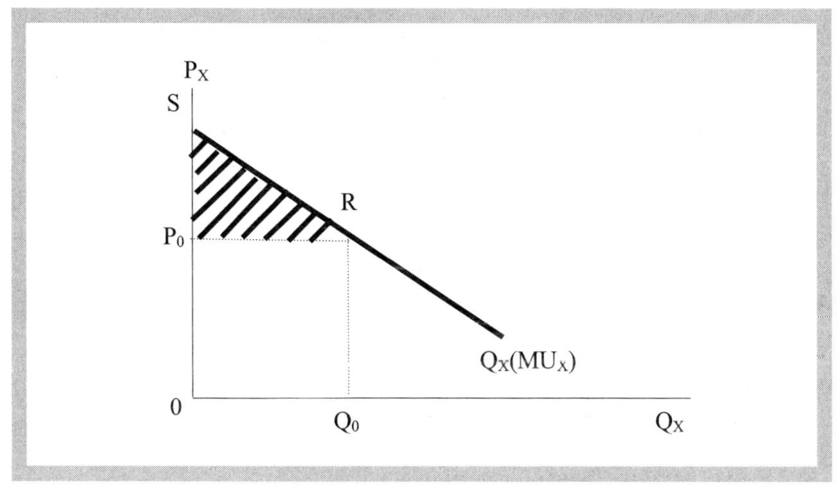

[그림 3-5] 소비자 잉여

소비자가 X재를 P_0 가격에 Q_0 단위를 구입하였을 경우, 소비자가 지불하는 총 금액은 OP_0RQ_0이고, 이 때에 소비자가 얻게 되는 총 효용의 크기는 $OSRQ_0$이다. 이와 같은 상태에서의 소비자 잉여는 소비자가 지불한 총 금액에서 얻게 되는 총 효용의 크기를 뺀 나머지가 된다. 즉, 소비자 잉여는 OP_0RQ_0 $OSRQ_0 - \triangle SP_0R$이 되므로, 소비자는 지불한 가격보다도 $\triangle SP_0R$만큼의 더 많은 잉여가치를 얻고 있는 것이다.

물론 소비자들은 이러한 소비자잉여가 크다고 느낄수록 그 재화에 대한 소비정도는 늘어날 것이다. 그렇기 때문에 기업들은 소비자들이 재화를 구매하기에 앞서 해당재화를 소비하게 될 경우

소비자잉여의 크기를 더 많이 갖게 될 것이라는 인식을 높이기 위하여 노력을 하게 되는 것이다.

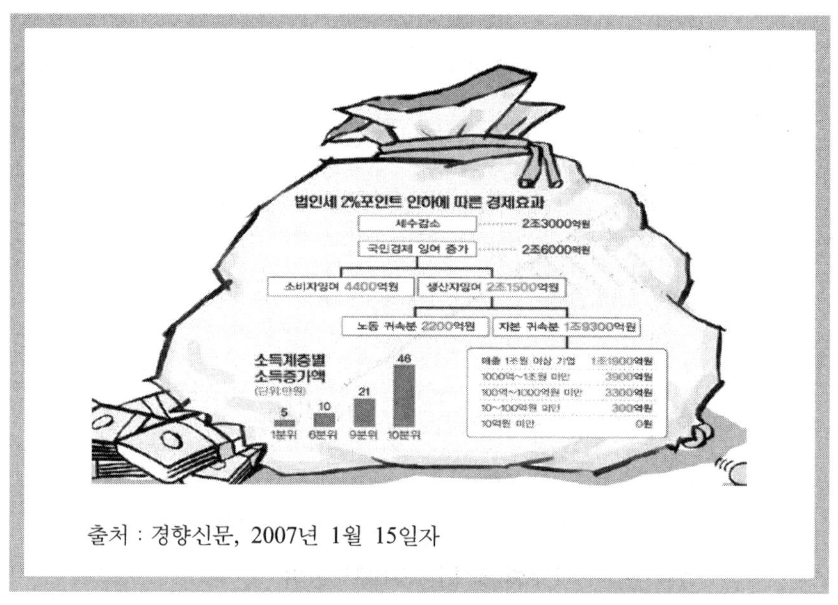

출처 : 경향신문, 2007년 1월 15일자

[그림 3-6] 법인세 2%포인트 인하에 따른 경제효과

③ 소득재분배와 사회후생의 증대 : 소비자들이 느끼는 화폐에 대한 한계효용은 실제에 있어서는 화폐소득이 높은 고 소득계층과 낮은 저소득계층에 따라 달라질 것이다. 그러나 여기서는 이러한 상황을 무시하고 모든 소비계층인 국민들이 느끼는 화폐에 대한 한계효용이 모두 같다고 가정하기로 한다. 이때, 모든 소비자들의 화폐에 대한 한계효용곡선은 [그림 3-7]의 MU가 된다.

아래의 그래프에서 Y_1은 저 소득자의 소득이며, Y_4로 갈수록 상대적으로 고 소득자의 소득이다.

정부는 소득재분배를 위하여 고 소득 자로부터 부가적인 세금의 징수를 하고 이를 저 소득 자들에게 재분배함으로써 그들의 어려운 생활을 도와주게 된다. 즉, [그림 3-7]에서와 같이 정부는 고 소득 자들에게 Y_3Y_4에 해당하는 소득만큼의 세금을 부과하고 이를 저 소득 자들에게 재분배하여 Y_1Y_2에 해당하는 만큼의 더 많은 소득을 가져다주고 있는 것이다.

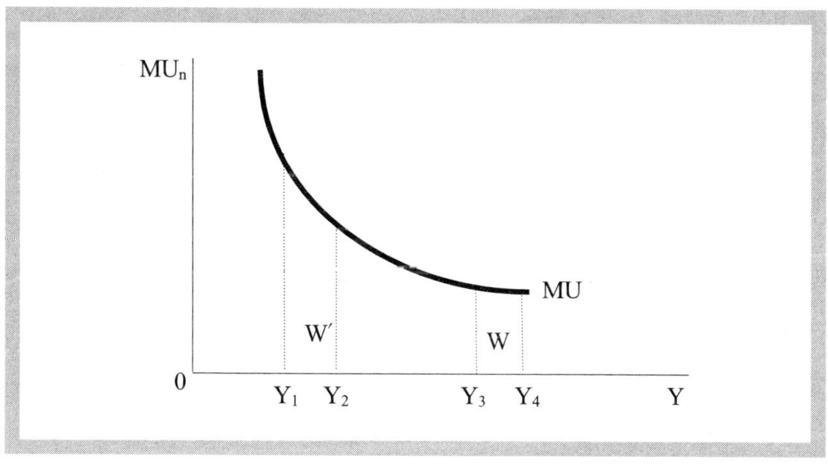

[그림 3-7] 소득재분배로 인한 사회후생의 증대

그러나, 고 소득 자들이 과세에 의해서 잃어버리게 되는 화폐의 효용은 W만큼에 해당하지만, 저 소득 자들이 정부의 재분배정책에 의하여 얻게 되는 효용이 W'만큼 되어 사회 전체적인 후생이 증대하였다는 것을 알 수 있다.

3 무차별곡선(indifference curve)

소비자가 두 재화인 X, Y재 각각 10개 가운데 10개만을 소비할 수 있다고 가정하자. 이 때 소비자는 여러 경우의 배합한 소비조합을 선택하게 된다. 예를 들어, (X재, Y재) = (1, 9), (2, 8),·· ·· ··, 등의 경우이다. 이러한 소비조합들 가운데에는 동일한 만족을 주는 많은 소비조합들이 존재하고 있을 것이다. 무차별곡선은 한 소비자에게 동일한 효용수준을 주는 두 재화의 여러 소비조합을 연결한 선이다.

물론, 효용의 크기는 계량적으로 측정할 수는 없지만, X재의 효용과 Y재의 효용 가운데 어느 것이 더 큰 것인지는 알 수 있다. 즉, 각 재화를 소비하는데 있어서 각 재화의 효용의 크기를 명확히 알 수는 없지만, 각 재화간의 효용의 크기정도는 비교할 수 있다는 것이다. 무차별곡선의 이론은 각 재화의 서수적인 서열 크기를 구분하는 것이 가능하다는 것을 가정하면서 소비자들의 행동을 분석하는 것이다.

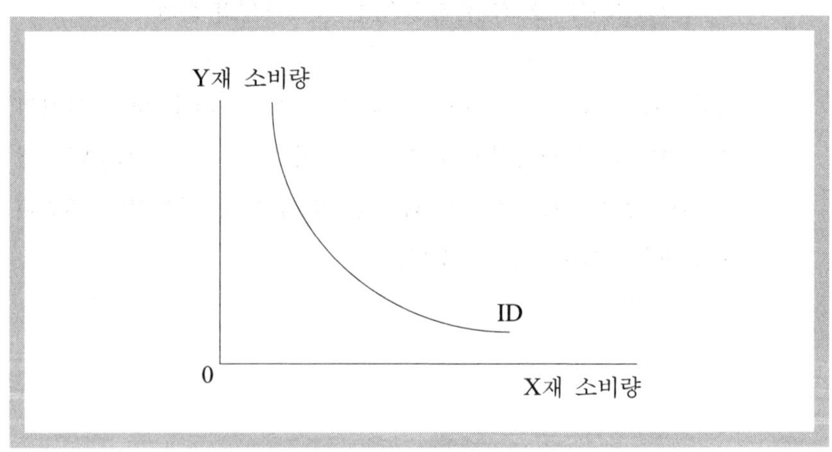

[그림 3-8] 무차별곡선

1) 무차별곡선의 성질

무차별곡선은 다음과 같은 3가지의 성질을 가지고 있다.

첫째, 각 재화가 정(+)의 한계효용을 가지고 있는 경우 무차별곡선은 우 하향한다. 여기서 정(+)의 한계효용이란 X재의 한계효용이 증가(감소)할 때 Y재의 한계효용은 감소(증가)하는 상태를 말하는 것이다.

둘째, 무차별곡선은 서로 교차하지 않는다. 무차별곡선이 되기 위해서는 효용수준이 같아야 한다. 그런데 효용수준이 다른 무차별곡선이 교차한다는 것은 교차한 점에서의 효용수준이 같아진다는 것을 의미한다. 이것은 다른 무차별곡선의 각가의 점들이 다른 효용수준을 갖는다는 조건을 위배하게 되므로 무차별곡선은 교차하지 않는다는 것이다.

셋째, 무차별곡선은 원점에서 멀수록 더 높은 효용수준을 나타낸다. 이는 무차별곡선이 원점에서 멀수록 더 많은 X재와 Y재를 소비할 수 있기 때문이다.

넷째, 무차별곡선은 원점에 대하여 볼록하다. 즉, 한계대체율(marginal rate of substitution)이 체감한다는 것이다. 한계대체율은 동일한 효용수준을 유지하면서 한 재화를 대체할 수 있는 비율을 말한다.

2) 한계대체율

한계대체율에 대하여 조금 더 설명하여보기로 하자. 소비자가 X재와 Y재의 두 재화를 소비하는데 있어서 동일한 효용수준을 유지하기 위해서는, 어느 한 재화(X재)의 소비량을 증가시킬 때 다른 재화(Y재)

의 소비량을 감소시키게 된다. 여기서 감소되는 그 비율을 한계대체율이라 한다.

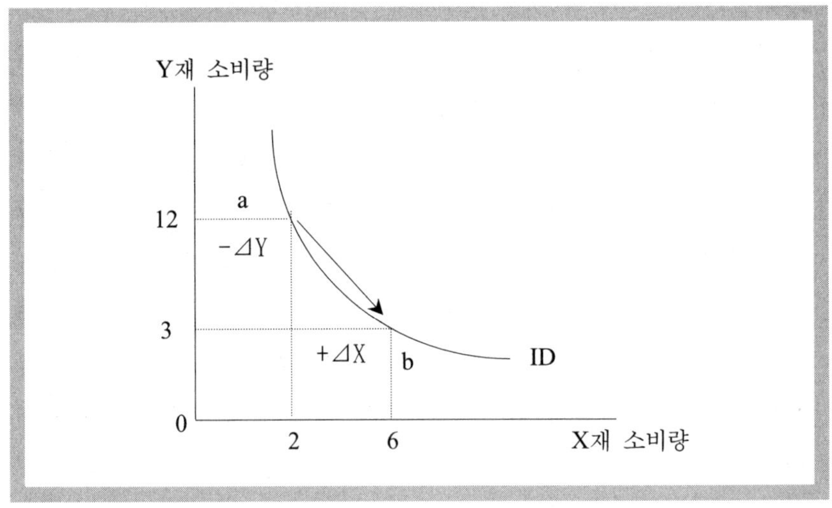

[그림 3-9] 한계대체율

즉, X재의 증가분을 ⊿X, Y재의 감소분을 ⊿Y라 하면, Y재로 나타난 X재의 한계대체율은 ⊿Y / ⊿X (Y재로 나타난 X재의 주관적인 가치)가 된다. 예를 들어, X재 4단위를 더 얻기 위하여 Y재 9단위를 포기하여야할 때, 한계대체율의 값은 −9 / 4 = −2.25가 된다. 아마도 더 많은 X재를 얻기 위하여 포기해야 하는 Y재는 많을 것이기 때문에 한계대체율 값은 점점 작아질 것이다. 이러한 현상을 한계대체율체감의 법칙(law of diminishing marginal rate of substitution)이라 말한다.

4 가격선(price line)

소비자들은 주어진 예산이 허락하는 범위에서 재화에 대한 최대의 구입과 그에 따른 만족의 극대화를 얻으려고 한다. 여기서 주어진 예산으로 최대한 구입할 수 있는 두 재화의 여러 가지 배합을 나타내는 곡선을 가격선(price line) 또는 예산선(budget line)이라 한다.

소비자는 만족의 극대화를 위하여 무한정 높은 무차별곡선의 선택을 원하지만, 주어진 소득이라는 한계 내에서 소비가 이루어져야 하는 제약요소가 있기 때문에 소비자의 소득을 넘어선 소비는 이루어지지 않는다.

이제 소비자는 소득을 두 재화(X재, Y재)의 구입에 모두 지출하게 되고, 두 재화의 가격은 주어져 있다고 가정하기로 하자. 이러한 가정에 따라 소득(M)은 두 재화의 가격(P_x, P_y)에 X, Y재의 구매량을 곱하여 얻은 금액과 동일하게 된다. 이를 수식으로 나타내면 다음과 같다.

$$M = P_xX + P_yY$$

이 식을 Y에 대하여 풀고, 그림으로 그리면 아래의 식과 [그림 3-10]이 된다.

$$Y = M/P_Y - P_x/P_Y \cdot X$$

이 가격선은 기울기가 $-P_x/P_y$이고 Y의 절편이 M/P_y인 우 하향하는 직선의 모양을 나타내고 있다. 여기서 가격선의 기울기인 $-P_x/P_y$가 의미하는 것은 X재를 한 단위 더 사기 위해서는 Y재의 감소가 있어야 한다는 것이다. 이를 달리 표현하면 Y재로 표시한 X재의 기회비용, 즉 X재의 객관적인 가치를 나타내고 있다. 이러한 점에서 가격선을 기회비용곡선(opportunity cost curve)이라고도 한다.

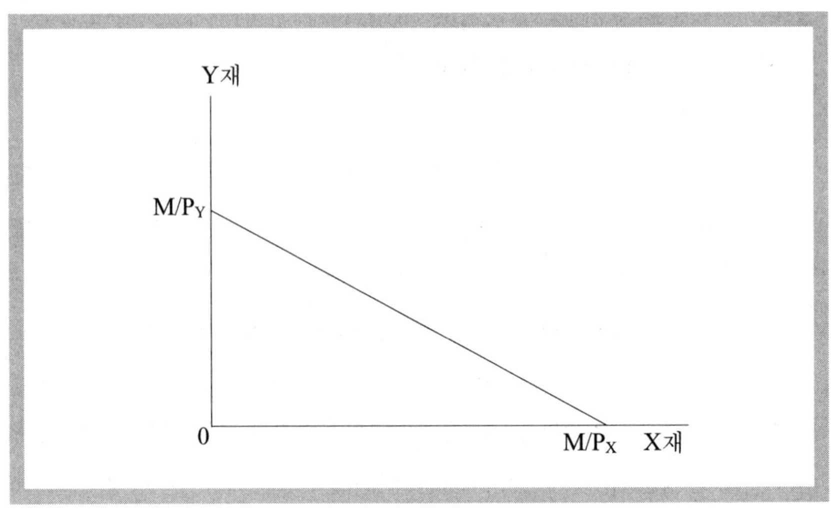

[그림 3-10] 가격선

1) 가격선의 이동

가격선의 이동이 일어나는 경우는 X재와 Y재의 가격인 P_x, P_y에 변화가 일어나거나 소득인 M이 변동하게 되는 경우이다.

[그림 3-11]은 두 재화의 가격에는 변화가 없고 소득만이 증가하거나 감소한 경우에 나타나는 가격선의 이동을 그린 것이다. 여기서 소득이 증가한 경우 가격선은 P_X^0 P_Y^0에서 P_x^2 P_Y^2로 이동하게 되고, 감소한 경우에는 P_X^0 P_Y^0에서 P_X^1 P_Y^1로 이동하게 된다. 즉, 소득이 증가하는 경우 증감에 따라 구입할 수 있는 재화의 양이 변화한다는 것을 알 수 있다.

[그림 3-12]은 소득(M)과 Y재의 가격(P_Y)이 불변인 상태에서 X재의 가격만이 변화한 경우이며, X재의 가격이 감소할수록 가격선은 더 많은 X재를 구입할 수 있는 X축 쪽(P_X^2)으로 이동하게 되어 가격선의 길이는 더 길어지게 된다.

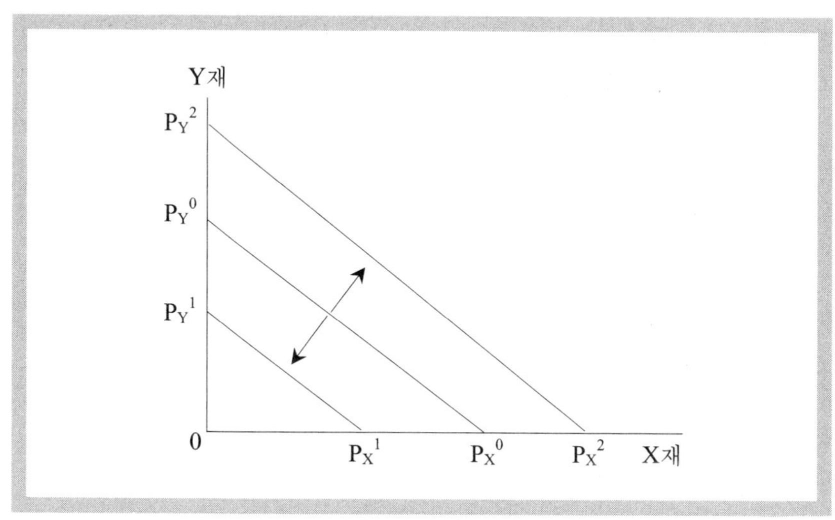

[그림 3-11] P_X, P_Y 불변, M이 변화

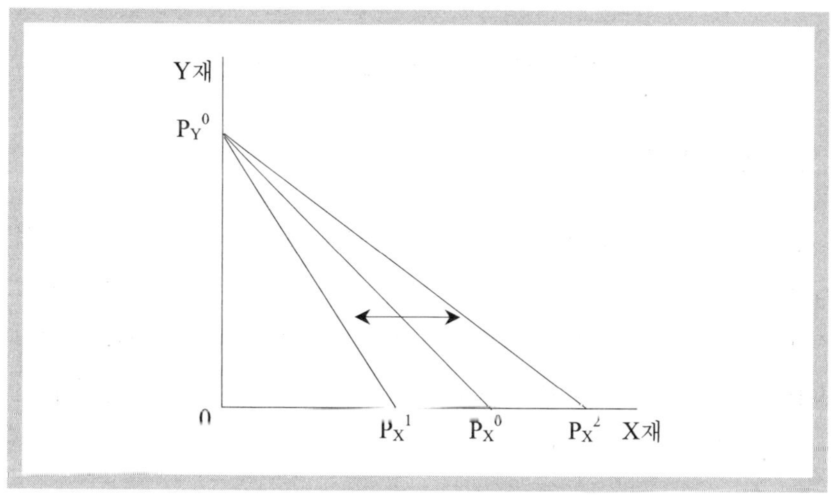

[그림 3-12] M, P_Y 불변, P_X가 변화

[그림 3-13]는 소득(M)과 X재의 가격(P_X)이 불변인 상태에서 Y재의 가격만이 변화한 경우이며, Y재의 가격이 감소할수록 가격선은 더

많은 Y재를 구입할 수 있는 Y축 쪽(P_Y^2)으로 이동하게 되어 가격선의 길이는 더 길어지게 된다.

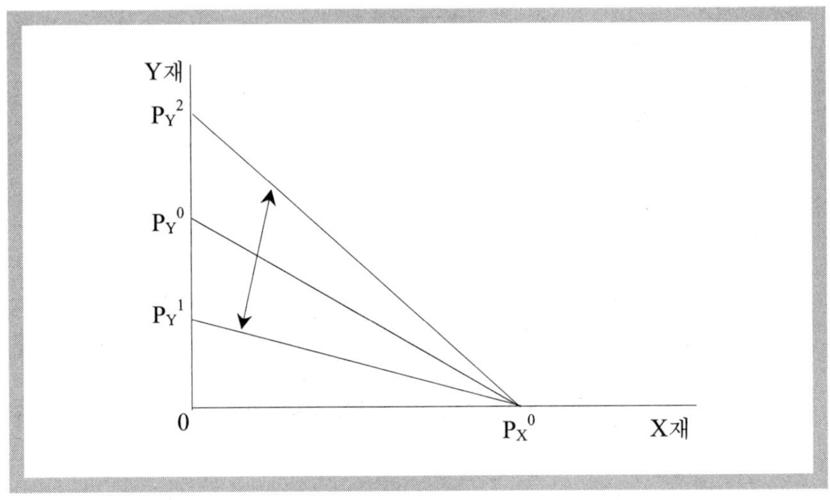

[그림 3-13] M, P_X불변, P_Y가 변화

2) 소비자 균형

소비자는 가계예산으로 주어진 소득(M)이라는 제약조건 내에서 최대의 만족을 얻으려고 하며, 이를 만족시키는 점은 무차별곡선과 가격선이 접하는 점이이다. 이점을 소비자 균형점이라고 말하며, [그림 3-14]에서 나타난 소비자 균형점인 R점은 한계대체율과 가격선의 기울기가 일치하는 점이다.

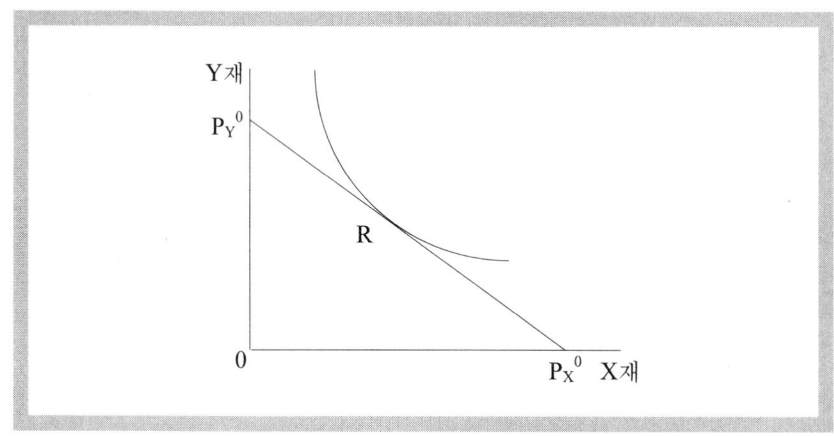

[그림 3-14] 소비자 균형점

5 소비자균형의 이동

1) 소득효과(income effect)

P_x, P_y가 일정할 때에 소득(M)이 변동하게 되면 가격선은 평행 이동하게 된다. 이때 소비자의 균형점도 이동하게 되어, 소비자는 X재와 Y재의 구매량을 증가시킬 수 있게 된다. 이를 소득효과라 한다.

(1) 소득효과와 소득소비곡선

소득소비곡선(Income Consumption Curve, ICC)은 두 재화의 상대가격(P_x / P_y)이 일정할 때, 소득(M)이 변동하면 두 재화의 소비량이 어떻게 변동하는가를 나타내는 곡선이며, 소득변화에 따른 균형점의 변화점을 연결한 곡선이다. 이 곡선의 모양은 재화의 성질에 따라 다르게 나타나게 된다.

① 정상재 X, Y재와 소득소비곡선 : X, Y재가 정상재라고 가정한다면, 소득의 변동에 두 재화의 소비량의 변화는 동일비율을 유지하면서 변동하게 된다.

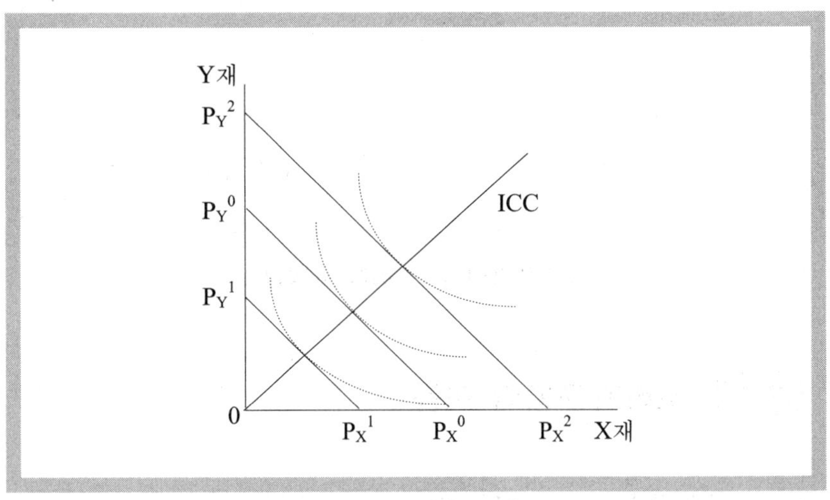

[그림 3-15] 정상재 X, Y재와 소득소비곡선

② 열등재 X, 상급재 Y와 소득소비곡선 : 일반적으로 소득이 일정수준을 넘게 되면 열등재(X)의 소비를 줄이고 상급재(Y)의 소비를 크게 증가시키게 되므로, 균형점은 Y재축으로 이동하게 되고 소득소비곡선도 [그림 3-16]에서와 같이 좌측상향으로 변화하게 된다.

③ 열등재 Y, 상급재 X와 소득소비곡선 : 일반적으로 소득이 일정수준을 넘게 되면 열등재(Y)의 소비를 줄이고 상급재(X)의 소비를 크게 증가시키게 되므로, 균형소비점은 X재축으로 이동하게 되고 소득소비곡선도 [그림 3-17]에서와 같이 좌측상향으로 변화하게 된다.

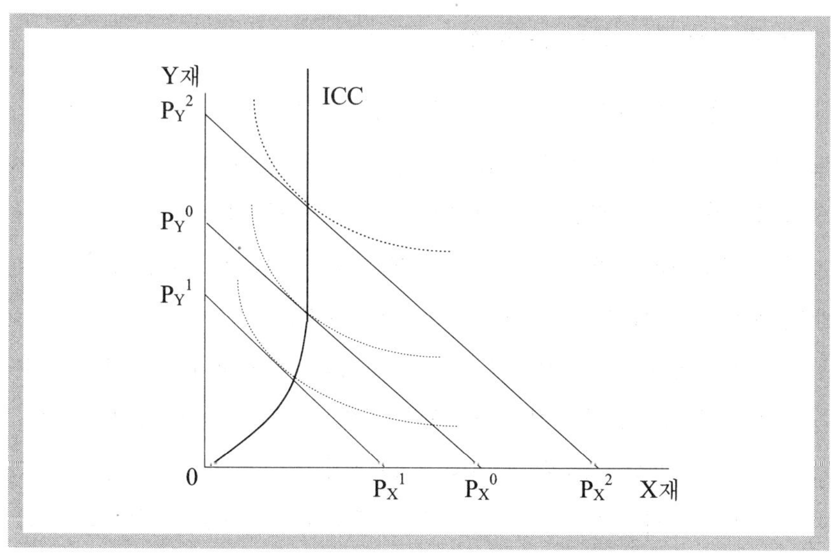

[그림 3-16] 열등재 X, 상급재 Y와 소득소비곡선

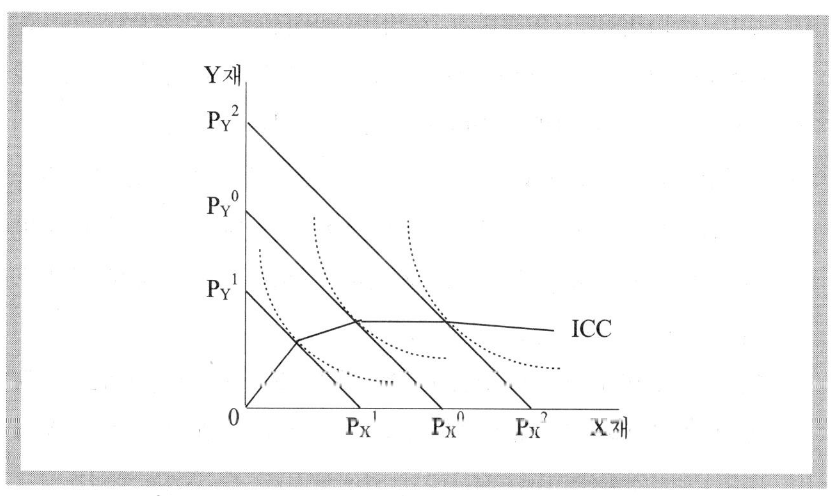

[그림 3-17] 열등재 Y, 상급재 X와 소득소비곡선

2) 가격효과(price effect)

상대재화의 가격변화는 가격선을 이동시키게 되므로 소비자 균형점도 이동하게 된다. 그리고 상대가격의 변화로 인하여 균형점이 이동하게 되면 재화의 소비량도 변화하게 되는데 이를 가격효과라고 한다.

이를 설명하기 위하여 소득(M)과 Y재의 가격(P_Y)이 불변이며, 정상재인 X재의 가격(P_X)이 하락한다고 가정하기로 하자

최초의 균형상태는 $E_1(OM_1, ON_1)$이다. 위의 가정 하에서 X재의 가격이 하락하게 되면, 균형점은 $E_2(OM_2, ON_2)$로 이동하게 된다. X재의 가격하락은 X재의 소비량 증가로 나타나게 된다. X재의 가격이 지속적으로 하락하게 되면 가격선, 균형점, X재의 소비량도 계속적인 변화를 거듭하게 된다.

이러한 과정 속에서 균형점의 자취는 E_1-E_2를 잇는 곡선으로 나타나게 된다. 이 점들을 연결하여 나타난 곡선을 가격소비곡선(price-consumption curve, PCC)이라 한다. 이 곡선은 X재 가격이 변화할 때 X재의 균형소비량이 어떻게 변화하는가를 나타내는 곡선이다.

① **소득효과**(income effect) : X재의 가격이 하락한다는 것은 소비자의 실질소득이 증가한 것과 같은 효과를 유발하기 때문에 소비자는 X재의 소비량에 변화를 가져온다. 이를 소득효과에 의한 X재의 소비량 증가라고 말한다.

② **대체효과**(substitution effect) : 정상재인 X재의 가격하락으로 X재의 소비량이 증가하게 된 이유 중의 하나는 X재의 가격 하락은 상대가격을 변화시켜(상대적인 Y대 가격의 증가) 상대적으로 값이 내린 X재의 소비량이 증가되었기 때문이다. 이를 대체효과에 의한 X재의 소비량 증가라고 말한다.

이상과 같이 X재의 가격변화가 그 재화의 균형소비량을 변화시

키는 것은 두 가지의 경로를 통하여 그 반응을 일으킨다는 것을 알 수 있다. 그 하나는 소득효과이며 또 다른 하나는 대체효과라는 경로이다. 이러한 두 가지의 경로를 합하여 가격효과라고 하며, 이는 [그림 3-19]에서 그 경로과정을 알 수 있다.

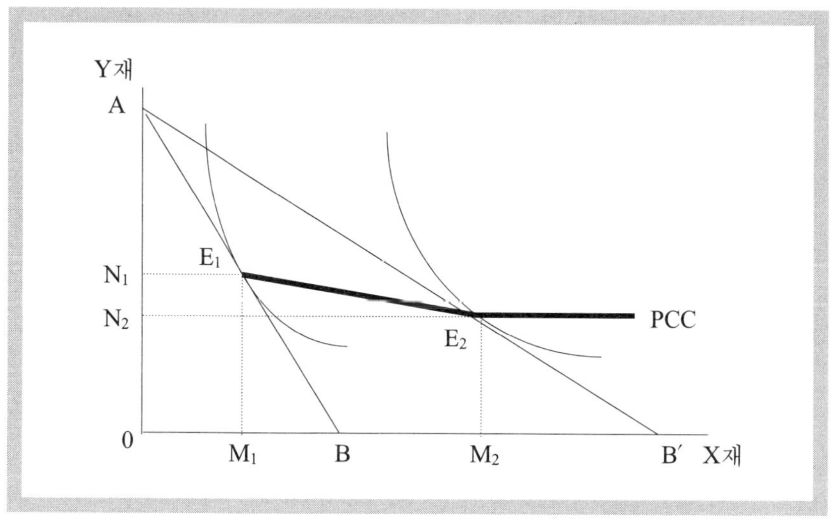

[그림 3-18] P_Y, M 불변, P_X 하락(X재는 정상재)

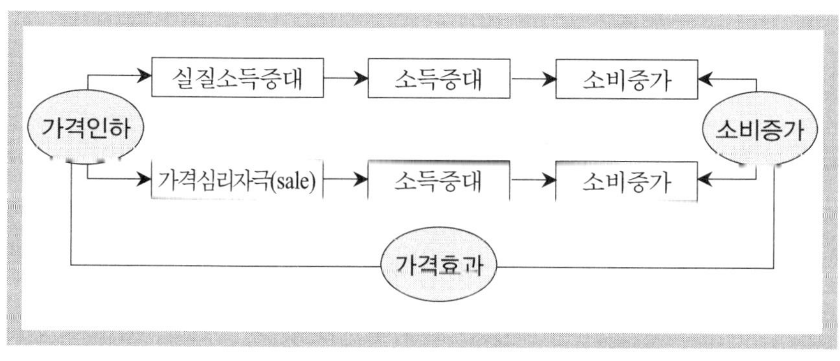

[그림 3-19] 가격효과(소득효과 + 대체효과)

제 4 장 공급이론

1 공급의 기초개념

1) 공급(supply)과 공급량(quantity of supply)

공급(supply)은 생산자가 일정기간 동안에 재화나 용역을 판매하고자 하는 욕구이며, 공급량(quantity of supplied)은 시장에서 결정된 일정가격에 대응하여 시장에 공급하려고 하는 수량(quantity)을 의미한다.

2) 공급함수(supply function)

공급함수(supply function)는 해당재화의 가격과 공급량 사이의 관계를 함수관계로 나타낸 것이다. 즉, N재화의 공급량을 S_n이라 하면 N재의 공급함수는 아래와 같이 나타낼 수 있다.

$$S_n = f(P_n, P_1, \cdots, P_{n-1}, Pf, T)$$

여기서는 공급함수의 일반적인 형태인 S_n에 가장 직접적이고 크게 영향을 미치는 P_n만을 고려하고, 다른 요인은 단기적으로 일정하다고 가정한다. 이렇게할 경우 공급함수는 아래와 같이 단순화된 모양으로 바뀌게 된다.

$$S_n = f(P_n)$$

3) 공급곡선

농부들은 시장에서 쌀값이 상승하게 되면 쌀의 경작지를 증대시키게 되고 여기에 노동력 및 농기계, 그리고 다양한 비료의 투입량 증가로 쌀의 생산량을 증가시키려고 할 것이다. 그 결과 농부들의 시장으로의 쌀 공급량은 증가하게 된다.

그러나, 여기에서도 노동력 및 농기계, 그리고 다양한 비료의 투입량을 증가시킨다고 하여 쌀 생산량의 증가분이 점증적으로 계속 증가한다고 보기는 어렵다. 아마도 어느 시점까지 점증적으로 증가하던 쌀 생산량의 증가는 각종 투입량의 증가부분에 못 미치는 상태에 도달하게 될 것이다. 이와 같은 상태는 수확체감의 법칙이 적용되는 상태라고 말할 수 있다.

즉, 사회에서 매실주의 수요가 증가하게 되면, 해당기업은 매실주 생산에 투입되는 노동력을 증가시키게 된다. 그러나 새롭게 투입된 노동력의 증가에 따라 매실주 생산량의 증가는 점진적으로 증가하는 모습을 나타내다가 어느 시점을 지나서는 투입되는 노동량의 증가에도 생산량은 증가하지 못하는 상태에 이르게 된다.

이와 같은 상황을 나타내고 있는 공급곡선은 우 상향하는 곡선의 모양으로 아래의 [그림 4-1]과 같다.

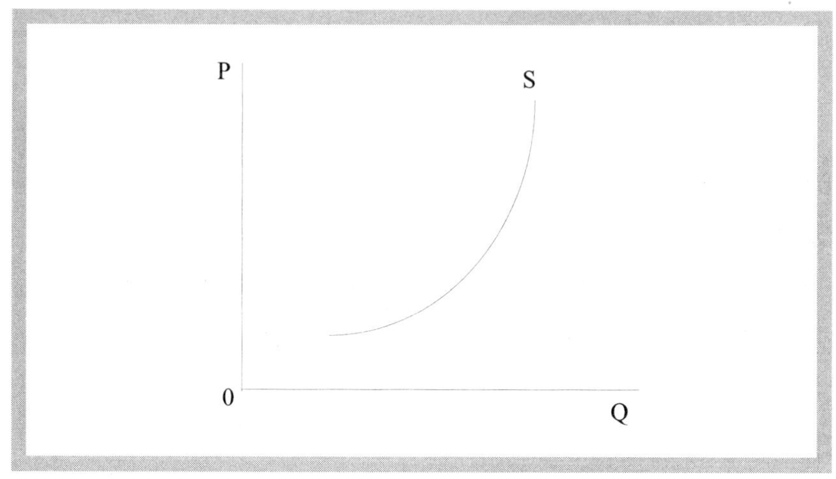

[그림 4-1] 공급곡선

4) 공급법칙

공급법칙은 어떤 재화의 가격이 상승하면 그에 따라 해당재화의 생산업자는 생산량을 늘려 시장에 공급하게 된다는 것을 의미한다. 그러나 현실적으로는 생산한 재화가 시장에서 필요한 만큼 충분히 공급된다고는 말할 수는 없다. 왜냐 하면 기업이 시장에서 해당재화의 수요량이 지속적으로 증가하고 있으며, 그 재화의 공급에 대한 점유율이 상당히 높은 기업이라면, 추가적인 가격인상을 위하여 전략적으로 재화의 공급을 충분하지 않게 할 수도 있기 때문이다.

하지만, 시장의 형태가 완전경쟁시장인 상태 하에서는 각 기업들은 재화의 가격과 시장으로의 공급량에 조절자로서의 역할을 할 수 없다고 간주하기 때문에, 시장에서의 재화가격이 상승하면 그 재화에 대한 기업들의 생산과 시장으로의 공급량은 증가한다고 보는 것이다.

(1) 공급의 변화(changes in supply)

재화가격 이외의 다른 공급결정요인의 변화로 인하여 발생하는 공급량의 변화는 공급곡선 자체의 이동을 가져온다. 이를 공급의 변화라고 한다.

예를 들어, 한 기업에서 어떠한 재화생산과 관련된 혁신된 기술이 개발되면, 그 기업은 혁신된 기술에 의하여 재화의 생산가격을 감소시킬 수 있게 된다. 이로 인하여 관련 기업에 비하여 경쟁력 증가와 판매량 증가가 나타나게 되어 기업이윤의 상승을 가져올 수 있다. 이러한 경우는 시장에서의 가격상승 없이도 그 재화의 공급량을 증가시킬 수 있게 된다.

그렇게 되면 그 재화와 보완재 성격을 갖은 재화의 가격은 상대적으로 상승하게 되는 효과가 발생하게 된다. 그리고 혁신된 기술에 의하여 생산량 및 시장으로의 공급량이 증가된 재화는 그 재화의 생산에

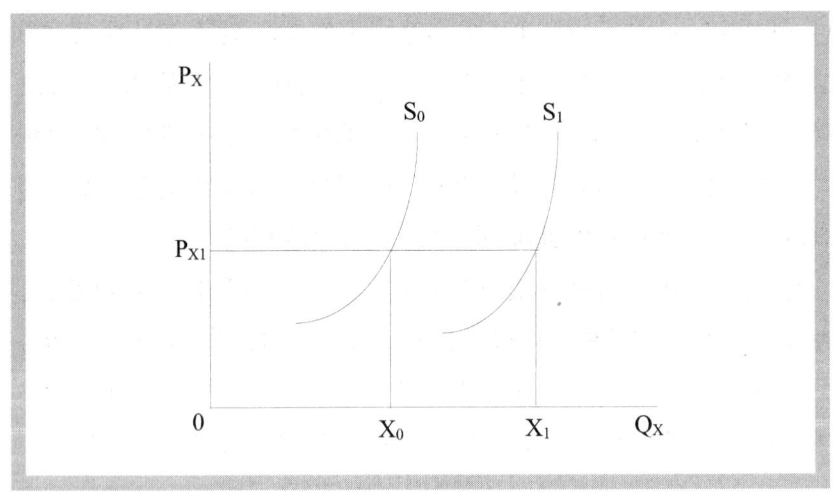

[그림 4-2] 공급의 변화

필요한 생산요소의 대량 구매로 인한 생산요소가격의 하락을 유발하기도 한다.

[그림 4-2]에서는 어떠한 요인에 의하여 재화가격의 변화 없이 공급곡선이 우측으로 이동(S_0 → S_1) 함으로써 공급량이 증가하고 있음을 알 수 있다.

(2) 공급량의 변화(changes in quantity supplied)

공급량의 변화는 재화가격 변화에 의한 공급량의 변화가 나타나는 것으로, 재화가격이 증가하면 공급량은 증가하고, 하락하면 감소하게 된다. 이는 [그림 4-3]에 나타난 것과 같다.

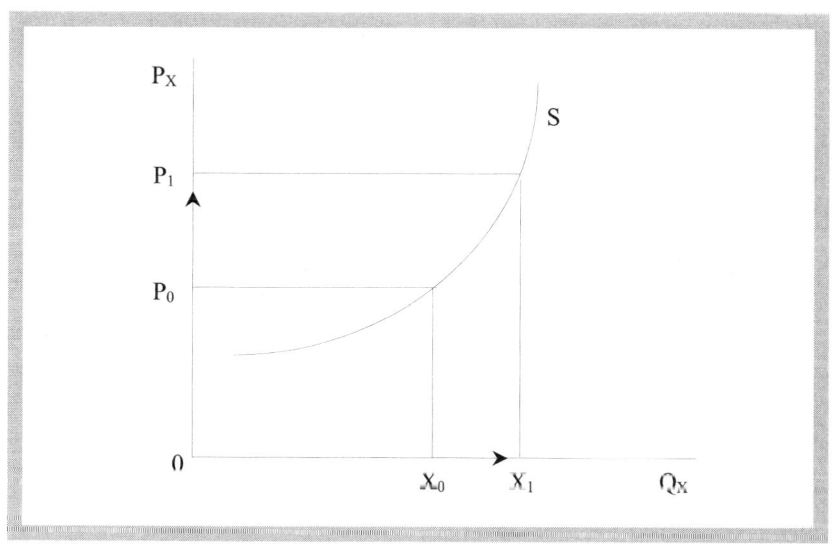

[그림 4-3] 공급량의 변화

5) 공급을 결정하는 요인

(1) 그 재화의 가격(P_n)

어떤 재화의 시장가격(P_n)이 상승하면, 기업은 이윤추구를 위하여 공급량을 증가시키게 된다.

(2) 다른 재화의 가격(P_1, …, P_{n-1})

다른 재화의 가격(P_1, …, P_{n-1})이 상승하게 되면, 상대적으로 가격변화 없는 재화의 공급량을 증가시키게 된다.

예를 들어, 한 기업이 연필과 볼펜을 동시에 생산하여 시장에 공급하고 있다고 하자. 이때 시장에서 소비자들이 연필에 대한 수요를 줄이게 되면 초과 공급된 연필가격은 하락하게 된다. 이에 따라 기업은 연필의 생산을 감소시키고 상대적으로 가격변화가 없는 볼펜의 생산량 증가시키게 된다는 것이다.

(3) 생산요소의 가격(factors of production, Pf)

생산요소의 가격이 변화하게 되면 해당생산요소를 사용한 재화의 가격이 변하게 된다. 만약 생산요소의 가격이 상승하게 된다면 기업은 그 생산요소를 사용한 재화의 생산량을 감소시키게 된다.

(4) 기술수준(technology, T)

기술수준의 향상으로 생산 공정의 단축이나, 효율적 생산방법이 적용된다면 이것은 재화가격의 하락을 가져오기 때문에 기업은 재화의 공급량 증가시키게 된다.

6) 공급의 가격탄력성(elasticity of supply, e_s)

시장에서 재화가격의 변화는 재화의 시장 공급량을 변화시킨다. 공급탄력성(elasticity of supply, e_s)은 이러한 반응의 정도를 말하며, 공급탄력성의 값은 아래와 같은 수식에 의하여 구한다.

공급의 탄력성(e_s) = 공급량의 변화율(△q/q) / 가격의 변화율(△p/p)

= △q/△p · p/q

위의 수식에서, 재화가격 상승은 공급량 증가, 재화가격 하락은 공급량 하락과 같이 두 변수는 같은 방향으로 움직이기 때문에, 공급의 탄력성 값은 정(+)의 값을 갖는다.

7) 가격탄력성의 크기

(1) 완전 비탄력적(perfectly inelastic)

재화가격의 변화에도 시장으로의 공급량이 일정불변인 경우를 말한다. 이 때의 공급탄력성 값은 [그림 4-4]에서와 같이 0이고, 곡선의 모양은 수직이다. 골동품의 경우가 그러하다.

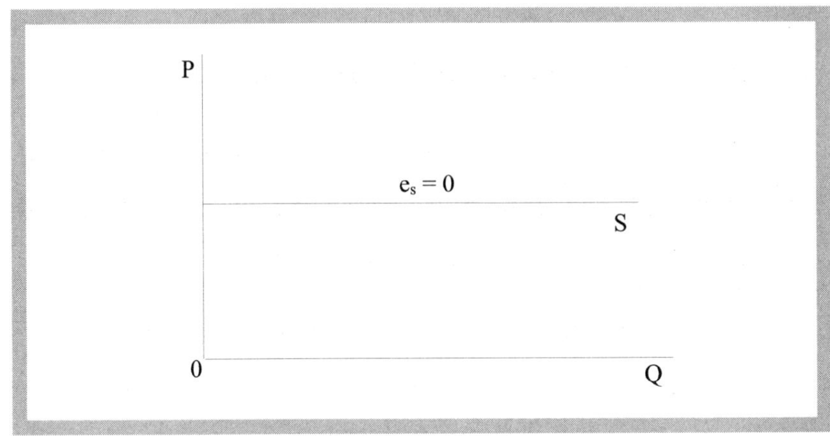

[그림 4-4] 완전 비탄력적인 공급곡선

(2) 완전 탄력적(perfectly elastic)

재화가격이 조금만 변동하여도 시장으로의 공급량이 무한하게 변동하는 경우이다. 이 때의 공급탄력성 값은 [그림 4-5]에서와 같이 ∞이고 곡선의 모양은 수평이다.

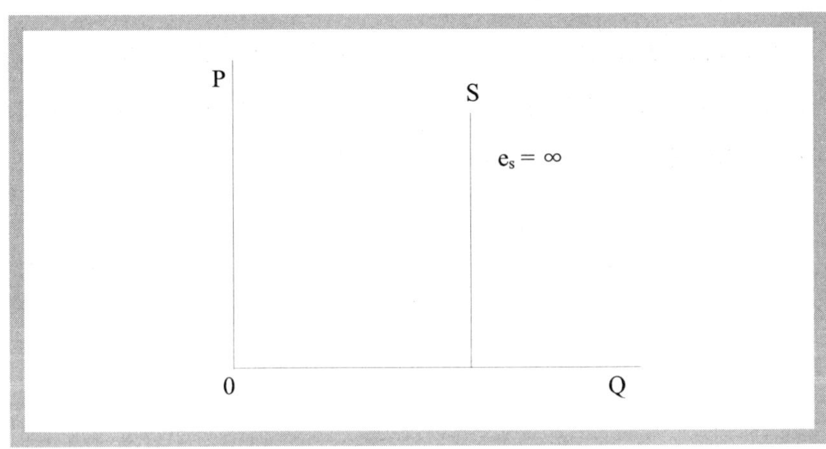

[그림 4-5] 완전 탄력적인 공급곡선

(3) 단위 탄력적(unit elastic)

재화가격이 변동하여 시장으로의 공급량이 변동하였는데 그 변동량이 재화가격의 변화율과 같은 경우를 단위 탄력적이라고 한다. 이 때의 공급탄력성 값은 [그림 4-6]에서와 같이 1이고 곡선의 모양은 우상향의 모양이다.

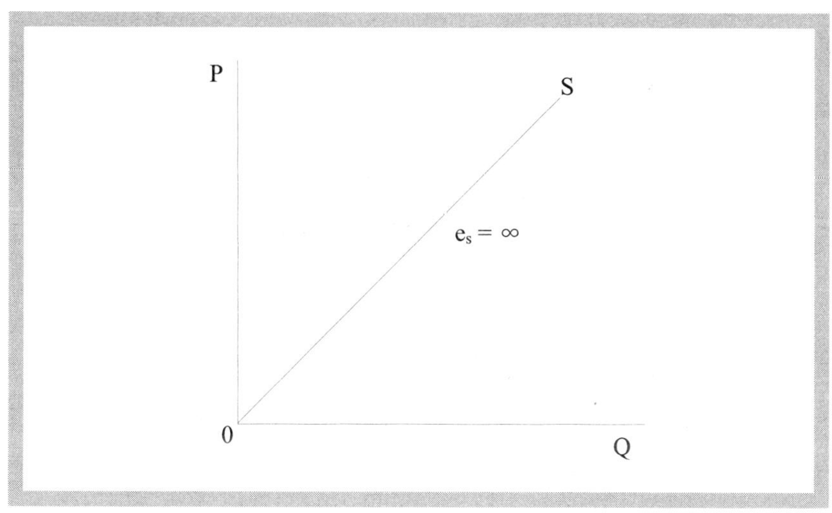

[그림 4-6] 단위 탄력적인 공급곡선

(4) 탄력적인 공급곡선

재화가격이 변동하여 시장으로의 공급량이 변동하였는데, 재화가격의 변동률보다 재화 공급량의 변동률이 더 큰 경우를 탄력적이라고 한다. 이 때의 공급탄력성 값은 [그림 4-7]에서와 같이 1보다 크고, 공급곡선이 탄력적인 경우에는 가격을 나타내는 종축을 자르고 지나간다. 이를 수식으로 나타내면 아래와 같다.

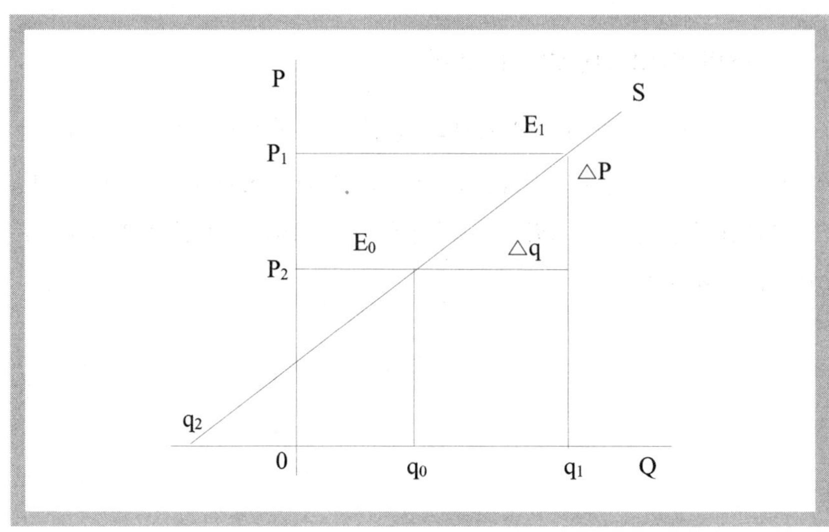

[그림 4-7] 탄력적인 공급곡선

$e_s = \triangle q / \triangle p \cdot p/q$

$\triangle q / \triangle p = q_0q_2 \,/\, E_0q_0 = q_0q_2 \,/\, Op_0$

$\therefore\ e_s = q_0q_2 \,/\, Op_0 \cdot Op_0 \,/\, Oq_0 = q_0q_2 \,/\, Oq_0$

$q_0q_2 > Oq_0$이므로, $e_s > 1$이다.

(5) 비탄력적인 공급곡선

곡선이 비탄력적인 경우에는 재화량을 나타내는 횡축을 자르고 지나간다.

곡선의 모양은 [그림 4-8]과 같다.

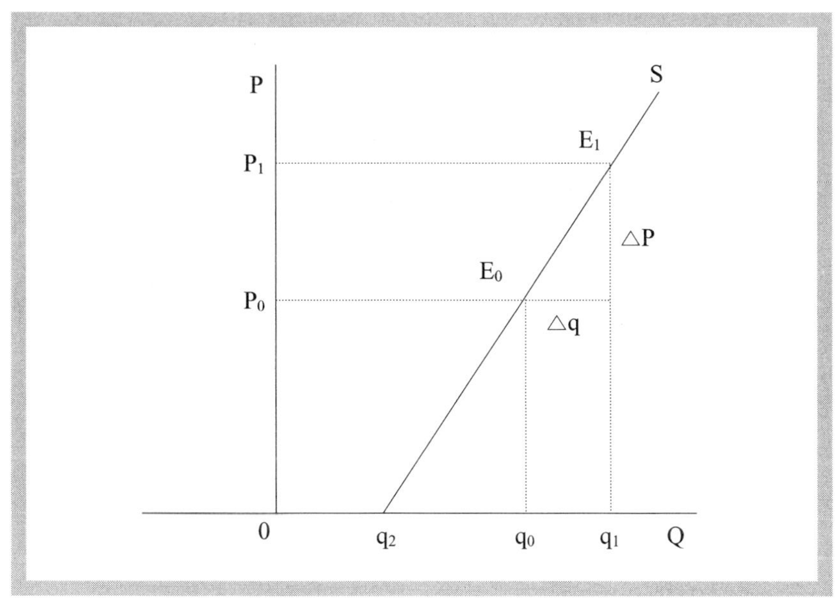

[그림 4-8] 비탄력적인 공급곡선

2 생산자 균형

1) 등량선(isoquant)

동일한 양의 생산물을 생산하는 데도 생산요소(자본, 노동)의 다양한 투입조합이 존재하고 있다. 이러한 동일한 양의 생산물을 생산할 수 있는 생산요소의 여러 가지 배합 점들의 궤적을 연결한 곡선을 등량선이라 한다.

무차별곡선은 원점에서 멀어질수록 만족도(효용)가 크며, 등량선은 원점에서 멀어질수록 생산량 크다는 것을 나타낸다. 즉, 생산요소의 투입이 증가하게 되면 생산량도 증가하게 된다는 것을 의미한다.

[그림 4-9]에서와 같이 등량곡선 IQ_1 = 100은 동일한 생산량 100개를 만들어내는 노동과 자본의 다양한 결합 점들을 연결한 것이고, 등량곡선 IQ_2 = 200은 동일한 생산량 200개를 만들어내는 노동과 자본의 다양한 결합 점들을 연결한 것이다.

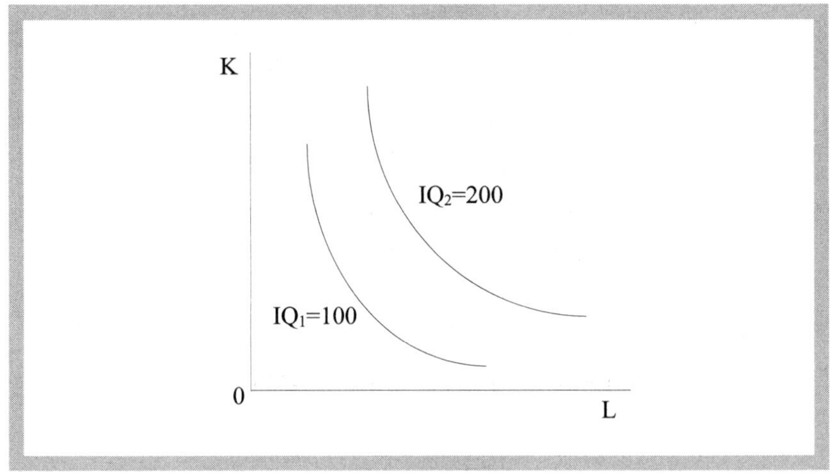

[그림 4-9] 등량곡선

2) 등비용선(isocost line)

기업이 사용할 수 있는 총비용이 일정하게 주어졌을 때 기업이 구매할 수 있는 두 생산요소(노동과 자본)의 배합을 나타내주는 곡선을 등비용선 이라 하며, 이것은 기업이 생산요소를 구입하는데 있어서의 제약조건이 된다.

예를 들어, 노동의 가격(임금)을 W, 노동의 고용량을 L, 자본의 가격(이자율)을 r, 자본의 사용량을 K라 하고, 이 때 기업이 사용할 수 있는 총비용을 TC라 하면, 기업이 노동과 자본을 최대로 구입할 경우의 관계식과 곡선의 모양은 아래와 같다.

$$TC = W \cdot L + r \cdot K$$

$$K = TC / r - W / r \cdot L$$

여기서 TC, W, r이 일정하면, 기울기(W/r)는 그 절대값이 요소가격 비율로서 자본과 노동의 가격비가 된다. 그리고 K 절편은 TC / r, L 절편은 TC / W가 되며, 등비용선은 총비용의 변화에 따라 이동하게 된다.

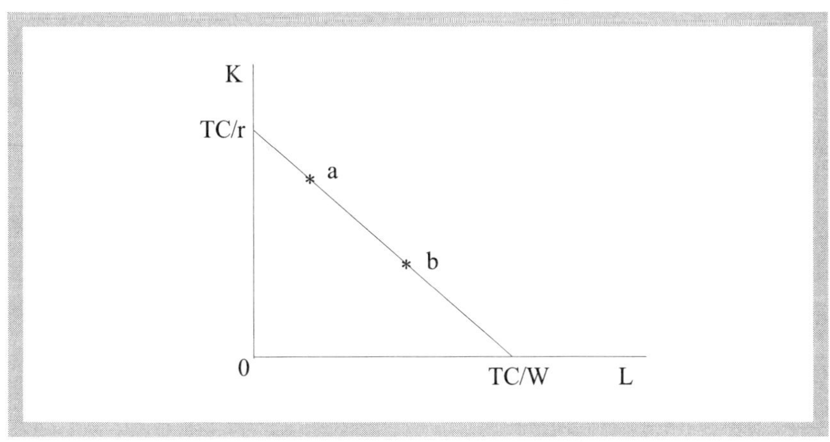

[그림 4-10] 등비용선

등비용곡선 선상의 점인 a와 b점은 결합하는 생산요소 K와 L의 결합비율(K, L)은 다르지만, 이를 가격으로 환산한 총비용은 동일하다.

(3) 생산자 균형점

기업은 주어진 총비용으로 최대의 산출량을 생산할 수 있는 요소의 배합 점, 또는 주어진 산출량을 최소비용으로 생산할 수 있는 요소의 배합조건 하에서 재화를 생산하게 된다. 이것을 만족시키는 상태는 등량선과 등비용선이 만나는 상태이다. 즉, 기업이 제한조건인 주어진 총비용으로 최대의 산출량을 생산하기 위해서는 등량선과 등비용선이 만나는 점에서 생산이 이루어져야 한다는 것이다. 이를 생산자 균형점이라 한다.

그리고 생산량이 증가하게 되면 등량곡선은 우 상향으로 이동하게 되고 이에 따라 등비용곡선도 우 상향으로 이동하게 된다. 이러한 변화에 따라 나타나는 생산자 균형점을 연결한 선을 확장선(expansion path)이라 한다. 확장선의 모양은 [그림 4-11]과 같다.

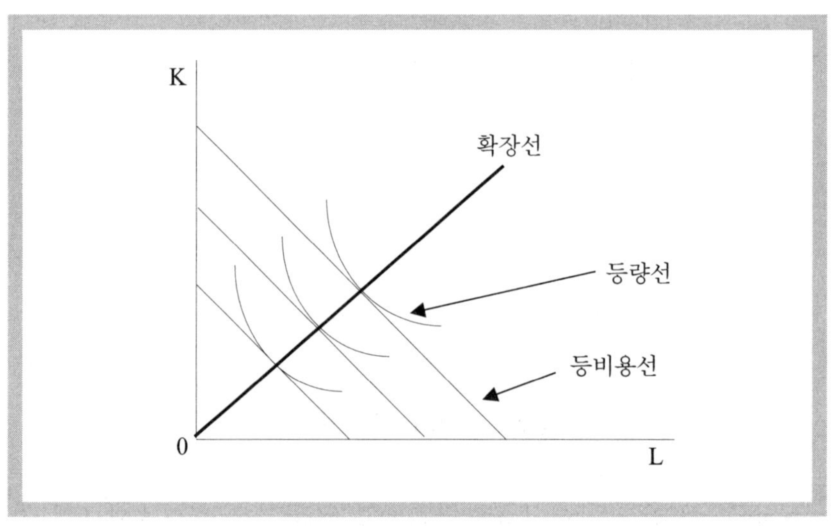

[그림 4-11] 확장선

생산함수가 1차동차함수인 경우, 즉 자본과 노동의 양과 비용을 동일하게 증가시키게 되면 확장선은 위의 [그림 4-12]와 같이 45°선이 된다. 그러나 자본을 더 많이 쓰게 될수록 확장선은 왼쪽으로 기울어지게 되고, 노동을 더 많이 쓰게 될수록 확장선은 오른쪽으로 기울어지는 형태가 된다.

(4) 생산자 균형점의 특징

등비용선의 기울기와 등량선의 접선의 기울기(한계기술대체율)가 일치하게 되는 생산자 균형점은 다음과 같은 수식으로 나타낼 수 있다.

$$dK / dL = P_L / P_K$$

$$MRTS = dK / dL = MP_L / P_L = MP_K / P_K$$

$$MP_L / MP_K = P_L / P_K \text{ 또는 } MP_L / P_L = MP_K / P_K$$

위의 수식에서 생산자균형조건은 요소들의 화폐단위당 한계생산물(MP_L / MP_K)이 균등해야 된다는 것을 알 수 있다. 이를 한계생산물균등의 법칙(law of equal marginal product)이라 한다.

3 기술진보와 생산자균형의 이동

1) 중립적인 기술진보

중립적인 기술진보는 자본과 노동의 기술진보가 동시에 이루어져서 생산자 균형점이 동일한 비율로 감소한 경우를 의미한다. 이를 그림으로 나타내면 [그림 4-13]과 같다. 즉, 동일한 100개의 생산량을 만들어내기 위하여 투입되는 자본과 노동의 투입량이 종전의 (K_0, L_0)에서 동일한 비율로 감소된 (K_1, L_1)이 투입되고 있음을 알 수 있다.

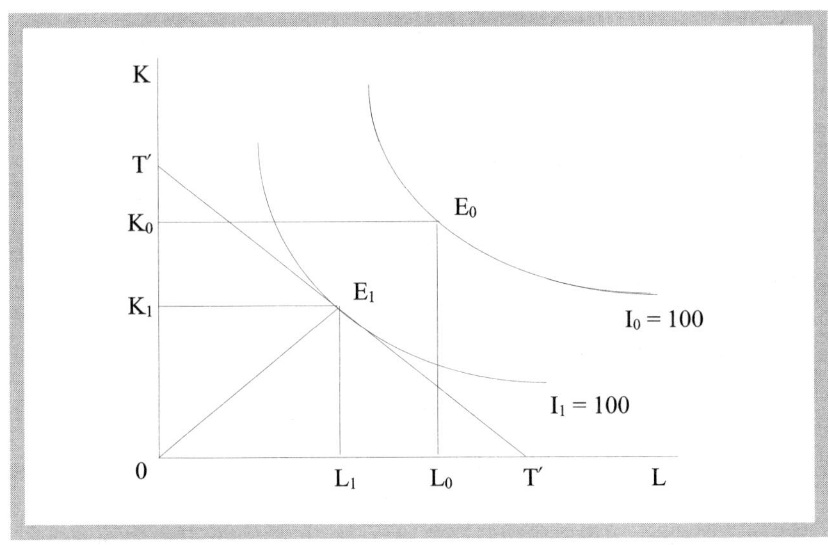

[그림 4-12] 중립적인 기술진보

2) 노동절약적 기술진보

노동절약적인 기술진보는 자본에 대한 기술진보가 이루어져 노동을 덜 사용하게 된 기술진보의 형태를 의미한다. 이를 그림으로 나타내면 [그림 4-13]과 같다.

즉, [그림 4-13]에서와 같이 동일한 100개의 생산량을 만들어내기 위하여 투입되는 노동의 투입량이 종전(L_0)보다 많이 감소(L_1)되었음을 알 수 있다.

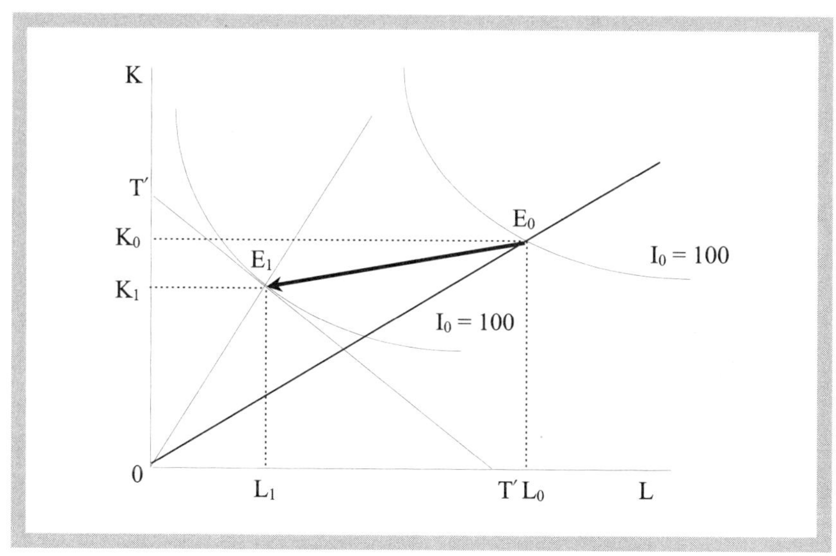

[그림 4-13] 노동절약적 기술진보

3) 자본절약적 기술진보

자본절약적인 기술진보는 자본에 대한 기술진보가 이루어져 자본을 덜 사용하게 된 기술진보의 형태를 의미한다. 이를 그림으로 나타내면 [그림 4-14]와 같다.

즉, [그림 4-14]에서와 같이 동일한 100개의 생산량을 만들어내기 위하여 투입되는 자본의 투입량이 종전(K_0)보다 많이 감소(K_1)되었음을 알 수 있다.

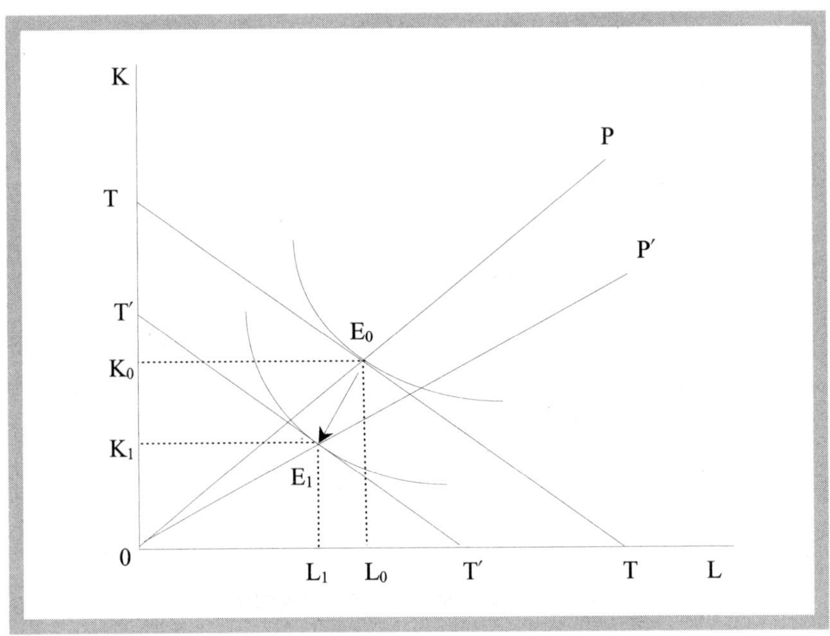

[그림 4-14] 자본절약적 기술진보

제 5 장 기업과 공급

1 생산함수

1) 개 념

주어진 기술상태 하에서 생산요소의 투입과 투입된 생산요소에 의한 생산량 사이에 존재하는 일정한 기술적 관계를 생산함수라 하며, 이를 함수식으로 나타내면 다음과 같다.

$$Q = f(f_1,\ f_2,\ \cdots,\ f_n)$$

$f_1,\ f_2,\ \cdots,\ f_n$: 일정기간 동안의 요소투입량
Q : 생산량

일반적으로 생산요소의 투입량을 증가시키면 생산량은 증가하지만, 증가하는 정도는 생산함수에 따라 다르게 된다.

(1) 생산함수의 수확변화

① 수확체증(increasing returns to scale) : 생산요소의 투입을 λ배로 증가시켰을 때, 생산량이 λ배 이상으로 나오는 경우이다. 예를 들어 투입되는 생산요소 지본과 노동을 (K, L)로 표시하고, L, K를 모두 λ(λ>1)배 증가하였을 때 생산함수식은 아래와 같다.

$$\lambda^r Q = f(\lambda^r L, \lambda^r K)$$

위의 식에서 수확체증으로 나타나는 경우는 $r > 1$인 경우가 된다.

② 수확불변(constant returns to scale) : 생산요소의 투입을 λ배로 증가시켰을 때, 생산량이 λ배만큼 만 나오는 경우이다. 위의 식에서 수확불변으로 나타나는 경우는 $r = 1$인 경우가 된다.

③ 수확체감(decreasing returns to scale) : 생산요소의 투입을 λ배로 증가시켰을 때, 생산량이 λ배보다 적게 나오는 경우이다. 위의 식에서 수확불변으로 나타나는 경우는 $r < 1$인 경우가 된다.

2 생산물의 종류

(1) 총 생산물(TP)

다양한 양의 생산요소의 투입에 의해서 일정기간 동안에 생산할 수 있는 최대의 생산량을 총 생산물(total product, TP)이라 한다. 총 생산력곡선은 자본이 일정하다고 가정하였을 때, 노동의 투입량이 변동하면 생산량이 어떻게 변동하는가를 보여주는 곡선으로 [그림 5-1]에 나타나 있다.

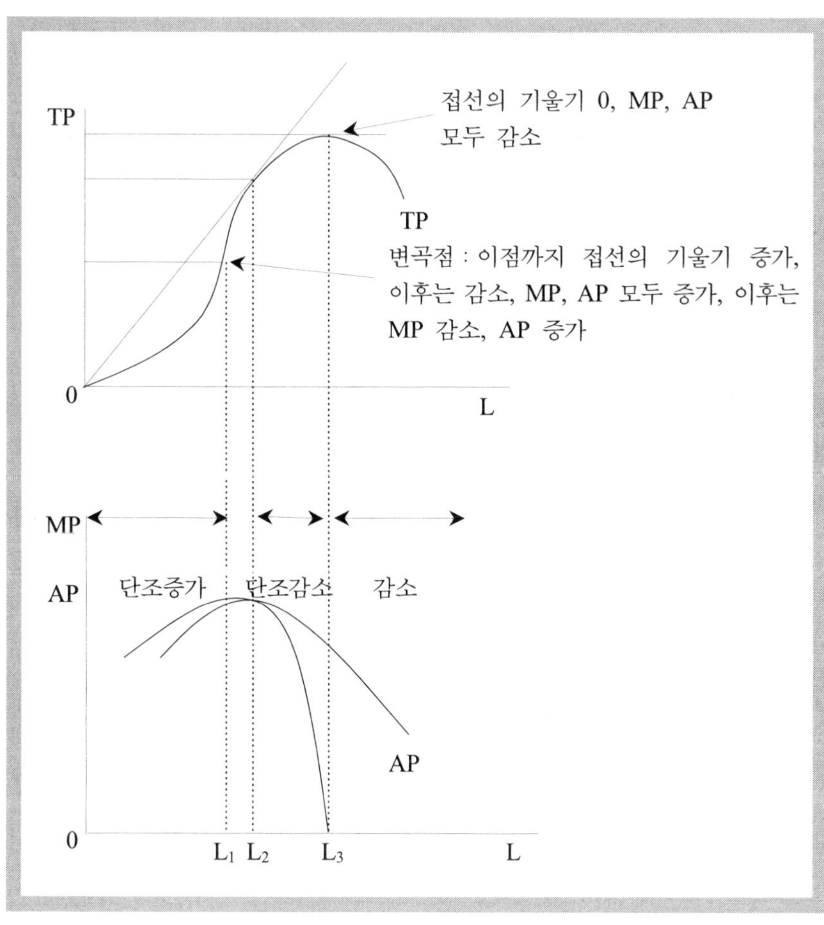

[그림 5-1] TP, AP, MP

(2) 평균생산물(AP)

가변요소 1단위당 총 생산물을 평균생산물(average product, AP)이라 한다. 노동을 가변요소로 할 때의 평균생산물은 아래와 같다.

$$AP_L = TP / L$$

(3) 한계생산물(MP)

가변투입요소가 1단위 변화했을 때 나타나는 총 생산물의 변화량을 한계생산물(marginal product, MP)이라 한다. 노동을 가변요소로 할 때의 한계생산물은 아래와 같다.

$$MP_L = \Delta TP \ / \ \Delta L$$

(4) 총 생산력 · 평균생산력 · 한계생산력의 관계

① TP와 AP_L(= TP / L)의 관계 : AP_L은 TP곡선 상의 한 점과 원점을 이은 선분의 기울기가 된다. 즉, [그림 5-2]에서 C 점에서의 평균생산물은 원점과 C점을 이은 선분의 기울기이다. 즉 tanθ가 된다는 것이다.

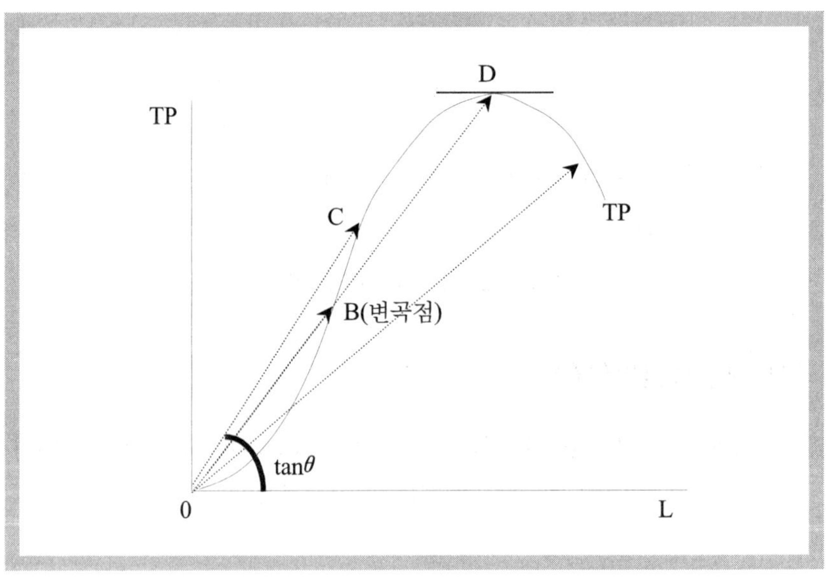

[그림 5-2] TP와 AP, MP의 관계

AP_L은 원점과 TP상의 한 점을 이은 선분의 기울기가 최대가 되는 C점까지 점점 커지다가 C점을 넘으면 다시 작아진다.

② TP와 $MP_L(= \Delta TP / \Delta L)$의 관계 : 노동의 한계생산력은 그 점에서의 접선의 기울기로 $MP_L = dTP / dL$로 나타낼 수 있다. 여기서 접선의 기울기는 B점까지 점점 증가하다가 B점을 넘으면 점점 감소한다. 즉, 한계생산력은 B점(변곡점)에서 최대가 된다는 것이다.

C 점에서 평균생산물(AP_L)이 한계생산물(MP_L)과 같아지고 D점에서 접선의 기울기가 0이 되므로 한계생산력은 0가 된다. 그리고 그 이후의 한계생산물은(MP_L)은 −가 된다는 것을 알 수 있다.

③ AP_L과 MP_L의 관계 : AP_L이 증가하고 있는 경우($MP_L > AP_L$)에서는 노동이 추가될 때 증가되는 생산량이 더 커지게 된다. 추가되는 생산량이 평균 생산량보다 클 때 평균이 커지는 것은 당연하다. 그러나 이 경우 한계생산력이 반드시 증가해야 되는 것은 아니다.

AP_L이 최대일 때, 한계생산물과 평균생산물은 같아지며($MP_L = AP_L$), AP_L이 감소하고 있는 구간에서는 평균생산물이 한계생산물보다 크게($AP_L > MP_L$) 된다.

3 생산량과 비용함수

1) 생산비용, 명시비용, 기회비용

생산비(cost of production)는 생산에 투입된 생산요소들의 화폐가치를 의미하며, 명시비용(explicit cost)은 산업이 생산 활동을 함에 있어서 회계학적 비용으로 계산되는 것을 총괄적으로 의미한다. 여기에는 재료비, 노무비, 임대료 및 감가상각비 등이 포함된다.

기회비용(opportunity cost)은 대체적인 용도를 가진 재화(또는 생산요소)를 한 용도에 사용하는 것은 다른 용도에 사용할 수 있는 기회를 상실하게 하는데, 이 때에 상실하게 되는 비용을 의미하는 것이다.

예를 들어, 한 생산자가 밀가루를 갖고서 빵을 만들게 된다면, 밀가루로 생산할 수 있는 다른 생산물인 피자, 국수, 과자 등을 생산할 수 없게 될 것이다. 이 때 빵 이외의 것을 생산할 때 빵보다 더 많은 부가가치를 상실하게 된다면 기회비용은 커질 것이다. 그러나 밀가루로 빵 이외에 다른 것을 만들어 낼 수 없다고 가정한다면, 그 때의 기회비용은 0이 된다.

2) 총 비용(TC)

총 비용(total cost, TC)은 총 고정비용(total fixed cost, TFC)과 총 가변비용(total variable cost, TVC)의 합이며, 이를 수식과 그림으로 나타내면 아래와 같다.

$$TC = TVC + TFC$$

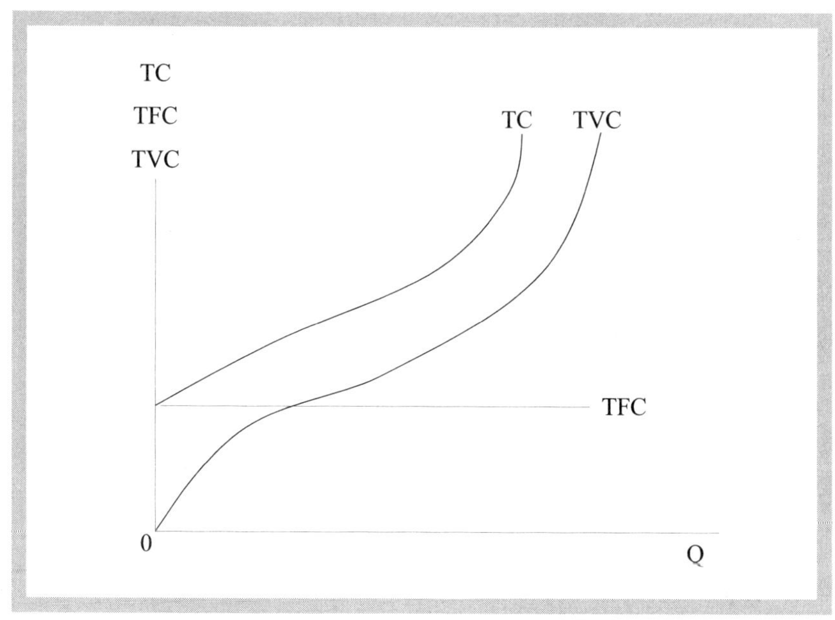

[그림 5-3] TC, TFC, TVC

(1) 총 고정비용(TFC)

총 고정비용은 계획된 생산량을 생산하는데 필요한 고정투입요소에 지출되는 총 화폐의 지출액을 말한다. 이 총 고정비용은 생산량과 무관하게 지출되는 일정한 비용으로 기업의 생산량이 0일 때도 지불해야 하는 비용이다.

그리고, 총 고정비용이 지출되는 초기의 설비투자와 같은 고정요소는 항상 일정하게 고정요소로 계속 남아있는 것은 아니다. 고정요소도 시간과 계약에 따라 가변요소로 변할 수 있다고 가정한다면, 장기에는 모든 생산요소가 변화하게 되어 고정요소에 지출되는 고정비용은 존재하지 않을 수도 있게 된다.

이러한 상황은 기업의 성장과 지속적인 생산설비의 확충 등을 고려한 경우에 해당하며, 그렇지 않은 경우에는 고정비용이 장기에서도 그대로 존재할 가능성도 있다.

(2) 총 가변비용(TVC)

총 가변비용은 주어진 생산량을 생산하기 위해서 지출해야 하는 원자재, 상품 수선비 등의 가변비용을 합한 것이다. 가변비용은 상품의 산출량이 많아지면 증가하고 적어지면 감소하는 비용이라 말할 수 있다.

[그림 5-4]에서 총 비용(TC)곡선은 총 고정비용(TFC)이 일정하므로 총 가변비용(TVC)을 단지 총 고정비용만큼 위쪽으로 수직 이동시킨 것이다.

3) 평균비용(AC)

평균비용은 생산물 한 단위당 생산비로 이는 총비용을 생산량으로

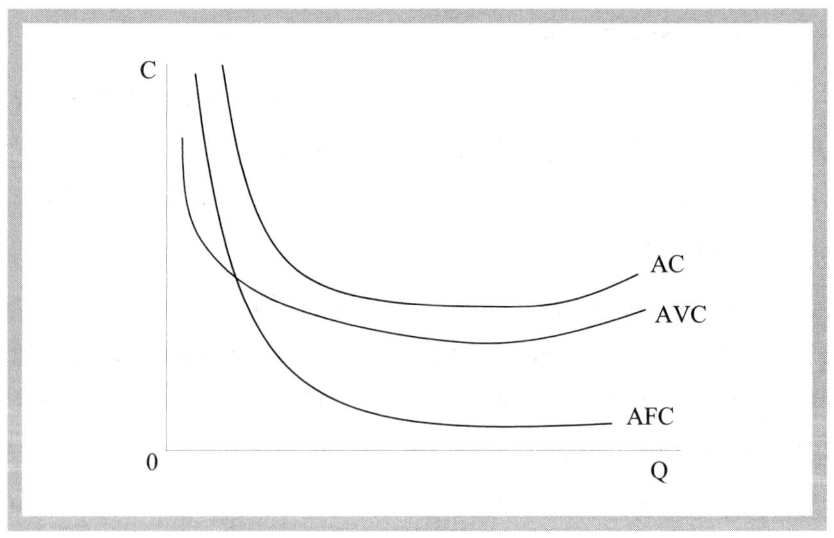

[그림 5-4] AC, AFC, AVC

나누어 얻을 수 있다. 평균비용은 아래의 식과 같이 평균고정비용(average fixed cost, AFC)과 평균가변비용(average variable cost, AVC)을 합친 비용이다.

$$AC = TC / Q$$
$$= AFC + AVC$$

(1) 평균고정비용(AFC)

평균고정비용은 총 고정비용을 생산량으로 나눈 값으로, 여기에는 보험료, 임차료 등이 해당된다. 이를 수식으로 나타내면 아래와 같다.

$$AFC = TFC / Q$$

위의 식에서 총 고정비용(TFC)의 값은 일정하므로 재화의 생산량이 증가하면 할수록 총 고정비용(AFC)의 값은 점점 작아진다. 이것은 생산량이 많아지면 생산물 1단위당 들어가는 고정비용이 점점 작아진다는 것을 의미한다. 그러므로 AFC는 생산량이 증가함에 따라 항상 감소하는 단조감소함수(strictly decreasing function)의 형태를 나타내고 있다. 이를 그림으로 나타내면 아래의 [그림 5-5]와 같다.

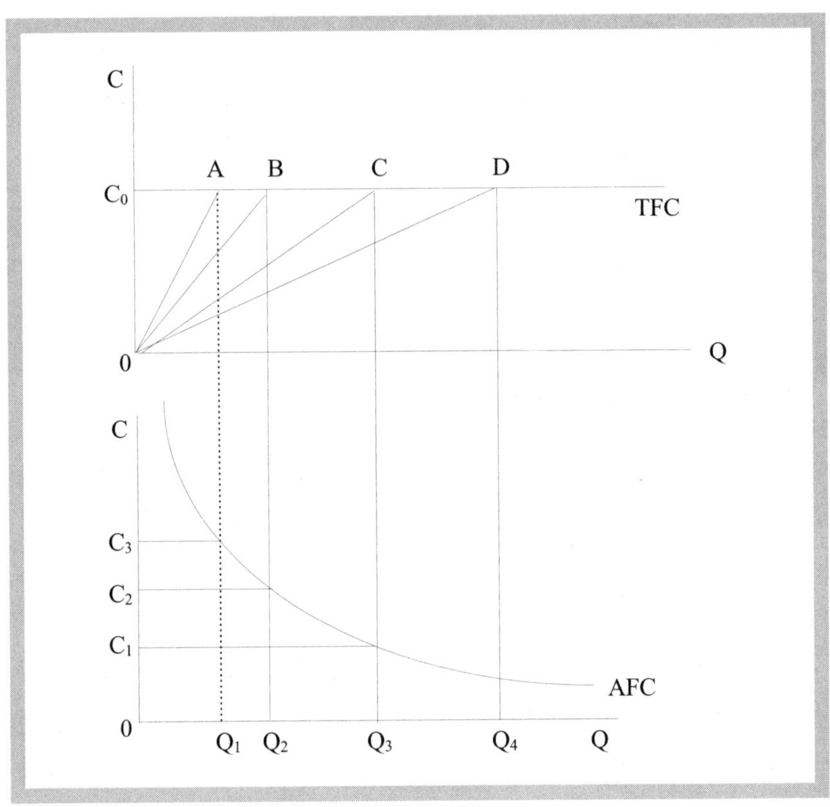

[그림 5-5] TFC, AFC

(2) 평균가변비용(AVC)

평균가변비용은 총 가변비용을 생산량으로 나눈 값으로, 여기에는 실제로 재화를 생산하는데 들어가는 원자재, 임금, 원료 등이 비용 등이 해당된다. 이를 수식으로 나타내면 아래와 같다.

$$AVC = TVC \ / \ Q$$

평균가변비용곡선은 아래의 [그림 5-6]에서와 같이 일정의 생산량

$(0Q_2)$까지는 감소하다가 그 이상에서는 다시 증가하는 형태를 나타내게 된다. 그 이유는 일반적으로 가변요소가 어느 수준까지 증가할 때는 고정요소와 좀더 효율적으로 결합할 수 있기 때문이다. 기업의 생산과정에 분업 및 전문화가 도입되어 생산의 효율성이 좋아지게 되면, 가변요소가 증가한 비율 이상으로 생산량이 증가하게 된다.

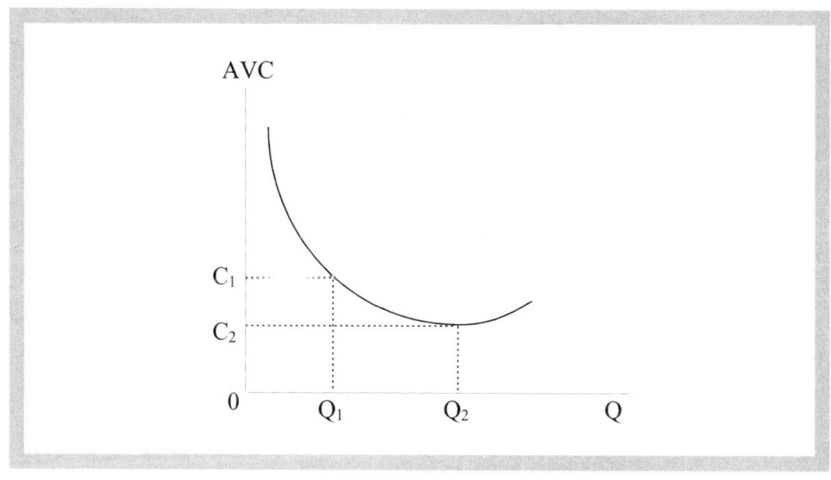

[그림 5-6] AVC

4) 한계비용(MC)

한계비용(marginal cost, MC)은 생산량의 증가에 따른 총비용의 증가분(ΔTC)을 생산량 증가분(ΔQ)으로 나누어 준 값이다. 이를 수식으로 나타내보기로 하자. 먼저 위에서 총 비용(TC)은 아래의 식과 같다.

$$TC = TFC + TVC$$

위의 식에서 총 고정비용(TFC)는 일정(= 0)하기 때문에 총 비용(TC)를 변화시키는 것은 총 가변비용(TVC)이다. 그렇기 때문에 한계비용(MC)은 다음의 식과 같이 나타낼 수 있게 된다. 이를 그림으로 나타낸 것이 아래의 그림[그림 5-7]이다.

$$MC = \Delta TVC \ / \ \Delta Q$$

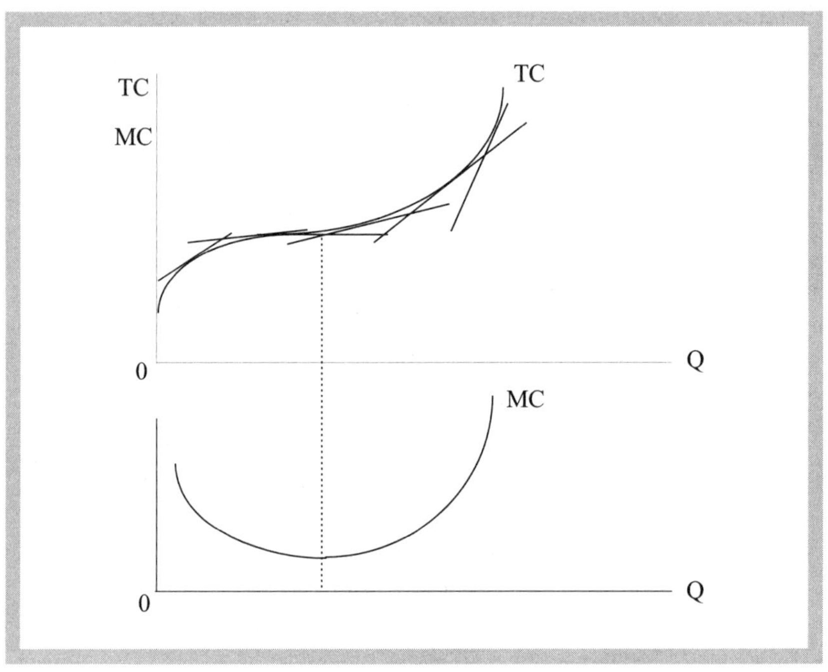

[그림 5-7] TC, MC

5) 총비용(TC)과 평균비용(AC), 한계비용(MC)의 관계

(1) 총 비용(TC)과 평균비용(AC) 및 평균가변비용(AVC)

평균비용(AC)은 재화 1개당 들어가는 생산비용이므로 총 비용(TC)을 생산량으로 나눈 값으로 아래의 식과 같다.

$$AC = TC / Q$$

여기에서 TC는 TFC(총 고정비용) + TVC(총 가변비용)이므로, 이를 AC의 식에 대입하면 AC = TFC/Q + TVC/Q = AFC + AVC가 된다는 것을 알 수 있다.

(2) 총 비용(TC)과 한계비용(MC)

TC가 연속함수인 경우 한 점의 산출량에서의 MC은 [그림 5-8]에서와 같이 그 산출량에 대응하는 TC에서 접선의 기울기와 같다.

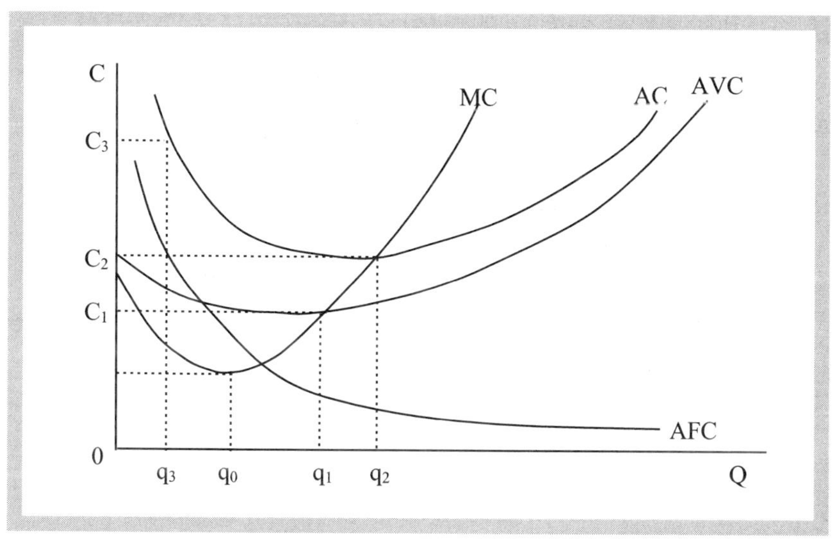

[그림 5-8] MC, AC, AVC, AFC

[그림 5-8]에서는 AC이 감소하는 구간에서의 MC은 AC보다 작은 것으로 나타나 있다. 이는 추가되는 비용이 그때까지의 평균비용보다 작을 때 평균값이 감소하는 것은 당연하기 때문이다. 그리고 AC이 최소일 때 AC = MC이다. 즉 MC곡선은 언제나 AC곡선의 최소점을 지

난다는 것을 의미한다. 또한, AC이 증가하는 구간에서는 MC이 AC보다 크다는 것을 알 수 있다.

(3) 총 고정비용(TFC)과 평균고정비용(AFC)

평균고정비용은 아래의 식과 같다.

AFC = TFC / Q

여기서 TFC의 값은 일정하므로 생산량이 증가할수록 AFC의 값은 점점 작아지게 되어 곡선의 모양은 우 하향의 모양을 나타낸다는 것을 알 수 있다. 이것은 재화의 생산량이 증가함에 따라 원점과 TFC선상의 한 점을 이은 선분의 기울기가 점점 작아져 가기 때문이다. 그리고 위의 식에서 Q를 왼쪽으로 이항하면, 다음과 같은 식이 된다.

AFC × Q = TFC

이 식으로부터 알 수 있는 것은 임의의 점에 대응하는 생산량과 AFC의 곱은 항상 일정(=TFC)하여 AFC곡선은 직각쌍곡선(rectangular hyperbola)의 형태를 나타내게 된다는 것이다.

제 6 장 ▌ 시장의 균형

1 시장균형

재화의 시장균형이란 해당재화의 수요량과 공급량이 일치하는 상태를 의미한다. 그리고 재화시장을 균형상태로 유지시키는 가격을 균형가격(equilibrium price)이라고 하며, 균형가격 하에서는 수요자가 원하는 수요량과 공급자가 원하는 공급량이 일치하게 된다. 이러한 상태는 균형수급량(equilibrium quantity)이 이루어지고 있는 상태라고 한다.

시장균형은 [그림 6-1]에 나타나 있다. 시장가격이 균형가격 보다 높은 경우에 재화의 공급자는 균형수급량 보다 많은 양을 공급하려하지만, 수요자는 균형수급량 보다 적게 수요하려고 하기 때문에 초과공급(excess supply)현상이 발생하게 된다. 그러나 반대의 경우인, 시장가격이 균형가격 보다 낮은 경우에는 공급자가 균형수급량 보다 적은 양을 공급하려하지만, 수요자는 오히려 균형수급량 보다 더 많이 수요하려 하기 때문에 초과수요(excess demand)현상이 발생하게 된다.

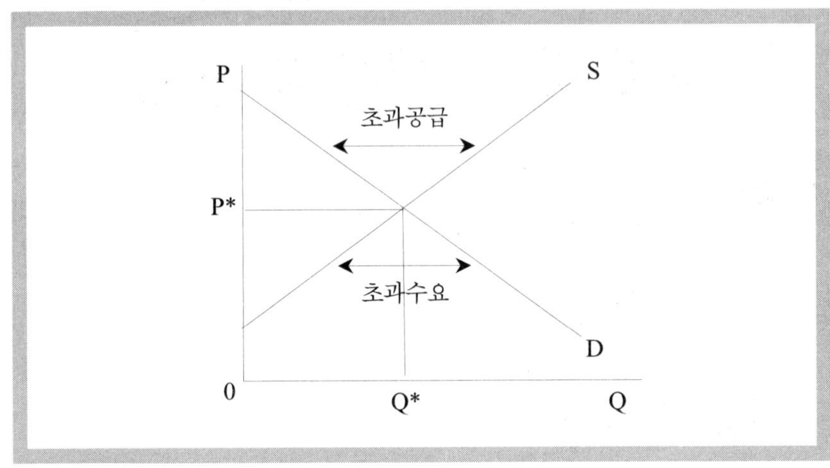

[그림 6-1] 시장의 균형

2 상품의 종류와 소비자의 반응

1) 상품(commodity)

시장경제체제에서의 모든 경제활동은 시장에서 이루어지며, 여기에서 거래되는 상품은 재화와 서비스로 나누어진다. 거래되는 상품을 형태에 따라 구분한다면 재화는 대체적으로 유형의 형태이며, 서비스는 무형의 형태로 볼 수 있다.

그리고, 재화 및 서비스는 자연 상태에서 바로 얻을 수도 있으나, 대부분의 경우에는 생산요소를 변형하는 조립과 가공단계를 거치면서 새로운 상품으로 만들어지게 된다.

2) 상품의 종류에 따른 소비자의 반응

(1) 일반상품

소비자들은 일반상품에 대하여 시장에서 결정된 가격을 지불하고 상품을 구매하는데, 여기에 구매욕을 자극하고 있는 것은 소비자잉여(consumer's surplus)이다. 소비자잉여는 상품을 구매하는데 지불한 가격에 비하여 더 많은 만족을 느끼고 있는 정도를 말한다.

즉, 상품의 구매에 지불한 가격과 구매에 따라 얻게 된 만족의 차이를 말하는 것으로, 만족부분이 크면 클수록 소비자들의 상품구매는 더욱 증가하게 된다. 그렇기 때문에 소비자는 소비자잉여가 크다고 생각되는 상품에 대한 구매욕을 상당히 강하게 느끼게 된다.

소비자들은 일반적으로 신상품 및 희소 상품일수록 소비자의 반응이 크게 나타나며, 상품의 한계효용가치에 따라 상품가격을 결정한다.

① 재화(goods)

㉠ 필요성에 따른 소비행동 : 소비자들은 시장에서 결정된 가격에 대해 커다란 불만족을 느끼지 않으면서 재화를 구매하고 있으며, 이것에는 다양한 이유가 있다. 그 가운데 중요한 하나는 소비자가 재화구매를 위하여 지불한 가격인 지불가치보다 그 재화의 필요성을 가치로 계산한 필요가치가 더 크다고 생각하거나, 커다란 불만을 느끼지 못하고 그 가격에 순응하기 때문이다. 이와 같은 점에 기초한다면, 필요성에 따른 재화구매는 해당상품의 가격이 소비자의 소비행동에 커다란 영향을 미치지 못한다고 볼 수 있다.

㉡ 효용성에 따른 소비행동 : 소비자가 재화를 구매하게 되는 노

하나의 소비행동은 그 재화의 효용성에 따른 구매이다. 즉, 필요성의 정도는 떨어지지만 해당재화의 구매에 따라 만족감은 증가하게 되는 경우의 소비행동이다.

즉 다시 말하자면, 소비자들은 재화를 구매함으로서 얻게 되는 효용가치인 만족감의 크기 순서에 따른 재화를 구매하게 된다. 그러나 소비자들이 동일재화를 2개 이상 구매함으로서 필요가치가 전혀 없어지는 경우에도 해당재화를 구매하고 있는 것은 이와 같은 효용성에 기인한 것으로 받아들일 수 있다. 이에 대한 예로 안경, 시계, 모자 등의 이중적인 구매를 들 수 있다.

㉢ 소유욕에 따른 소비행동 : 소비자들은 필요성 또는 효용성에 따른 재화의 구매가 아닌 단지 소유욕에 의해 재화를 구매하는 경우도 있다. 이러한 소비가 많아질 경우 흔히 말하여지는 과소비로 발전될 가능성이 크다. 이러한 형태의 소비행동은 시장에서 결정된 가격과 관계없이 소비자의 재화구매에 결정적인 역할을 할 수 있게 된다.

② 서비스(services) : 서비스는 재화의 가격결정방법과 같이 시장에서 그 가격을 결정하는데 상당히 어려움이 뒤따른다. 서비스시장은 상품시장과 같이 유형적 시장에서 매매가 이루어지지 않는 경우가 많으며, 그 가격 또한 독자적인 형태로 설정되는 경우와 함께, 때로는 재화의 가격 속에 포함되어 있는 경우도 많기 때문이다.

최근에는 정보통신기술에 의해 구축된 network를 통하여 형성된 다양한 서비스가 소비자들에게 제공되고 있다. 이와 같은 서비스 상품은 초기에는 전형적으로 독자적 형태의 가격설정이 이루어지게 되지만, 중장기로 갈수록 유형의 상품과 같은 가격설정의 형태로 변하게 된다.

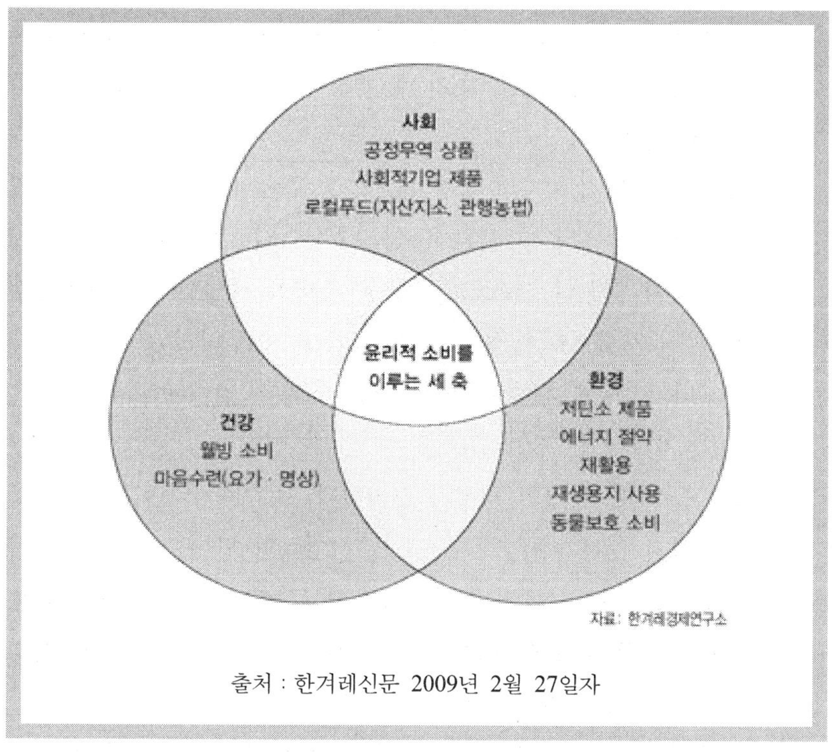

출처 : 한겨레신문 2009년 2월 27일자

[그림 6-2] 윤리적인 소비

(2) 공공재(public goods)

공공재는 국방, 일기예보, 등대와 같이 많은 사람이 공동으로 소비하기 위하여 생산된 재화나 서비스를 말하는 것으로 비경합성, 비 배제성의 특성을 갖고 있다. 일반적으로 공공재의 기본적인 가격은 0이기 때문에 소비자들은 이러한 공공재에 대한 진정한 선호 내지는 반응은 크게 나타내지 않는다고 보고 있다.

또한, 공공재의 특성상 공공재에 대한 선호는 있으나, 무임승차가 가능하기 때문에 소비자는 공공재의 이용에 따른 가격지불에 대하여 부정적으로 행동한다. 그러나 공공재에 대한 수요가 어려운 상황일 때에는 직접적인 소비자행동을 취하여 공공재의 소비를 얻어내려는 행동을 취하게 된다.

① **비경합성** : 한 소비자의 공공재소비가 다른 소비자의 공공재소비에 전혀 영향을 주지 않으며, 공공재는 소비에 의해서 공급량이 전혀 줄지 않는다. 그렇기 때문에 소비가 증가해도 추가비용은 증가하지 않으므로 공공재가격은 0이다. 이에 따라 한계비용도 0이 된다. 이렇게 된다면, 공공재의 더 많은 소비에 따른 가격은 사실상 0이 되는 것이 원칙임을 알 수 있다.

예를 들어 TV시청의 경우가 그러하다. 즉, TV시청이 많은 가구와 그렇지 않은 가구가 지불하는 시청료의 차이는 없기 때문이다. 그리고 어느 한 편의 시청자가 TV시청을 많이 한다고 다른 시청자의 TV시청에 어려움을 가져다주지 않기 때문에 TV시청을 하는 소비자 간에 경합은 발생하지 않게 된다.

② **비배제성** : 도로와 공원, 교량 등과 같은 공공재의 이용에 있어서, 이를 이용하는 가격을 지불하지 않는다고 하여 이들을 공공재의 사용으로부터 배제시킬 수는 없다. 즉, 지방의 지자체에서 건설한 도로나 교량이나, 쾌적한 공원 등을 지역주민만 이용할 수 있게 하는 것은 힘들기 때문이다.

이에 따라, 소비자들은 공공재 이용에 대한 적정대가를 지불하지 않고서, 자연스럽게 공공재를 이용하게 되는 무임 승차자(free rider)가 되기도 한다.

③ **공공재의 생산** : 공공재는 이윤추구와 관련이 없거나, 관련이 적은 관계로 생산물시장의 자유로운 경쟁체제 하에서 생산이 이루어지는 것은 쉬운 일이 아니다. 그렇기 때문에 초기에는 많은 부분의 공공재를 공기업에서 그 생산을 담당하게 하는 경우가 많다. 그렇지만 중장기로 갈수록 이와 같은 공공재를 생산하는 공기업도 민영화를 통하여 시장경제체제 속에서 경쟁력을 갖춘 기업으로 거듭나게 하고 있다.

공공재의 생산을 시장경제체제에 맡기는 경우에는 시장의 실패(market failure)가 발생할 가능성이 높게 된다. 시장의 실패가 발생하는 이유는 다음과 같다. 공공성이 강한 재화를 사기업이 생산을 담당할 경우에는 그 공공재의 이용에 적정가격을 지불한 소비자들에게만 이용할 수 있게 할 것이다. 이렇게 된다면 공공재에 대한 많은 소비자들의 소비를 제한하게 되어 소비자들은 불만이 생기는 동시에 사기업에서 생산한 공공재의 시장수요는 감소하게 된다.

위와 같은 상황에서는 공공재에 대한 수요와 공급의 불일치에서 오는 소비자의 피해가 커지게 되어 결국, 정부가 공공재의 생산을 담당하게 된다.

[표 6-1] 시장실패에 대한 이해

원 인	비효율적 자원배분	현실적용 사례	치유책	비 고
불완전 경쟁	경쟁시장에 비해 더 높은 가격/더 적은 생산량 수준	석유, 자동차 등 독과점 제품	공정거래 질서의 확립	-
공공재	무임승차에 따른 과소공급 문제	국방, 치안, 가로등, 공원 등	정부 공급	민간 공급 병행
외부 효과	외부경제가 존재할 경우 과소공급 문제	신기술개발, 교육 등	보조금 지급	-
	외부비경제가 존재할 경우 과잉공급 문제	공해, 오염 등 환경 문제	세금 부과	배출권 거래제
정보의 비대칭	정보격차로 주인보다 대리인 이익 중시	보험, 경영자 시장, 의료 서비스 등	정보발현의 유인책 제공	인센티브 설계

출처 : 한국경제신문 6월 5일자

3) 상품구매에 대한 소비자행동의 자극

(1) 마케팅 자극

소비자가 재화를 소비하는 요인을 분석하여 보면, 상당한 부분이 재화생산의 기업으로부터 이루어지는 마케팅 자극에 의한 것임을 알게 된다. 또한, 소비자들은 이러한 기업의 마케팅 자극에 의하여 전달되는 상품의 인식에 의하여 충분한 재화를 구매해 주는 역할을 담당하게 된다. 이에 기초한다면, 기업은 완전시장경제체제에서 생존하기 위하여 경쟁적인 마케팅 자극은 필수적인 요건으로 받아들여질 수 있게 된다.

이와 같은 마케팅 자극은 물리적 자극과 커뮤니케이션 자극으로 구분할 수 있다.

① **물리적 자극** : 물리적인 자극은 판매할 상품자체의 내외형적인

형태에 대한 것으로 내용물 자체에 대한 부분과 외형적인 부분에 대한 시각적인 요소에 의한 자극을 말하는 것이다. 이러한 자극은 1차적인 자극의 형태로 상품의 내용물과 상품포장 등이 이에 해당한다.

② **커뮤니케이션 자극** : 커뮤니케이션 자극은 물리적 자극에 비하여 소비자행동을 강하게 자극시키기 위한 계획된 2차적 자극이라 볼 수 있다. 다양한 매체를 통한 상품의 광고 등이 이에 해당한다. 이러한 자극을 위하여 구전시킨 소문과 파격적 가격 등이 이용되어진다.

(2) 환경적 자극

환경적인 자극은 해당국가의 사회・문화・종교 등을 이용하여 소비행동을 자극시키는 것이다. 한국의 경우 효도와 교육문화가 그 대표적인 예가 될 수 있을 것이다. 상품을 선전하면서 부모님에 대한 효도를 강조한다던가, 교육의 중요성을 강조함으로서 상품을 구매하게 하거나 관심을 극대화시키는 경우가 이에 해당한다.

이외에도 신구세대간의 비교를 통하여 신세대 상품임을 부각시켜 상품구매를 유도해 내기도 하며, 민족적인 분위기를 연출함으로써 꼭 그 상품을 구매해야 하는 당위성을 부각시켜 상품의 구매를 유도하기도 한다. 즉, 이러한 예는 20대의 상품과 30대의 상품 비교, 상위계층의 상품으로 강조, 민족정기 내지는 독립운동 등 상당히 자극적인 문구를 사용함으로서 상품구매를 유도하는 것들이 이에 속한다.

제 7 장 | 기업과 시장형태

1 기업의 행동원리

기업은 이윤추구를 목적으로 토지, 노동, 자본 등의 생산요소를 결합하여 재화나 용역을 생산하는 생산의 주체인 경제단위이다. 동시에 생산요소를 수요하는 수요자이기도 하며 때로는 투자의 주체가 되기도 한다.

이러한 기업들이 이윤추구라는 목적을 달성하기 위하여 취하는 행동에는 다음과 같은 다양한 원리들이 있다.

1) 기업의 행동원리

(1) 이윤극대화 가설

기업이 의사결정에 있어서 가장 중요하게 고려하는 것은 이윤극대화이며, 이를 위하여 시장에서의 가격결정도 이윤극대의 상태를 의미하는 한계비용(MC) = 한계수입(MR)이 일치하는 곳에서 이루어지게 한다. 그러나 MC = MR의 점에서 가격을 결정하고 이에 맞는 상품의 생산량을 결정한다는 것은 해당 기업에 상당한 기업체계가 형성되어 있지 않고서는 힘든 일일 것이다.

(2) 풀 코스트(full-cost) 가설

풀 코스트 가설은 기업이 이윤극대화를 달성하기 위하여 이윤극대화 가설과 같이 MC = MR이 일치하는 점에서 상품의 가격과 생산량을 결정한다는 것에 부정적인 생각을 갖고 있는 측의 가설이다. 이들은 실제로 기업가들이 MC = MR의 점을 찾아낼 수 있다는 것에 대하여 부정적인 입장에 서있기 때문에 이윤극대화 가설을 반대하고 있는 것이다.

이 가설을 주장하는 이들은 오히려 많은 기업들은 그들이 생산한 상품의 가격을 결정하는데 있어서, 생산에 들어간 생산비용인 직접비용과 간접비용의 근거자료를 기초로 한다는 데 중점을 두고, 여기에 관례적인 이윤을 더하여 상품가격을 결정한다는 것이다. 그러나 이러한 가설은 증명되어있지 못하다는데 문제점을 드러내고 있다.

(3) 판매액 극대화 가설

이 가설 또한 이윤극대화 가설을 부정하고 있다. 기업들은 이윤극대화를 위한 상품의 가격 및 생산량 결정에 관심을 갖고 행동하는 것보다는 상품 판매량의 극대화에 따른 판매액의 극대화에 더 관심이 앞선다는 것이다. 그러나 판매액의 극대화가 이루어진다고 하여 이윤극대화가 이루어진다고는 볼 수 없기 때문에 이 가설에 문제가 있다고 생각한다.

(4) 만족이윤의 가설

만족이윤 가설은 이윤극대화가설을 비판하고 그 대안으로 제안된 가설이다. 이들은 이윤극대화 전략과 관련된 기업경영의 의사결정은 주로 경영조직 내에서 결정되기 때문에 현실적으로 현장감이 뒤떨어진다. 그렇기 때문에 만족이윤가설을 주장하는 이들은 이윤극대화가설이 기업의 이윤극대화를 추구하는 행동원리로서 문제점을 내포하고 있다고 본다. 결국, 기업들은 현실적으로 경영조직 내에서 결정해 놓은 만족수준의 이윤을 달성하기 위하여 행동한다는 가설이다.

여기서 말하는 기업의 만족이윤은 기업의 장기생존에 필요한 이윤수준일 수 있으며, 과거의 정상이윤보다 적지 않은 수준의 이윤일 수도 있다. 그렇다면 이 만족스러운 이윤은 경기불황이 아닌 한 지속적으로 상승할 것이지만, 경기불황인 경우에는 만족이윤 자체가 감소하는 경우도 발생할 수 있을 것이다.

(5) 장기이윤 극대화 가설

장기이윤극대화 가설은 이윤극대화 가설에 판매액극대화의 개념을 더한 것으로 현재의 이윤보다는 장기적인 이윤극대화를 위하여 기업이 행동한다는 것을 설명하고 있다. 이러한 방안의 하나로 기업은 소비자들에게 신용을 얻는데 주력하고 그것에 의한 장기적인 판매액 증가를 이끌어내는 전략을 취하게 된다. 결국 기업은 단기적인 생산 활동으로 끝나는 것이 아닌 장기적인 생산 활동을 지속하는 경제단위라는 측면에서 이 가설이 받아들여지고 있다.

(6) 기업성장 가설

기업은 이윤극대화와 함께 끊임없는 확장과 성장을 추구한다. 때로는 현실적인 단기의 이윤극대화를 뒤로하고 장기적인 이윤극대화를 기대하면서 기업성장의 발판이 될 수 있는 인프라 구축이나 이와 관련된 R&D투자를 시작하기도 한다. 이는 기업들이 규모적인 측면에서의 확대와 성장을 선호하기 때문이다. 이로부터 기업이 이윤극대화를 이루지는 못하였지만 내부적인 성장을 이끌어내었다면, 이 또한 기업에게는 가치 있는 기업행동이 된다는 것이다.

2 시장의 형태와 이윤극대화

1) 시장의 의미와 형태

(1) 시장의 의미

좁은 의미에서의 시장은 매주, 매월, 매일 등 정기적으로 상품을 판매하려는 상거래 업체와 이들이 판매하려는 상품을 구입하려는 고객들이 모여서 상품을 매매하는 장소를 말한다. 이를 조금 더 확대하여 시장의 의미를 설명하여 본다면, 시장은 상품에 관한 수요와 공급의 정보가 교환되며, 이에 의하여 가격이 형성되어 상품의 거래가 이루어지는 곳을 의미하게 된다.

이와 같은 의미는 과거의 구체적인 장소와 시설이 갖추어진 유형적인 시장의 모습뿐만 아니라 무형적인 경우의 시장도 존재하고 있음을 의미하는 것이다. 가상공간인 인터넷상에 형성된 시장이 그 대표적인 예일 것이다. 이외에도 자본시장, 금융시장, 노동시장 등과 같이 시장이라는 표현을 사용하고 있지만 상당히 추상적인 의미를 지닌 시장도 있다.

(2) 시장의 형태

경제학에서 통상적으로 설명되어지는 시장은 완전경쟁시장과 불완전시장으로 구분할 수 있으며, 불완전경쟁시장에는 독점시장, 과점시장 독점적 경쟁시장 등이 있다.

(3) 시장형태의 구분 기준

시장을 구분하는 기준으로 주로 이용되는 것은 공급자와 수요자 수, 생산물의 동질성, 형성된 시장으로의 기업진입장벽의 여부 등이다.

① **공급 및 수요자의 수** : 완전경쟁시장의 경우에는 다수의 공급자와 수요자들의 상거래 행동에 의해 시장이 운영되고 있지만, 불완전경쟁시장인 독점시장에서는 공급자가 하나만 존재하는 시장의 형태를 나타내고 있다. 그리고 과점시장은 공급자 수가 소수인 시장이며, 수요독점 시장의 경우에는 공급자 수가 많이 존재하지만, 수요자가 하나의 기업인 형태를 나타내고 있다.

② **생산물의 동질성 정도** : 완전경쟁시장은 수요자나 공급자의 수가가 다수이면서, 상품 자체가 완전히 동질적이라 간주하는 쌀, 육류, 생선, 각종 채소 등과 같은 농수산물과 거의 동질의 상품이면서 동일 상품 명칭으로 분류되는 공산품 등이 거래되는 시장을 의미한다. 물론, 현실에서는 이와 같은 농수산물의 경우도 많은 품질의 차이가 나지만, 동질적인 상품으로 간주하고 있는 것이다.

이에 비하여 독점적인 성격을 나타내고 있는 경쟁시장들은 수요자나 공급자의 수가 다수이고 상품들이 동질적이라는 점은 완전경쟁시장의 형태와 유사하다. 그렇지만, 독점적 경쟁시장에서는 해당기업이 판매하는 상품에 대한 이미지를 각종 광고 등을 통하여 타 기업들의 동질 상품과 차별화 된 상품, 즉 이질적인 상품으로 수요자들에게 인식시키고 있다.

이러한 독점적 경쟁시장에서 독점적 경쟁기업의 위치에 오른 해당기업들은 시장에서의 상품가격결정에 커다란 영향력을 미치게 되며, 새로운 기업들의 진입을 어렵게 하는 요인으로 작용하게 된다.

③ **진입장벽의 존재 여부** : 정부는 일부의 산업을 보호할 목적으로 법에 의하여 기업의 진입을 제한하는 장벽을 만드는 경우가 있다. 대부분 공공의 목적을 달성하기 위한 것이다. 만약, 이 분야 상품시장의 시장개방을 통하여 기업의 진입을 자유스럽게 할 경우에는 상품가격의 상승효과가 발생하여 다수 국민들의 부담이 가중되는 현상이 발생하게 된다.

이외에도 초기 사업비가 많이 들어가는 산업의 경우, 새로운 기업들의 진입은 상당히 어렵게 된다. 이 같은 경우는 어떠한 유형적인 제한조치는 없지만, 막대한 자본투입의 어려움과 위험성으로 인하여 자연스러운 진입장벽이 형성된 경우이다. 이상과 같은 유·무형적인 진입장벽이 있는 경우 시장의 모습은 과점 및 독점시장의 형태로 형성되게 된다.

2) 기업의 이윤극대화 조건

(1) 이윤극대화 조건 1

기업이 이윤극대화를 달성하기 위한 이윤극대화 제1조건은 필수적인 조건으로서 총수입(TR)이 총 가변비용(TVC)보다 높은 상태를 말한다.

기업은 이윤극대화를 달성하기 위하여 기본적으로 생산 활동에 참여하여야 하며, 기업은 생산 활동에 참여 할 것인가, 포기할 것인가를 결정하기 위하여 상품생산에 들어가는 총 가변비용과 상품판매로부터 돌아오는 총수입의 크기를 비교하게 된다.

즉, 기업은 총 가변비용보다 총수입이 높아야 생산 활동을 하게 된다는 것이고, 이것은 기업이 이윤극대화를 달성하기 위한 제1조건이 된다.

만약, 기업이 총수입보다 총 가변비용이 더 들어가는 상황에 처하게 되면 기업은 생산 활동을 지속할 것인지 중단할 것인지를 결정하게 된다. 생산을 지속할 경우는 총수입을 초과한 총 가변비용만큼의 지속적인 손실이 발생하게 되며, 생산을 중단할 경우에는 생산 활동을 중단한 시점에서의 총 고정비용만큼의 손실을 입게 된다.

(2) 이윤극대화 조건 2

기업이 이윤극대화를 달성하기 위한 이윤극대화 제2조건은 충분조건으로서 한계수입(MR) = 한계비용(MC)이 같아지는 상태이다. 이 상태는 기업이 한 단위의 재화를 추가적으로 생산할 때 한계수입과 한계비용이 같아지는 상태로서, 생산이 한 단위 늘어나도 생산비용이 늘지 않는 상태이므로 최적의 효율적인 생산과정이 이루어지는 극점의 상태를 의미한다.

만약 이 상태를 넘어서게 되면 추가적인 한 단위의 재화를 생산하기 위해 들어가는 한계생산비용을 더 이상 절감할 수 없기 때문에 한계비용이 오히려 증가하는 상태로 접어들게 된다.

(3) 이윤극대화 조건 3

기업의 이윤극대화 3조건에 해당하는 것은 아래의 그림에서와 같이 한계비용(MC)곡선이 한계수입(MR)곡선을 만나야 하며, 또 MR곡선을 밑에서부터 교차하는 점에서 재화의 생산량이 결정되어야 한다는 것이다. 아래의 그림에서 MC = MR에 해당하는 곳은 a, b점이고 MR

곡선을 밑에서부터 교차하고 있는 점은 a점이다.

a, b 두 점 가운데 b점은 MC곡선이 위에서부터 MR곡선을 교차하고 있으며, 이때의 생산량은 q_0이다. 이 때에 기업은 q_0보다 더 생산량을 증가시키게 되면 생산량을 한 단위 증가시킬 때마다 수입은 계속 발생하게 되므로 생산을 q_0에서 멈추려고 하지 않을 것이다. 이 생산량 이후로도 계속 생산량을 늘려나가면 한계비용의 더 많은 증가로 총이윤이 감소하기 때문이다.

결국, 극대이윤을 추구하는 기업이라면 한계수입이 한계비용과 만나는 q_1까지 계속 생산량을 증가시키게 된다. 그러므로 기업이 이윤극대화를 달성할 수 있는 제3조건은 MR곡선을 밑에서부터 교차하는 MC = MR을 만족하는 a점이어야 한다. 물론 생산 활동을 하는 기업들이 극대이윤을 달성하기 위하여 이러한 점을 찾아내는 것은 쉬운 일이 아니다.

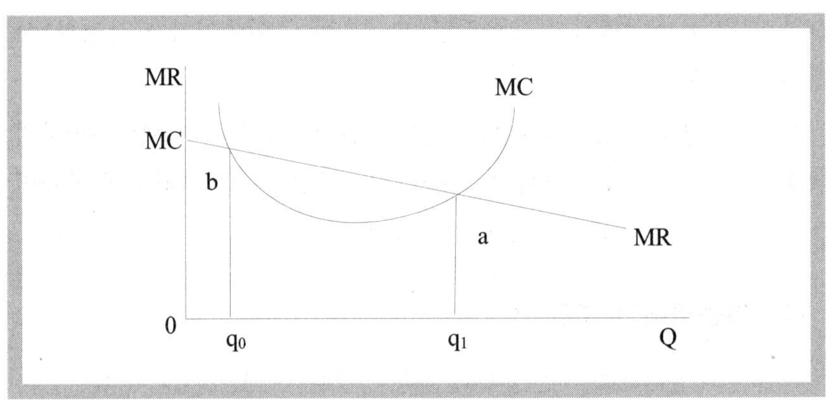

[그림 7-1] 기업의 극대이윤생산량

3 완전경쟁시장

1) 완전경쟁시장의 성립조건

(1) 다수의 공급자와 수요자

완전경쟁시장에는 수많은 공급자인 개별기업과 수요자인 개별 소비자들이 존재한다고 가정하고 이들은 시장에서의 상품가격 결정에 영향을 미치지 못하며, 오히려 시장에서 결정된 가격에 순응하여 이를 받아들이는 가격 순응자(price taker)라고 가정하고 있다.

(2) 상품의 동질성

완전경쟁시장 속에서 생산 활동을 하고 있는 기업들이 생산해 내는 상품들은 동질적이라 가정한다. 이 기업들은 모두 동질적인 상품을 만들어내며 소비자는 어떤 기업이 생산했든 그 상품에 대해 완전히 무차별적인 반응을 하게 된다고 가정하고 있다.

(3) 생산요소의 완전이동성

완전경쟁시장에서 생산요소인 노동과 자본의 이동은 자유롭다고 가정한다.

(4) 기업의 자유로운 진입과 퇴거

새로운 기업이 완전경쟁시장 속으로 진입하는 것이나, 기존에 생산 활동을 하고 있던 기업이 생산 활동 의지에 따라 자유롭게 퇴거할 수 있다고 가정한다. 즉, 진입장벽이 없다는 것을 의미한다.

(5) 완전한 정보

완전경제시장 속에서 활동하는 경제주체인 정부, 기업, 소비자는 시장에 관한 완전한 정보를 갖고 있다고 간주한다. 이에 따라 시장에서 새로운 환경변화가 발생하게 되면 그 변화는 즉시 모든 소비자와 기업들에게 전달된다.

(6) 운송비의 무시

완전경쟁시장에서는 기업의 위치에 따른 물류비용인 운송비는 간주되고 있지 않다.

2) 완전경쟁시장의 수요곡선

완전경쟁시장에는 무수히 많은 기업이 존재하고 있다. 그 가운데 어느 한 기업이 생산한 동질적인 상품을 시장에서 결정된 균형가격 이상으로 판매한다면, 소비자들은 시장에서 결정된 가격에 대한 정확한 정보를 갖고 있는 것으로 간주하기 때문에 어느 누구도 동질적인 상품을 높은 가격으로 구입하려고 하지 않을 것이다.

또한, 무수히 많은 기업 중 어느 한 기업이 균형가격 이하로 동질적인 재화를 판매하고자 한다면, 소비자들은 동질적인 상품을 낮은 가격으로 구입하기 위하여 시장으로 몰려들 것이고 순식간에 그 상품은 모두 판매될 것이다.

이와 같은 소비자들의 반응에 의하여 기업들이 직면하게 되는 완전경쟁시장에서의 수요곡선은 [그림 7-2]에서와 같이 수평선의 모양을 띄게 된다는 것을 알 수 있다.

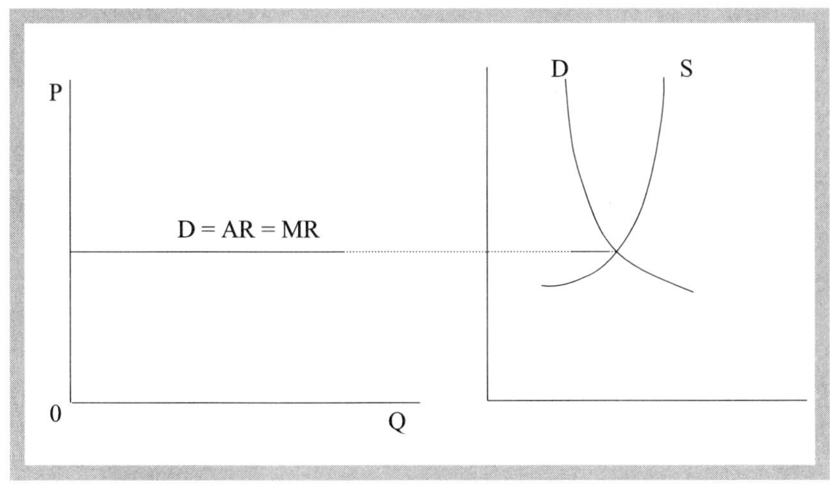

[그림 7-2] 완전경쟁시장에서의 수요곡선

3) 완전경쟁시장의 단기균형

(1) 수입곡선

① 총수입(Total revenue, TR) : 총수입은 기업에서 생산한 재화의 판매가격과 판매량을 곱한 것이다. 이를 수식으로 나타내면 다음과 같다.

$$TR = P \cdot Q$$

② 평균수입(avcragc rcvcnuc, AR) : 평균수입은 재화 한 단위당 수입을 나타내는 것이며 총수입을 판매량으로 나눈 것이기 때문에 평균수입은 곧 가격이 된다. 이를 수식으로 나타내면 다음과 같다.

$$AR = TR / Q$$

$$= P \cdot Q \ / \ Q$$
$$= P$$

③ 한계수입(marginal revenue, MR) : 한계수입은 재화 한 단위를 추가적으로 판매할 때 얻게 되는 수입으로 이 또한 아래와 같이 가격이 된다. 이를 수식으로 나타내면 다음과 같다.

$$MR = \Delta TR \ / \ \Delta Q$$
$$= P \cdot \Delta Q \ / \ \Delta Q$$
$$= P$$

결국, 완전경쟁시장에서의 한계수입(MR) 및 평균수입(AR)은 시장가격(P)과 같게 된다. 그리고 [그림 7-2]에 나타난 것과 같이 완전경쟁시장에서 수요곡선은 시장에서 결정된 가격곡선과 동일함으로 수요곡선(D)은 한계수입(MR), 평균수입(AR), 시장가격(P)과 같게 된다.

(2) 단기균형

완전경쟁시장에서 기업이 단기에 균형을 이루기 위하여 2가지 조건이 달성되어야 한다. 그 2가지 조건은 앞에서 논의된 것과 같이 첫째 조건은 MR = MC이며, 두번째 조건은 MC가 MR 밑에서부터 교차하여야 한다. 그리고 이 두 조건을 만족하는 점에서 이윤극대화가 달성되며, 이 점에서 총수입(TR)과 총비용(TC)의 차가 가장 크다는 것을 알 수 있다. 이를 그림으로 설명하고 있는 것이 [그림 7-3]이다.

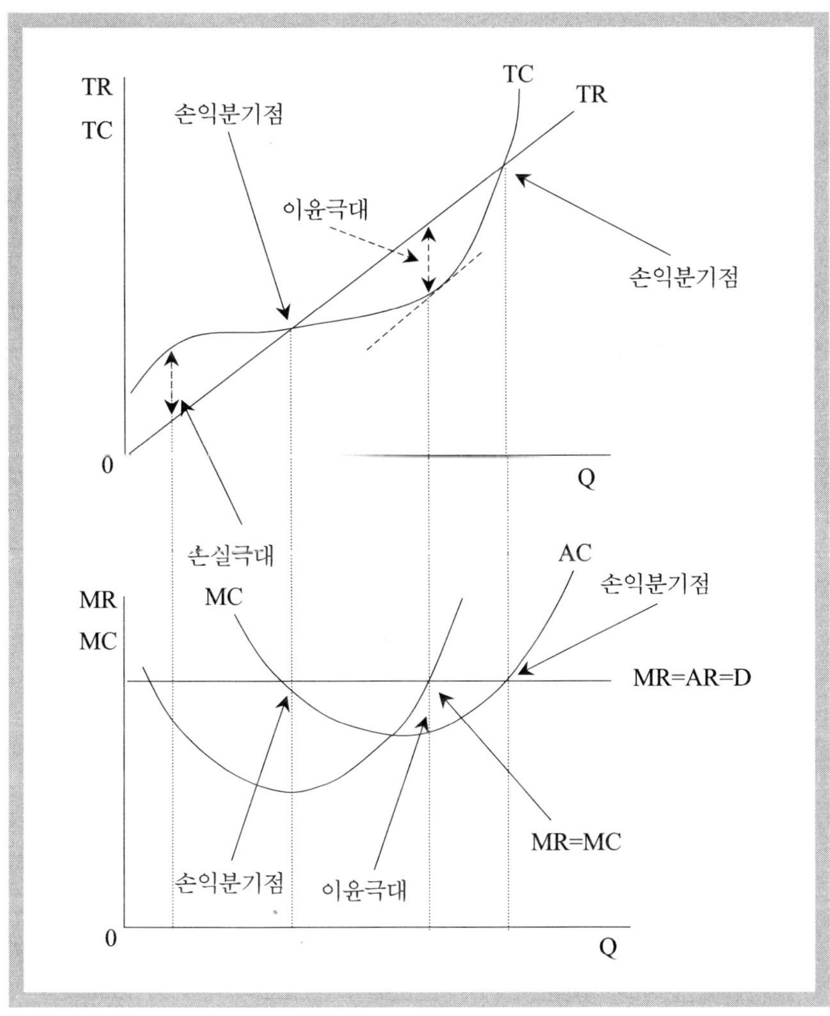

[그림 7-3] 이윤극대화 생산량

[그림 7-3]에서는 TR과 TC의 차가 가장 크게 나타나면서 동시에 이윤극대를 나타내는 이윤극대화 생산량이 바로 한계수입(MR)과 한계비용(MC)가 일치하는 점에 해당한다는 것을 알 수 있다. 즉, 위의 그

림은 총수입과 총비용의 개념을 갖고서 완전경쟁시장에서의 이윤극대화 생산량을 찾아낸 것이며, 아래의 [그림 7-4]는 이전에 설명한 한계수입과 한계비용의 개념으로 이윤극대화 생산량을 찾아낸 것이다.

[그림 7-4]는 완전경쟁시장에서의 기업이 초과이윤(P^eP_0AB)을 발생시키는 상태에서 단기균형을 이루고 있는 상태, [그림 7-5]는 정상이윤만을 발생시키고 있는 상태, 그리고 [그림 7-6]은 손실(P^eP_0BA)이 발생하고 있는 상태를 나타내고 있다.

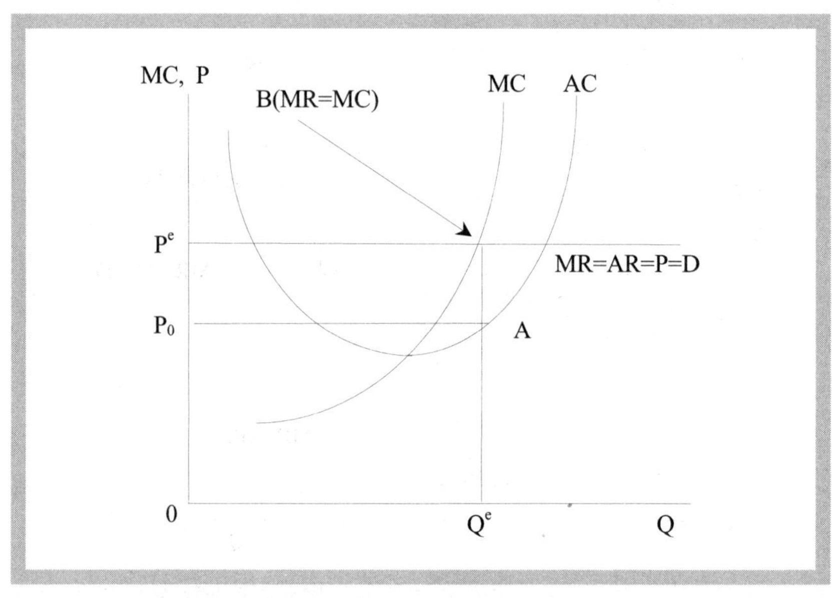

[그림 7-4] 초과이윤이 발생하는 상태의 단기균형

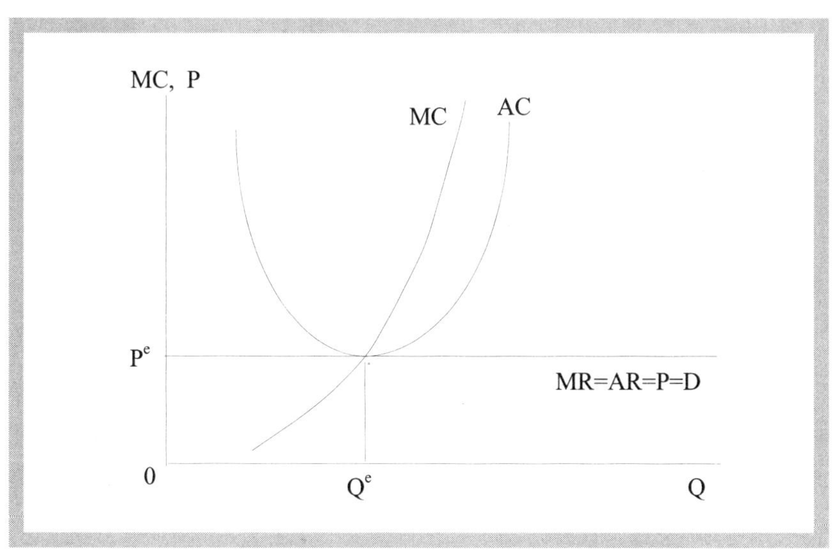

[그림 7-5] 초과이윤이 0인 상태의 단기균형

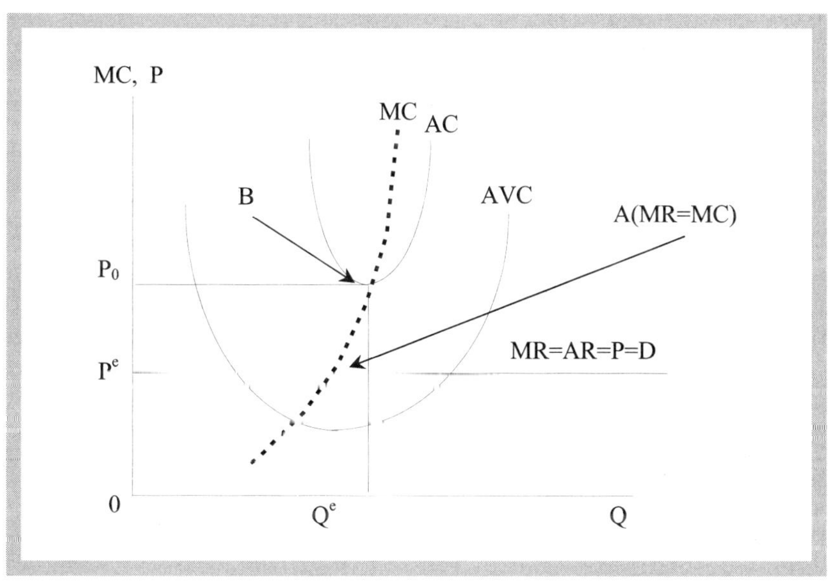

[그림 7-6] 손실발생 하는 상태의 단기균형

4 독점시장

1) 독점시장의 의미와 가격결정

(1) 의미

독점시장은 시장에서 매매되는 하나의 상품을 소수 또는 한 기업이 독점하여 생산하고 시장에 공급하고 있는 시장형태를 의미한다. 이러한 독점시장은 정부의 제한적인 규제에 의하여 형성될 수도 있으며, 생산기술의 특허, 생산요소의 독점 등 다양한 요인들에 의하여 독점시장이 형성될 수도 있다.

이와 같은 요인에 의하여 형성된 독점시장분야를 예를 들어 본다면, 일반적인 상품시장에서 나타나는 독점시장과 함께, 전력, 상하수도, 우편, 담배 그리고 프로스포츠(축구, 야구, 농구, 배구 등) 등의 시장도 그 예로 들 수 있다.

(2) 가격결정

독점시장에서의 가격결정은 그 상품을 독점적으로 시장에 공급하고 있는 독점기업의 상품공급량 조절에 의하여 결정된다. 이는 완전경쟁시장에서의 가격결정과 대별되는 경우로 독점기업은 가격의 결정자(price-maker) 역할을 담당하게 된다.

(3) 독점기업의 발생

① **정부로부터 독점판매권 획득** : 정부가 상품생산에 대한 독점권과 함께 해당상품시장에 대하여 신규기업의 진입규제를 하고 있는 경우 독점기업은 형성된다. 이는 해당상품이 완전경쟁시장을 통

하여 거래될 경우 소비자들에게 미치는 영향력이 큰 상품이거나, 가격상승의 결과를 초래할 것으로 판단하였기 때문에, 정부가 공공의 목적달성을 위해 한 기업에게 독점적인 판매권을 부여한 경우이다. 대부분은 공기업이 이러한 형태를 나타내고 있다.

② **생산요소 및 기술의 독점** : 상품생산에 필요한 생산요소를 독점하고 있거나 생산기술에 특허권을 갖고 있어 해당상품의 생산을 독점하고 있는 기업은 독점기업이 될 수 있다. 그렇지만 독점기업들은 기술경쟁력을 갖춘 신규기업들의 출현에 의하여 새로운 생산요소 사용과 기술개발에 의한 신상품 생산이 이루어지게 되면 장기간 독점기업 유지는 어렵게 된다.

③ **자연독점(natural monopoly)** : 기업은 상품의 생산량 증대를 통한 규모의 경제효과로 평균생산비용의 감소와 이윤극대화효과를 얻으려 한다. 이를 위하여 기업은 생산시설을 지속적으로 확충해 나아감과 동시에 생산기술에 혁신적 노력을 하게 된다. 이러한 기업의 행동은 규모의 경제성을 발생시켜 생산비용의 하락과 상품판매가격의 하락을 주도하게 한다. 결국 한 기업이 주변 기업들에 비하여 더욱 강한 경쟁력을 확보하게 되어, 주변의 경쟁기업들에서는 해당상품의 생산 및 판매량 감소현상으로 도산하게 되는 경우가 발생하게 된다. 이와 같은 과정을 통하여 나타나게 되는 독점의 형태를 자연독점이라 하며, 그 주체가 되는 기업을 자연독점기업이라 한다.

즉, 자연독점이란, 어떤 상품을 생산하는데 사용되는 생산요소나 생산 기술을 기업이 독점으로 소유하고 있는 경우와, 생산량을 증가시킬수록 평균비용이 감소하는 규모의 경제로 인한 독점이 발생하는 경우에 발생하게 된다.

그리고 이와 관련하여 순수 독점시장(pure monopoly market)이라는 개념이 있는데, 이것은 시장 속에 한 생산자만이 존재하고 그 기업이 생산하는 상품에 대한 대체재가 없는 경우의 시장을 의미한다. 이러한 순수 독점시장은 거의 존재하지 않지만, 특수한 부문에서의 예를 든다면, 부분적인 수공예 상품, 토속 주류 등의 상품시장이 이에 해당한다고 볼 수 있다.

2) 독점기업의 단기균형

(1) 독점기업의 수요곡선

시장 속에 상품을 공급하는 기업이 하나만 존재하기 때문에 독점기업의 수요곡선자체가 시장수요곡선이 되며, 일반시장에서와 같이 수요 및 공급의 법칙은 적용되지 못한다.

왜냐하면, 독점기업은 상품가격결정과 함께 상품 공급량을 조절함으로서 가능한 한 이윤극대화를 달성하려고 할 것이며, 정부의 어떠한

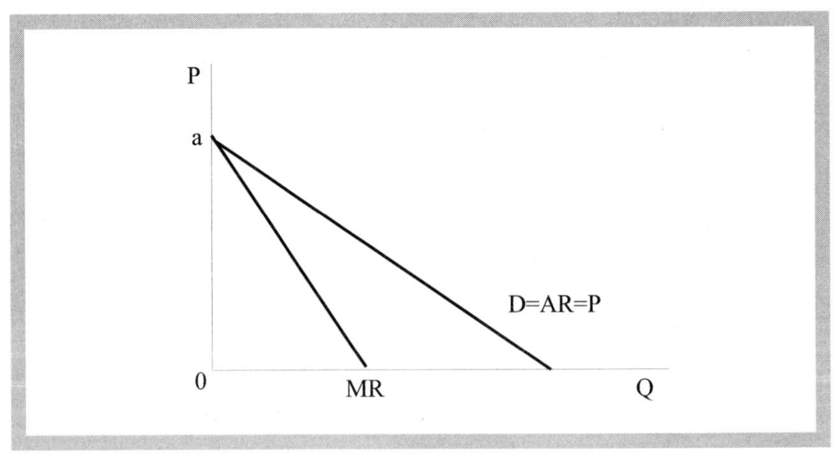

[그림 7-7] 독점기업의 수요곡선

조절기능이 발휘되기 전까지 소비자들은 독점기업에 의하여 결정된 가격과 상품 공급량에 순응적으로 반응할 수밖에 없기 때문이다.

이에 기초한다면, 독점기업의 평균수입은 독점기업이 결정한 상품가격과 일치한다고 볼 수 있다. 즉, 독점기업의 수요곡선은 평균수입(AR)곡선과 일치한다는 것이다. 이를 그림으로 나타낸 것이 [그림 7-7]이다.

독점시장에서 독점기업의 상품판매량(Q)은 곧 소비자들의 상품수요량(D)과 일치하며, 결정된 가격은 독점기업의 평균수입(AR)으로 볼 수 있으므로 여기에 판매량을 곱하게 되면 총수입(TR)을 얻게 된다. 그리고 한계수입은 추가적인 상품판매량 증가에 따른 총수입의 증가분을 나누어 얻을 수 있다.

독점기업의 평균수입곡선(수요곡선)과 관련되어 한계수입곡선의 특징적인 사항은 한계수입곡선의 절편이 수요곡선의 절편과 일치하며 그 기울기는 2배에 달하는 우 하향의 형태를 나타내고 있다는 점이다.

(2) 단기균형

단기에서는 고정요소를 변화시킬 수 있는 시간이 없기 때문에 독점기업은 가변요소만을 적절하게 조정하여 이윤극대화를 추구하려고 한다. 이러한 이윤극대화가 이루어지는 곳은 MR = MC이 같아지는 곳이며, 이를 만족하는 생산량이 독점기업의 이윤극대화를 달성시켜주는 생산량이 된다. 그리고 이 생산량에 대응하는 수요곡선의 점 E에서 가격은 결정된다. 이에 관한 내용은 [그림 7-8]에 나타나 있다.

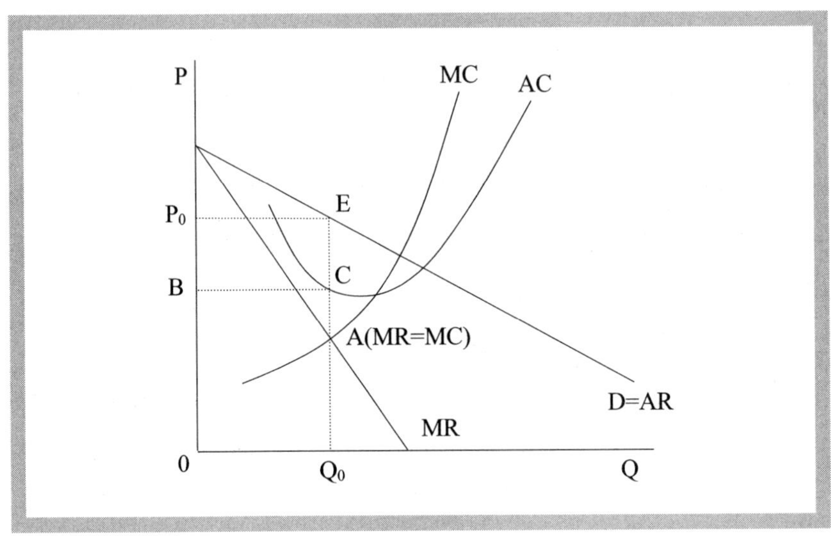

[그림 7-8] 독점기업의 이윤극대화

(3) 독점기업의 단기이윤

독점기업은 $0Q_0$의 생산량을 $0P_0$의 가격에 판매하여 얻게 되는 단기이윤은 사각형 $BCEP_0$이다. 그러나 이와 같은 독점기업의 단기적인 이윤이 보장된다고는 말할 수 없다. 왜냐하면, 독점기업이 원하는 단기에서의 독점이윤을 얻기 위하여 극대이윤의 판매량과 가격을 설정하였을 때, 그 상품가격은 항상 한계비용보다 높다는 점 때문이다. 소비자들은 이에 반응하여 상품의 구매량을 독점기업이 예측한 만큼 반드시 구매할 것으로 볼 수는 없다.

독점기업 또는 독점시장에서 결정되는 것이 완전경쟁시장과의 큰 차이점이다. 오히려, 상품재고량의 증가와 판매량 부진으로 손실을 볼 수 있는 경우도 있다.

(4) 완전경쟁시장과 독점시장에서의 가격 비교

앞에서 설명하였듯이 완전경쟁시장에서의 상품가격은 항상 P = MC에서 결정되지만, 독점시장에서는 P > MC인 곳에서 결정된다는 차이가 있다. 즉, 독점시장에서는 MR곡선이 수요곡선 아래에 위치하기 때문에 MR = MC가 되는 상황 하에서는 P > MC일 수밖에 없기 때문이다.

(5) 독점기업의 문제점

독점기업은 경쟁상대가 없기 때문에 기술혁신과 경영혁신에 소극적이기 쉬우며, 이를 위한 투자보다는 독점적 지위를 계속 유지하기 위한 진입장벽의 구축에 상당한 비용을 지출할 수도 있다. 그리고 내부의 비효율적 요인들이 일을 하고자 하는 의욕을 저하시킬 수 있다는 H. Leibenstein이 지적하는 X-비효율성(X-inefficiency)이 나타나는 경향도 있다. 뿐만 아니라 소득분배의 불공평 요인인 한 개인의 부의 편중현상이 발생할 가능성도 있다.

□ 완전경쟁시장과 불완전경쟁시장의 요약

[표 7-1] 완정경쟁시장과 불완전경쟁시장의 비교

시장형태 / 항 목	완전경쟁	불완전경쟁
가 격	① price taker ② 시장가격 결정력 부재	① price maker ② 시장가격 결정력 보유
개별수요곡선 결정	D = AR 생산량 증가에 따라 가격내릴 필요 없음	D(AR + P) 생산량 증가에 따라 가격내릴 필요 있음
가격내용	일물일가의 원칙	가격차별
이 윤	장기에서 비정상이윤 없음	단기와 장기에서 비정상이윤이 있는 것이 보통
광고, 선전	불필요	필요
경제효과	① 가격의 자동조절기능 ② 시장기능의 활성화 ③ 자원의 최적 배분	① 가격조절력 상실 ② 시장실패 ③ 자원낭비

□ 독점, 완전경쟁, 독점적경쟁의 특성 비교

[표 7-2] 시장형태에 따른 특성 비교

시장형태	가격지배력	기업참여
독점	있음 가격(P) > 한계비용(MC)	없음(+ 이윤) 가격(P) > 평균비용(AC)
완전경쟁	없음 가격(P) = 한계비용(MC)	있음(0 이윤) 가격(P) = 평균비용(MC)
독점적경쟁	있음 가격(P) > 한계비용(MC)	있음(0 이윤) 가격(P) = 평균비용(MC)

제2편

Point 거시경제 기초지식

제 8 장 시장 및 정부의 실패

1 시장의 실패(market failure)

시장의 실패는 시장가격기구가 효율적인 자원배분기능을 제대로 수행하지 못하는 현상으로, 파레토 효율성(Pareto efficiency)이 만족되지 않는 상태를 의미한다. 파레토 효율성이란 하나의 자원배분상태가 주어졌을 때 어느 누구에게 손해가 가지 않고서는 어떤 사람에게도 이득을 가져다주는 것이 불가능한 배분상태를 말한다.

파레토 효율적인 상태를 달성하기 위해서는 3가지의 한계조건을 충족하여야 한다고 한다. 충족하여야 할 한계조건의 첫째는 소비자간 재화배분의 효율성으로 교환의 효율성(efficiency in exchange)이라고도 말한다. 두 번째는 기업간 요소배분의 효율성(efficiency in production)이고, 세 번째는 재화간 요소배분의 효율성(efficiency in the product-mix)이다.

일반적으로는 앞장에서 설명하였던 시장가격(P)과 상품생산을 위한 한계비용(MC)이 일치할 때 가장 바람직한 배분이 이루어진다. 그러나 이것이 일치하지 않는 경우에는 시장에서 자원이 효율적으로 배분되지 못한다는 것을 의미한다.

1) 시장실패 원인

(1) 불완전경쟁시장

불완전경쟁시장인 독과점시장에서 이윤극대화를 추구하는 각 기업은 한계수입(MR)과 한계비용(MC)이 일치하는 곳에서 균형가격과 균형거래량을 결정하지만, 균형가격인 P > MC이기 때문에 소비자들은 균형가격이상의 높은 가격을 지불하게 된다. 이러한 상태에서 소비자들은 상품을 구매하면서 지불할 용의가 있는 가격과 실제 지불한 가격과의 차이인 소비자잉여를 적게 느낄 수밖에 없다.

이와 같이 불완전경쟁시장에서는 상품을 공급하는 기업입장에서의 이윤극대화는 완전경쟁시장에서보다 더욱 커질 수 있으나, 소비자의 입장에서 본다면 만족의 극대화를 가져올 수 없기 때문에 시장의 비효율적인 모습은 지속되게 된다. 결국 불완전경쟁시장은 시장의 실패를 가져오게 된다.

(2) 비용체감산업

규모의 경제(economies of scale)는 상품생산량이 증가하면서 단위당 평균비용(AC)이 체감하는 현상을 의미하며, 이것이 존재하는 산업을 비용체감산업이라 한다. 이와 같은 비용체감산업을 시장기구에 맡겨두면 손실발생의 가능성과 막대한 고정비용의 소요 때문에 기업의 자연독점현상이 발생하게 된다. 이는 자원의 비효율적 배분을 가져와 시장실패의 원인이 된다.

[그림 8-1]에는 비용체감적인 규모의 경제가 발생하고 있는 한계비용곡선(MC)과 평균비용곡선(AC)이 실선으로 나타나 있다. 여기에서

독점시장에서의 가격결정 조건(P = MC)인 상품가격이 한계비용곡선과 일치되는 곳(B)에서 결정된다면, 상품가격은 상품생산에 들어가는 평균비용(P_0)보다 적기 때문에 기업은 손실(P_0ABE)을 보게 되어 시장실패의 현상이 발생하게 된다는 것을 알 수 있다.

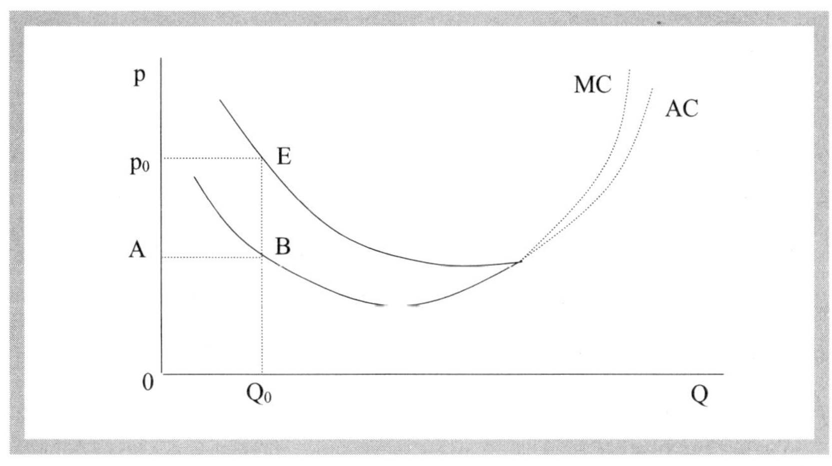

[그림 8-1] 비용체감산업의 생산량 결정

이와 같은 비용체감산업에 해당하는 예는 철도의 건설, 전력을 위한 댐의 건설, 그리고 통신시설 등을 위한 전주시설 등과 같이 시설 등에서 찾아볼 수 있다. 이들 산업들은 기본적인 시설을 갖추는데 막대한 초기자본이 요구되지만, 이것이 갖추어진 상태에서 추가적인 생산비용은 거의 없기 때문에 생산량이 증가할수록 단위당 생산비용이 더욱 감소하게 된다

(3) 공공재(public goods)

공공재는 두 가지의 특성을 갖고 있다. 하나는 한 사람의 소비행위

가 다른 사람의 소비행위에 영향을 미치지 않기 때문에 다른 사람과 상호간에 경합하지 않는다는 비경합성(non-rivalry)이고, 다른 하나는 대가를 지불하지 않아도 상품의 소비에서 배제할 수 없다는 비배제성(non-excludability)이다.

이와 같은 공공재의 특성에 의하여 소비자들은 상품가격의 지불 없이 상품을 소비할 수 있기 때문에 자원의 배분기능은 어렵게 된다. 또한, 소비자들은 상품가격을 지불하지 않기 때문에 상품가격은 0이 되므로 어느 기업도 이 상품을 생산하려고 하지 않을 것이다. 결국, 이러한 성격의 공공재는 시장실패의 원인이 된다.

비경합성과 비배제성에 의한 무임 승차자(free-riders) 문제 발생하게 된다. 이러한 가격의 지불 없는 소비참여가 이루어지게 되면, 시장에 의한 자원배분이 불가능하게 되므로, 이는 시장실패의 원인이 된다는 것이다.

그리고, 공공재의 추가적 소비에 소요되는 한계비용은 0이며, P = MC일 때 자원배분의 효율성 달성된다. 그렇다면, 효율적인 자원배분을 위한 상품의 가격도 당연히 0이 되어야 하지만, 어느 기업도 상품가격이 0인 상품을 생산하는 기업은 없을 것이다.

(4) 외부성(external effect)

시장에서의 균형은 소비자들의 상품 소비로부터 얻게 되는 편익과 기업이 상품생산에서 발생하는 생산비용의 균형에 의하여 이루어지고 있다. 그런데 생산된 상품에 의해서 발생하는 경제적인 효과가 시장내부적인 편익과 비용에 상정되어있지 않는 경우가 있다. 이러한 경제적 효과를 외부경제효과 또는 외부성이라고 하는데, 그 효과가 긍정적이면 외부경제효과(external economy)라고 하며, 부정적이면 외부불경제효과(external diseconomy)라고 한다.

예를 들어, 양봉업자는 주변의 꽃밭과 나무로부터 꿀의 원료를 제공받을 수 있었기 때문에 꿀을 생산할 수 있었다고 할 때, 꿀을 생산한 양봉업자는 꽃밭과 나무들의 소유주들에게 비용을 지불하지 않아도 된다. 즉, 주변의 꽃과 나무들은 꿀을 생산하는데 외부경제효과를 발생한 것이다. 그러나 이와는 반대로 주택지에 부근에 위해적인 시설이 입주해 들어 온 경우, 그 산업은 주택지의 거주자들에게 외부불경제효과를 발생하게 된다. 하지만, 그에 따른 비용을 지불하지 않는 경우가 많다.

즉, 외부경제 및 외부불경제효과가 발생할 경우 시장을 통하여 그에 따른 비용의 지불이 불가능하게 되어 시장의 실패가 발생하게 된다는 것이다.

(5) 불확실성(uncertainty)

완전경쟁시장은 시장에 참여하는 기업과 소비자들은 상품과 관련된 시장 내의 모든 정보를 완전히 갖고 있는 것으로 가정하고 있기 때문에, 기업과 소비자들은 시장에서 결정된 가격에 순응하여 행동한다고 보고 있다. 그러나 현실적으로 기업과 소비자들이 이와 같은 완전한 정보를 갖고 있다고 가정하기 힘들다. 이러한 현실을 인정한다면, 시장에서는 자원의 효율적인 배분이 달성되는 파레토 효율성의 달성이 가능하지 못하게 된다. 결국, 시장에서의 완전한 정보의 공유를 부정할 경우에는 시장의 실패가 발생하게 된다고 말할 수 있다.

K. Arrow는 비록 불확실성이 존재하더라도 미래의 모든 가능성에 대한 완벽한 보험이 제공된다면, 효율적인 자원배분이 가능하다고 하였다. 그렇지만, 완벽한 보험의 존재는 현실적으로 어렵다고 생각한다.

예를 들어, 한 소비자가 자동차보험을 가입하고서 동시에 보험을 생각하며 이전과 달리 위험한 행동을 지속한다면(도덕적 해이) 예측하지 못한 보험의 적용을 받을 수 없는 위험한 상황이 발생할 것이다.

2 정부의 실패(government failure)

정부는 시장의 안정적인 상태를 유지시키기 위하여 시장의 조절기능을 담당하고 있다. 그러나 이러한 조절기능을 발휘하기 위하여 정부는 각종의 다양한 경제정책을 사용하게 되지만, 이것이 오히려 시장의 효율성을 떨어뜨리기도 한다. 그리고 때로는 시장에 참여한 이들의 소득분배과정을 악화시키거나 별다른 효과가 발생시키지 않는 경우도 나타나게 된다. 이러한 현상이 발생하는 것을 정부의 실패라 한다.

아담 스미스(A. Smith)는, 시장에 모든 것을 맡겨두면 '보이지 않는 손'의 시장기능에 의해 자원은 가장 효율적으로 배분될 것으로 생각하고 있지만, 현실에서는 독과점, 외부효과, 공공재 때문에 시장의 실패가 발생하게 되므로 이를 해결하기 위해서는 정부의 시장개입이 필요하게 된다. 그러나 정부의 시장개입이 시장에서의 자원배분의 비효율성 치유 보다는 오히려 악화시키는 현상이 발생하게 된다. 정부의 실패는 이러한 경우를 의미하는 것이다.

미래학자 앨빈 토플러는 '부의 미래'에서 정부실패의 요인으로 '공공조직 비효율성' 제시하였으며, 이를 '속도의 충돌'이라는 관점에서 비판하였다. 즉, 기업의 변화 속도는 시속 100마일인데 비하여, 정부와 공공조직의 변화속도는 시속 25마일에 불과하여, 정부가 기업 속도마저 떨어뜨려 미래에 부를 창출하는 데 오히려 방해요인이 된다고 말하였다.

1) 정부실패의 원인

(1) 이익집단의 개입

각 산업분야는 자신들의 이윤극대화를 위하여 정부정책에 대해 압력을 행사하기도 하며, 자신들에 유리한 경제정책이 시행되기를 바라고 있다. 그러나 정부의 경제정책은 모든 산업에게 긍정적인 효과를 미칠 것으로 기대하기는 어려운 것이 현실이다. 이와 같은 상황에서 각 산업의 기업들이나, 사회단체, 정치단체, 소비자단체 등의 이익집단들은 자신들의 실리적 이익을 위하여 정부정책에 개입하고자 한다. 이러한 이익집단들의 실리가 반영된 정부의 경제정책은 시장의 왜곡현상을 발생시키게 되므로 정부실패의 원인이 될 수 있다.

(2) 정보의 한계와 시차문제

정부는 시장의 조절자 기능을 다하기 위하여 시장에서 발생하는 각종의 문제들에 대한 모든 정보를 갖고 있어야 하며, 이를 시정하기 위한 정부정책은 신속하게 시행되어져야 한다. 그러나 현실에 있어서 정부가 시장왜곡 현상발생에 대한 완전한 정보를 갖고 있다고 할지라도 이를 위한 정책마련과 시행되기까지에는 상당한 시차가 발생하게 된다.

이와 같은 시차의 발생은 정부정책의 실효성을 떨어뜨려 정부의 실패를 가져오게 하는 요인이 될 수 있다.

(3) 정부정책과 시장반응의 불일치

정부가 의도하는 정부정책의 결과는 시장에서 다르게 나타나는 경우를 보게 된다. 즉, 정부정책의 의도와 시장에서의 반응이 불일치하게 나타나는 경우이다. 예를 들어 정부가 기업의 생산활동을 촉진하기 위한 방안으로 소비자들의 소비효과를 높이는 정책을 사용하기로 결정하였으며, 그 정책의 하나로 은행의 대출이자를 낮추었다. 그런데 소비자들은 대출 받은 자금으로 기업의 생산품을 구매하기보다는 투기적인 목적으로 사용하였다면 정부의 정책은 의도한 결과를 얻을 수 없게 된다. 이는 오히려 시장의 안정성을 왜곡시키는 결과를 유발하여 정부의 실패를 발생시킨다.

제 9 장 소득분배의 원리

1 소득분배

1) 의 미

생산과정을 통하여 얻은 생산물은 시장의 수요자들에게 매매되어 그 대가를 받게 되며, 이는 다시 화폐의 형태로 생산과정에 참여한 생산요소의 공급자들에게 분배된다. 이렇게 생산요소(factors of production)의 공급자들이 그 대가를 나누어 받게 되는 것을 분배라고 말한다.

일반적으로 기업은 생산물 판매의 대가를 생산과정에 참여한 근로자들에 대한 임금, 토지임대에 대한 지대, 자본이용에 대한 이자 지불

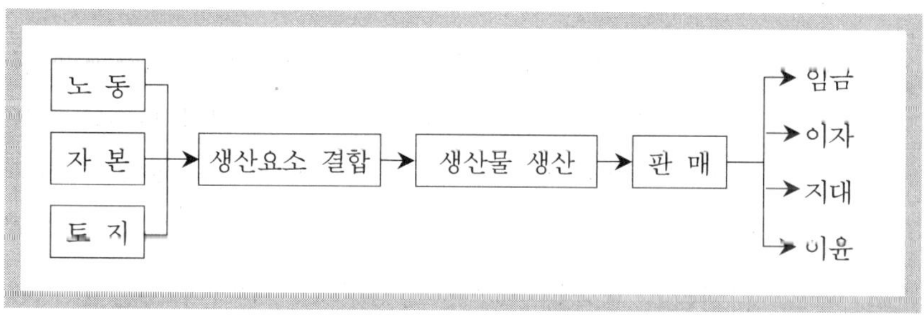

[그림 9-1] 분배과정

그리고 기업의 경영활동에 대한 이윤획득 등으로 거두어드린 소득을 분배하게 된다. 이러한 과정을 그림으로 나타낸 것이 [그림 9-1]이다.

2) 소득분배의 기본원리

(1) 한계생산력설(marginal productivity theory)

한계생산력설은 생산요소인 노동, 토지, 자본이 받게 되는 소득은 이들이 상품생산에 기여한 크기이며 그 크기는 생산요소의 한계생산력에 의하여 결정된다는 이론이다. 물론, 생산요소의 한계생산력은 상품의 특성이 노동집약적인 상품인지 아니면 자본집약적인 상품인지에 따라 영향을 받을 것이다.

(2) 세력설

자본가와 근로자계층의 대립과 세력관계에 의해서 소득분배의 정도가 결정된다는 이론이다. 만약 이들 세력간의 대립이 심하게 되면 정부는 조정기구를 구성하여 이를 조정하려고 한다. 이러한 이론은 상당히 정치·사회적인 논리를 중요시하고 있기에 이론적인 정립은 잘 되어있지 못하다.

(3) 수요·공급설

생산요소들 각각에 대한 수요와 공급 상황에 의하여 소득분배가 결정된다는 이론이다. 예를 들어, 노동시장에서의 노동력이 부족할 경우 기업들은 부족한 노동력을 생산과정에 투입하기 위하여 이들에 대한 임금을 올리게 될 것이다. 또한, 금융시장에서 기업에 투자할 자본이 축소된다면, 기업들은 부족한 자본을 경쟁적으로 얻어내려고 하기 때문에 이자율은 상승하게 된다. 이와 같은 생산요소 각각의 시장에서 발생하는 수요와 공급의 상황에 의하여 소득분배의 정도가 결정된다는 이론이다.

2 소득의 불평등

소득의 불평등은 사회에 심각한 문제를 발생시킬 수 있다. 첫째로는 빈곤층의 확대로 사회불안을 가져오며, 둘째, 소득계층간 교육과 정보의 불균형적인 획득 그리고 상품수요의 감소를 가져와 국내기업의 어려움을 가중시키게 된다. 결국 국내의 경제성장에 부정적인 효과를 미치게 된다. 이러한 이유로 소득의 심각한 불균등정도는 시정되어져야 한다.

소득분배가 평등하게 이루어진다는 의미는 10%의 계층이 전체소득의 10%를, 20%계층은 전체소득의 20%의 소득을 차지하는 것과 같이 어느 계층이 그 계층의 크기만큼 만의 소득을 차지하고 있다는 것을 의미하며, 그렇지 못한 경우를 소득의 불평등(불균등)이라고 한다. 이를 측정하는 방법에는 10분위분배율 및 5분위분배율, 로렌츠곡선, 지니계수 등이 사용되고 있다.

1) 10분위분배율(deciles distribution ratio, DDR)

10분위분배율은 구하기 위하여 먼저 모든 가구를 소득의 크기에 따라 10등분으로 나누고, 이들 각 10개 계층의 가구들이 경제전체의 총소득에서 차지하는 소득규모의 비율을 계산하여야 한다.

여기에서는 최하위 소득계층의 가구에 해당하는 10%의 소득계층을 1십분위라고 하며, 반대로 최상위 소득계층의 가구에 해당하는 10%의 소득계층을 10십분위라 한다.

세계은행(IBRD)에서는 [표 9-1]과 같이 10분위를 저소득층, 중산층, 고소득층 등 3계의 계층으로 구분하였으며, 저소득층은 1십분위 ~ 4십분위의 가구, 중산층을 5십분위 ~ 8십분위의 가구, 그리고 고소득층을 9십분위 ~ 10십분위의 가구에 해당한다.

10분위분배율은 최하위40%가 차지하는 소득을 최상위 20%가 차지하는 소득으로 나누어 구한 값이다.

DDR = 최하위40%가 차지하는 소득 / 최상위 20%가 차지하는 소득

이렇게 하여 얻은 10분위분배율의 값은 높을수록 균형분배 되어 있음을 의미한다. 그리고 45% 이상이 되면 고 균등분배가 이루어지고 있는 상태, 35% 이상이면 저 균등분배, 35% 이하이면 불균등분배를 의미한다.

[표 9-1] 10분위분배율 구조

제 1 십분위	저소득층(20%)
제 2 십분위	
제 3 십분위	
제 4 십분위	
제 5 십분위	저소득층(40%)
제 6 십분위	
제 7 십분위	
제 8 십분위	
제 9 십분위	고소득층(20%)
제10십분위	

2) 5분위분배율

5분위분배율은 모든 소득계층 가구를 5개의 계층으로 구분하여 소득이 높은 최 상위 20%(5분위)의 소득을 최하위 20%(1분위)의 소득으로 나누어 계산한다. 이 숫자가 클수록 소득불평등은 심하다는 것을 의미한다.

한국은 [그림 9-2]에 나타난 것과 같이 IMF 외환위기 이후 중산·서민층이 상대적으로 큰 타격을 받아 계층간 소득분배구조가 악화되었음을 알 수 있다.

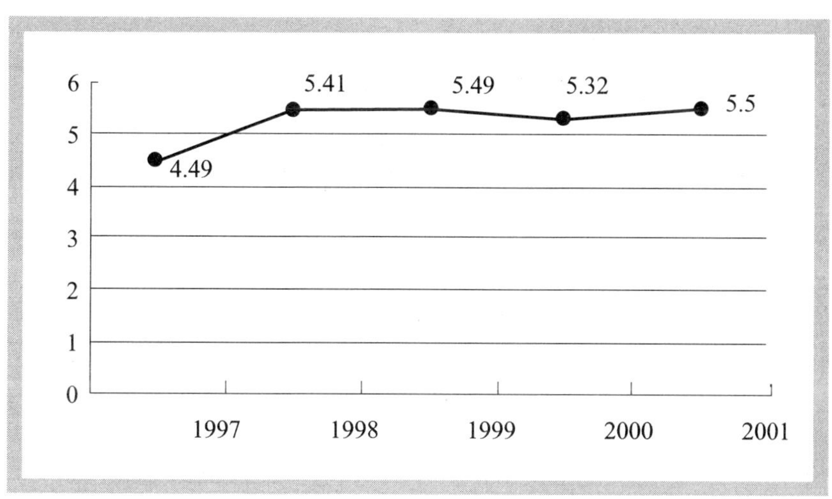

[그림 9-2] 5분위분배율(%)

[그림 9-3]에는 최근의 5분위 분배율 추이가 나타나 있다.

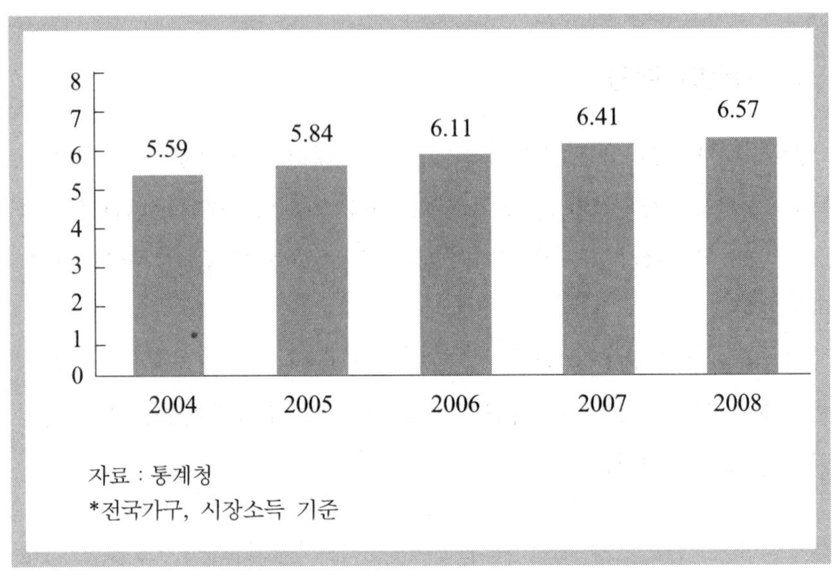

[그림 9-3] 최근의 5분위 분배율 추이

3) 로렌스곡선(Lorenz curve)과 지니계수(Gini coefficient)

로렌츠 곡선은 미국의 통계학자 로렌츠(M. O. Lorenz)가 창안한 소득분포의 불평등도를 측정하는 방법으로 횡축에 소득액 순으로 소득 인원수의 누적비율을, 종축에 소득금액의 누적비율을 나타내는 정사각형에 계층별 소득분포를 표시한 곡선이다. 이 곡선의 모양이 대각선인 45°를 나타내면 이는 계층별 소득분포가 완전히 균등한 상태임을 의미하며, 로렌츠곡선과 대각선 사이의 면적의 크기는 소득불평등도의 지표가 된다. 그러므로 이 면적이 크면 클수록 소득불평등도가 심하다는 것을 의미한다. 극단적인 경우로 한 사람이 모든 소득의 점유하고 있을 경우의 로렌츠곡선은 [그림 9-4]에서 OAB가 된다.

지니계수는 이탈리아의 통계학자 지니(G. Gini)에 의해 제시된 이

계수는 소득분포의 불균형도를 나타내는 데 사용되며, 이 값은 [그림 9-4]에 나타나 있는 것과 같이 로렌츠곡선에서의 완전균등도를 나타내는 대각선과 로렌츠곡선 사이의 면적(G)이 삼각형(△OAB)에서 차지하는 비율을 계산하여 얻게 된다.

지니계수 값은 0 ~ 1사이의 값을 갖게 되며, 0은 소득의 완전균등분배를, 1은 소득의 완전불균등분배를 의미한다. 일반적으로 지니계수의 값이 0.50이상이면 소득분배의 높은 불균등분배, 0.40 ~ 0.50이면 중간 정도의 불균등분배, 0.40보다 낮으면 낮은 불균등분배를 나타내는 것이다.

즉, 지니계수의 값이 작을수록 소득분포는 균등하다는 것이며, 높을수록 소득분포는 고소득계층에 집중되어 있다는 것을 가리킨다는 것이다. [그림 9-5]에는 최근의 지니계수 변화추이가 나타나 있다.

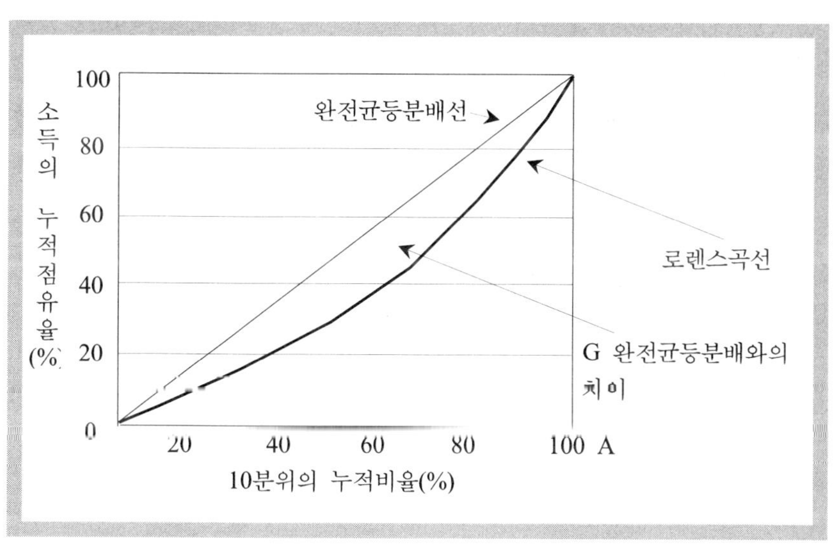

[그림 9-4] 로렌스곡선과 소득분배

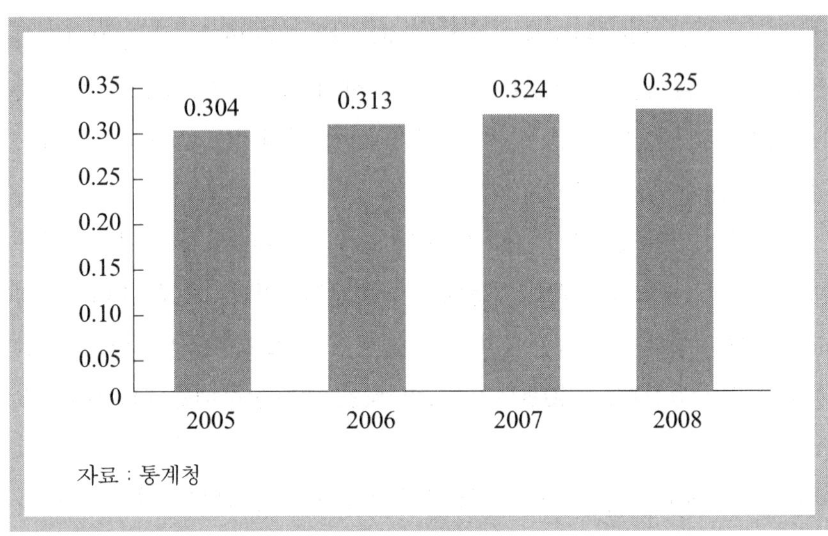

[그림 9-5] 최근 한국의 지니계수 변화 추이(2인 이상가구, 시장소득 기준)

그러나, 로렌츠곡선과 지니계수를 가지고 소득불균형을 명확히 설명하기는 쉬운 일이 아니다. 왜냐하면, 로렌츠곡선과 지니계수를 계산하기 위한 소득통계에 자본이득, 정부보조금, 세금 등은 제대로 반영되어 있지 않기 때문이다. 그리고 그 곡선과 계수의 변화를 가지고 전반적인 소득분배의 상황을 설명할 수 있지만, 각 계층 간의 상대적인 소득분배의 변화상황을 파악하기는 힘들기 때문이다.

3 이상적 분배

이상적인 소득의 분배는 생각과 같이 쉽지 않다. 생산과정에 참여한 이들에게 어떠한 기준에 의하여 소득을 분배하여야 하지만, 이들이 그 기준에 모두 동의한다고 보기 힘들기 때문이다. 다양한 소득분배의 방법 중 그래도 근로자들로부터 많은 지지를 받고 있는 것은 능력에 따른 분배방법이다. 그러나 이 방법은 개인 능력의 차이에 따른 불균형 소득분배현상이 발생할 수 있기 때문에 이상적인 분배방법으로 보기는 힘들다.

1) 능력에 따른 분배

많은 사람들이 지지하고 있는 분배는 근로자들의 능력을 기준으로 소득을 공평하게 분배하는 방법이다. 그러나 이 방법으로 소득이 분배된다면, 무능력한 사람들에게는 낮은 분배가 이루어질 수 없기 때문에 국가에서는 이들에게는 국민최저생계비를 설정하고 이를 보장하려고 한다.

그렇다면, 능력을 판단하는 기준에는 어떠한 것들이 있겠는가? 이에 고려될 수 있는 것은 근로자들의 노동시간과 노동의 생산성기준이며, 이 가운데 노동의 생산성기준의 개념이 더 받아들여지고 있다. 왜냐하면, 근로자들이 노동시간을 많이 갖는다고 해서 생산량이 반드시 노동시간의 증가만큼 증가한다고 보기 힘들다고 인식하고 있기 때문이다.

2) 평등분배

사람들은 능력에 따른 분배를 원하면서도 또 한편으로는 상대적인 소득격차의 축소를 위하여 어느 정도 평등한 분배의 원칙을 받아들이려고 한다. 물론, 국가 또한 국민들의 후생복지증대를 위하여 저소득자들에게 일정기준의 소득을 보전해주기 위한 경제정책을 사용하고 있기도 하다. 이는 피구(A. C. Pigou)의 국민소득 중에 가난한 사람에게 돌아가는 평균소득이 크면 클수록 경제적인 후생이 증가한다는 원리를 받아들이기 때문이다.

그러나, 평등분배의 원리를 쉽게 적용하기에는 상당한 어려움이 뒤따르게 된다. 이는 평등분배의 원리를 적용 시 발생할 수 있는 노동의 생산성 감소와 저축성향의 감소 때문이다. 이러한 이유로 평등분배의 원리는 저소득자들에 대한 소득보전의 방법으로서 보조적인 분배방법으로 받아들여지고 있다.

3) 이상적인 분배

자본주의 시장경제체제에서의 소득은 생산과정을 통하여 발생하게 되며, 그 이후에 소득분배가 이루어지게 된다. 그러므로 소득분배의 기준을 정할 때 먼저 고려되어져야 할 것은 어느 쪽에 더 비중을 두어야 하느냐이다. 즉, 소득분배를 생산과정에 중심을 둘 것인지, 아니면 소득분배 자체에 더 중심을 두고서 소득분배를 논할 것인지 이다. 아마도 생산과정에 중심을 두고서 소득분배를 논한다면, 노동의 생산성이 더 중요하게 받아들여져야 할 것이며, 분배방법에 중심을 두고서 소득분배를 논한다면 평등분배의 방법이 더 중요하게 받아들여지게 된다.

이상적인 소득분배의 방법은 이 두 가지가 적절히 고려되어져야 한다. 즉, 생산과정과 분배라는 것이 동시에 고려되어질 때 이상적인 소득분배가 실현될 수 있게 된다는 것이다. 결국, 이상적인 소득분배는 생산과정을 통한 능력에 따른 소득분배와 그 이후 저 능력에 의한 저소득자들에게 소득재분배의 방식을 추가적으로 사용하는 것을 의미한다.

4) 쿠즈네츠(S.S.Kuznets)의 U자 가설

미국의 경제학자인 쿠츠네츠는 세계 각 국의 소득통계자료를 이용하여 경제성장에 따른 소득분배상태의 공통점을 발견하였다. 이 공통점이 가설에 머무르고 있는 것은 주로 미국, 영국, 독일, 일본 등 선진국의 소득통계자료에서는 입증되었으나, 개발도상국들의 소득통계자료에서 입증할 만큼의 충분한 자료 없었기 때문이다.

쿠츠네츠의 U자 가설에서는 경제성장의 단계를 아래의 [그림 9-6]에서와 같이 5단계로 구분하고 있다. 즉, 전통사회단계, 경제발전의 초기단계, 경제발전의 진행단계, 경제발전의 성숙단계, 그리고 고소득단계이다.

전통사회단계를 지나 경제발전 초기 단계에서는 소득분배가 비교적 균등하게 이루어지고 있지만, 모두가 균등하게 가난한 단계이기 때문에 절대빈곤의 문제가 존재하게 된다.

경제발전의 진행 단계에서는 경제발전을 위한 자본이 부족하기 때문에 특정산업부문에 집중적인 지원과 육성이 이루어지기 때문에 소득분배상황이 악화되게 된다. 즉, 발전초기단계에서의 절대빈곤의 문제는 해결하였으나, 상대적 빈곤문제가 심각하게 나타난다.

그리고, 경제발전 성숙 단계에 들어서면 정부는 지역 및 산업의 균형성장정책을 실시하여, 소득불균형에 의한 상대적 빈곤문제를 해결하기 위한 노력을 다하게 된다. 예를 들어 의료보험제도, 최저임금제, 실업보험 등 사회보장제도를 도입하게 된다는 것이다. 이와 같은 소득재분배정책실시를 통한 소득격차문제의 해결노력은 소득의 불균형분배상황을 개선시키게 된다.

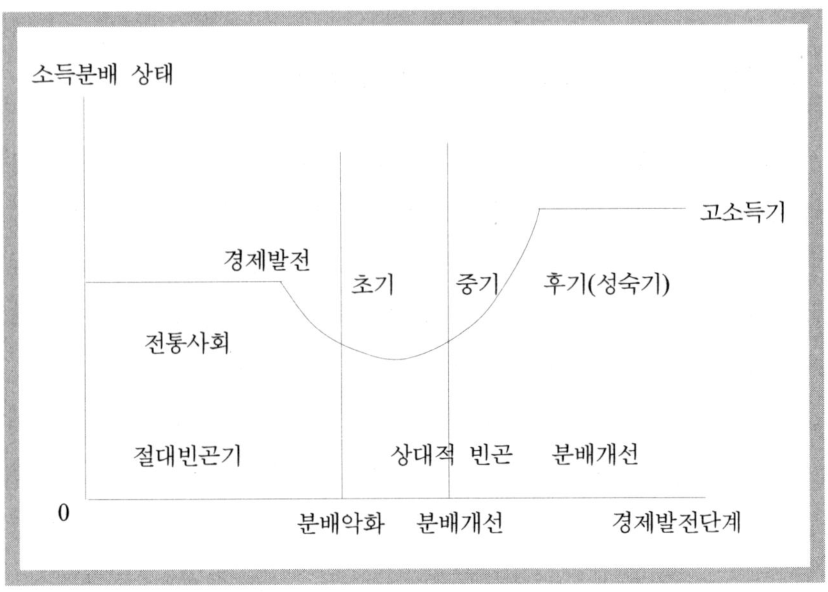

[그림 9-6] 쿠즈네츠의 U자 가설

제10장 | 총수요와 총공급

상품의 총수요(aggregate Demand, AD)는 가계의 소비재 수요, 기업의 생산재 수요, 정부의 상품수요, 해외의 국내 상품수요(국내의 수출상품)등을 합한 것이기 때문에, 이들에 의하여 총수요의 크기는 결정된다. 그리고 총공급(aggregate supply, AS)은 한 국가의 기업에서 생산된 최종재와 서비스의 양을 합한 것이며, 총공급의 크기는 임금,

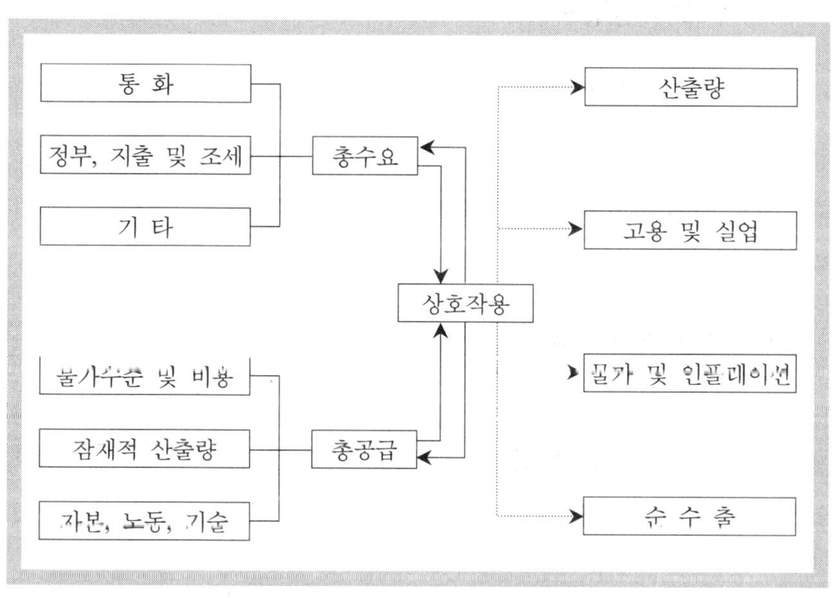

[그림 10-1] 총수요와 총공급

이자율, 물가, 기술향상, 정부정책 등에 의하여 영향을 받는다.

[그림 10-1]에서는 총수요와 총공급의 관계와 이의 상호작용에 따른 변화부분을 설명하고 있다.

1 총수요(aggregate Demand, AD)

총수요는 일정기간 동안의 가계, 기업, 정부 및 해외에서의 수요를 합한 것으로, 상품수요의 대상들이 주어져 있는 상품의 물가수준에서 구입하고자 하는 총수요량을 말한다. 그리고 총수요량은 상품에 대한 물가수준, 정부지출의 규모, 통화량변화, 조세변화 등에 의해서 영향 받는다.

1) 총수요의 결정요인

(1) 소비자들의 소비지출

소비자들의 소비지출은 이들이 거두어들인 소득에서 조세지출은 뺀 나머지인 가처분소득과 함께 그들이 갖고 있는 그 이외의 소비자들의 부에 의해서 결정된다.

(2) 기업의 투자지출

기업의 투자지출은 이윤창출을 위해 이루어지는 자본설비의 구매와 생산계획 등에 지출되는 것으로, 이를 결정하는 것은 자본이용에 영향을 주는 이자율과 금융이용조건, 생산계획량, 그리고 기업이 예측한 생산품에 대한 구매고객들의 반응 등이다.

(3) 정부지출

정부지출은 정부가 정부조직 및 민간 복지후생을 위하여 구입하는 재화와 용역에 대한 지출이다. 정부지출의 변화는 총수요증가를 통한 경제활성화를 가져오게 한다.

(4) 순 수출(X-M)

순 수출은 해외부분의 수요량 변화에 따른 수출량을 의미한다. 국외 국가들의 경제성장은 국외상품에 대한 수입량 증가로 연결되기 때문에 국내 상품에 대한 총수요는 증가하게 된다.

2) 총수요곡선

총수요곡선은 물가와 총수요측면에서 결정된 균형국민소득간의 관계를 보여주는 곡선이며, 균형국민소득은 실물시장 하에서 이자율과 국민소득 사이의 관계를 나타내는 IS곡선(이자율에 따른 투자와 저축의 관계를 나타내는 곡선)과 화폐시장 하에서 이자율과 국민소득 사이의 관계를 나타내는 LM곡선(이자율에 따른 화폐의 수요량의 관계를 나타내는 곡선)이 만나는 점에서 결정된다.

IS 곡선은 이자율이 하락하면 투자는 증가하게 되고, 투자가 증가하려면 저축의 증가와 국민소득이 증가하어야 한다. 그러므로 IS곡선은 이자율과 국민소득의 관계에서 이자율이 하락하면 국민소득이 증가하는 형태를 나타내기 때문에 우하향하는 곡선의 모양을 갖게 된다.

LM 곡선은 이자율이 하락하면 화폐수요가 증가하게 되며, 일정 화폐량에서 화폐수요가 증가하게 되면 상대적으로 화폐공급이 감소하게 되어 국민소득은 감소하게 된다. 그러므로 LM곡선은 이자율이 하락하면 국민소득이 감소하는 형태를 나타내기 때문에 우 상향하는 곡선의 모양을 갖게 된다.

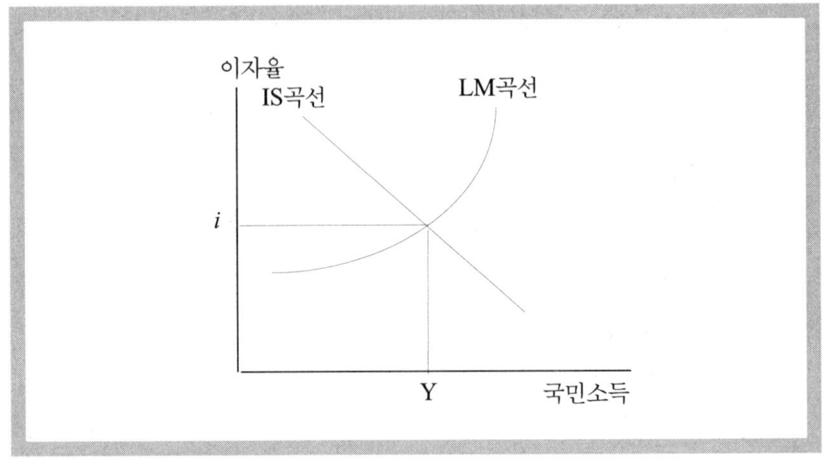

[그림 10-2] 재화시장과 화폐시장의 동시균형

(1) 총수요곡선의 도출

총수요곡선의 도출은 물가가 변화할 때 IS-LM모형에서의 균형국민소득이 어떻게 변하는가에 따라 도출된다. 즉 물가가 상승하게 되면 동일한 양의 통화(화폐)를 가지고 살 수 있는 물건이 적어지게 되므로, 이전과 동일한 물건을 사기 위해 필요로 하는 통화의 수요량은 증가하게 된다. 그렇기 때문에 물가가 상승하게 되면 그에 따라 통화수요가 증가하게 되고 그 결과 LM곡선은 좌측으로 이동하게 된다. 이렇게 되면, 균형국민소득은 감소하게 된다.

그리고 물가가 상승하게 되면 필요한 통화수요량이 증가하게 되어 통화시장에서의 이자율은 상승하게 되며, 이것은 투자의 감소로 연결되어 총수요의 감소로 나타나게 된다. 반대로 물가가 하락하게 되면 총수요는 증가하게 된다.

총수요곡선은 위에서 논의된 총수요의 결정요인들의 합에 의하여 그려지게 된다. [그림 10-3]에는 소비자들의 소비, 기업의 투자, 정부의 정부지출, 그리고 순수출의 합에 의하여 결정된 총수요곡선이 도출되어 있다.

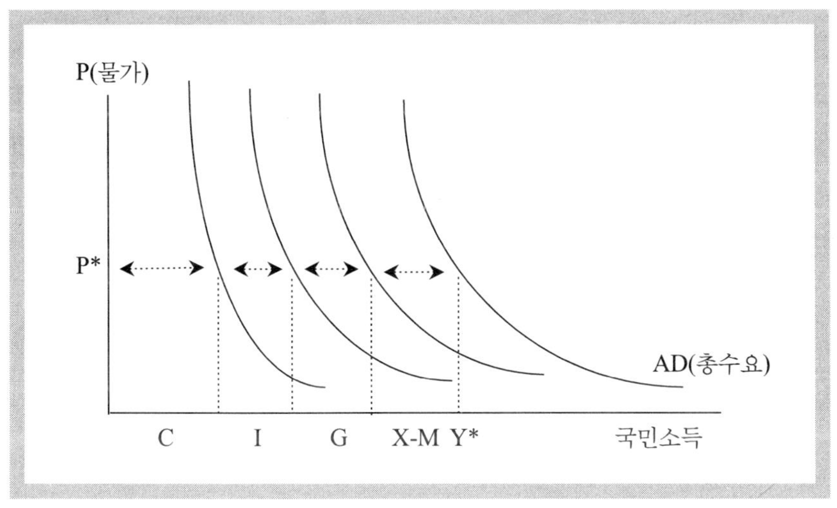

[그림 10-3] 총수요곡선 도출

(2) 총수요곡선의 우 하향 이유

총수요곡선이 우 하향하는 이유는 상품의 가격이 상승하면, 소비자들은 그 재화를 수요를 줄이고 상대적으로 저렴한 대체재인 상품으로 수요를 전환하게 된다는 일반 수요의 원리가 적용되기 때문이다. 또한, 상품가격의 상승은 주어진 소득으로 소비지출하는 소비자들이 상품구매의 양을 감소시키므로 총수요곡선은 우 하향하게 나타난다.

그러나, 상품가격의 하락이 반드시 총수요를 감소시킨다고는 보기 힘들다. 1차적으로 가격이 상승된 상품의 수요는 감소하여 총수요는 감소한다고 말할 수 있지만, 2차적인 영향으로 가격이 상승된 상품의 대체재인 상대적으로 저렴한 상품에 대한수요가 1차적인 상품수요의 감소분 보다 더 증가하게 된다면 오히려 총수요는 증가하게 되기 때문이다.

그리고, [그림 10-4]에 나타난 것과 같이 물가수준이 상승하면 총수요량이 감소한다는 것에도 예외적인 현상이 발생할 수도 있다. 그 이유는 다음과 같다. 물가상승이 발생할 때 소비자들의 임금이 동반되어 물가수준의 상승분과 동일한 만큼 또는 그 이상의 상승이 이루어진다면 총수요는 이전과 동일하거나 증가하게 된다. 즉 물가수준의 상승은 반드시 전체구매력의 상실을 의미하지 않는다는 것을 의미한다.

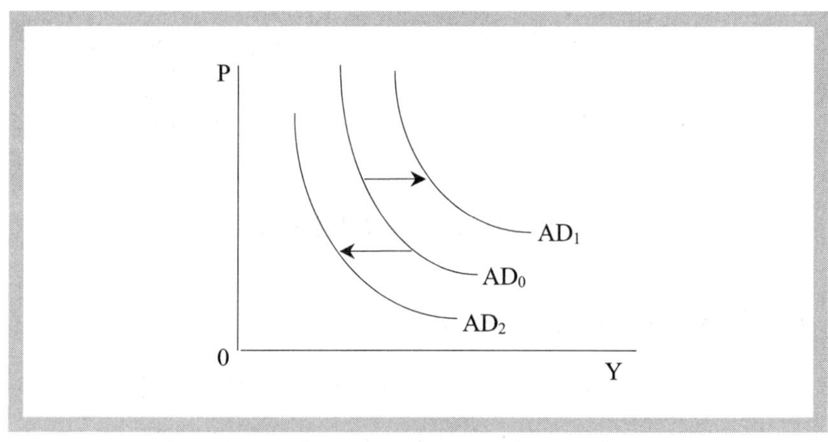

[그림 10-4] 총수요곡선의 이동

(3) 총수요곡선의 이동

총수요곡선은 물가수준을 제외한 총수요에 영향을 미치는 모든 요인(정부지출, 통화량, 조세 등)등이 변화한다면, 총수요가 증가하거나 감소하게 되어 총수요곡선은 오른쪽(AD_1) 또는 왼쪽(AD_2)으로 이동한다. 즉, 소비자들의 소득의 증가요인이 발생하였거나 그 이외의 소비자들의 부가 증가하게 되었을 경우 총수요곡선은 오른쪽으로 이동하고 그 반대의 경우는 왼쪽으로 이동하게 된다는 것이다. [그림 10-4]에는 총수요곡선의 이동이 나타나 있다.

[표 10-1] 총수요의 증가 및 감소 요인

분 야	총수요 증가요인	총수요 감소요인
재정정책	세율인상, 정부지출감소, 이전지출감소	세율인하, 정부지출증가, 이전지출증가
금융정책	통화공급감소, 이자율상승	통화공급증가, 이자율하락
기 대	기대inflation율 하락, 기대소득감소, 기대이윤감소	기대inflation율 증가, 기대소득증가, 기대이윤증가
해외요인	원화가치상승, 해외의 소득감소	원화가치하락, 해외의 소득하락

출처 : 이관두, 『경제학원론』, 청목출판사, 1996, p.494, 재 작성.

2 총공급(Aggregate Supply, AS)

총공급은 기업들이 물가수준, 생산요소의 가격, 기업가들의 생산능력과 비용수준을 고려하면서 주어진 기간 동안에 생산 및 판매하려고 하는 산출량이다. 다시 말하면, 한 국가에 소속되어 있는 모든 기업들에 의하여 생산되는 모든 산출량의 합이다.

1) 총공급의 결정요인

기업들은 상품의 생산능력 수준과 생산비용 그리고 물가수준 및 기타조건들이 주어져 있을 경우, 시장에 상품을 어느 정도 공급할 것인지를 결정하게 된다. 물론, 총수요가 증가하면 그에 대한 영향으로 총공급이 따라 증가하게 된다.

(1) 임금과 물가

임금상승은 근로자들에게 노동력 제공의 의욕을 증가시켜 생산과정에의 참여율은 높아지고 그 영향으로 상품생산량은 증가시키게 한다. 그리고 물가상승은 이윤극대화를 목적으로 하는 기업에 생산증가의욕을 높이게 하여 상품의 생산량은 증가하게 된다.

(2) 노동력의 변화

기본적으로 노동력이 증가하면, 생산량은 증가하고 노동력이 감소하게 되면 생산량은 감소하게 된다. 즉, 노동시장에 충분한 노동력이 존재하여 이들이 상품생산에 노동력을 제공하게 된다면 전체적인 시장으로의 상품 공급량은 증가하게 된다.

(3) 자본의 증가

기업이 생산 활동을 유지하는데 필요한 자본의 양이 충분히 존재한다면, 상품의 생산을 위한 새로운 시설투자와 함께 생산량을 증가시킬 수 있게 된다. 그리고 금융시장에 존재하는 충분한 자본은 자본이용에의 이자율 하락으로 생산비용을 낮출 수 있어 상품판매경쟁력은 증가하게 된다. 이로 인하여 기업의 총생산 즉, 총공급은 증가하게 된다.

(4) 기술혁신

기업의 지속적인 기술혁신은 상품 생산비용의 감소 내지는 생산량의 증가를 가져오게 한다.

(5) 정부정책

정부는 기업과 소비자들에게 다양한 경제정책을 사용하여 경기를 부양시키기도 하며, 경기를 안정화시키기도 한다. 그 가운데 개인에 대한 소득세의 경감이나, 기업에 대한 법인세의 인하 등은 기업의 상품 생산량을 증가시키는 효과를 발생시키게 된다.

2) 총공급곡선

(1) 단기 총공급곡선의 도출

단기에서는 재화와 서비스의 가격인 상품의 가격은 변동할 수 있지만 생산요소가격은 변동하지 않는다고 간주하며, 장기에서는 생산요소가격도 변동할 수 있다고 본다. [그림 10-5]에는 단기에서의 총공급곡선이 나타나있다.

① 극단적 케인즈 영역(AS곡선이 수평) : 계속되는 불황 시에 나타나는 현상을 단순한 형태로 설명한 것이다. 불황 시에 기업은 유휴자원이 충분히 남아 있어 가격의 상승 없이 산출량이 증가될 수 있으며, 기업은 더 많은 양의 상품을 팔기 원할 것이다. 즉, 물가의 변화가 없는 상황에서도 기업은 생산량을 증가시키려 하기 때문에 공급량은 증가하게 된다. 이러한 상황을 반영하고 있는 것이 극단적인 케인즈 영역으로 이 때의 총공급곡선은 수평의

형태을 갖는다.

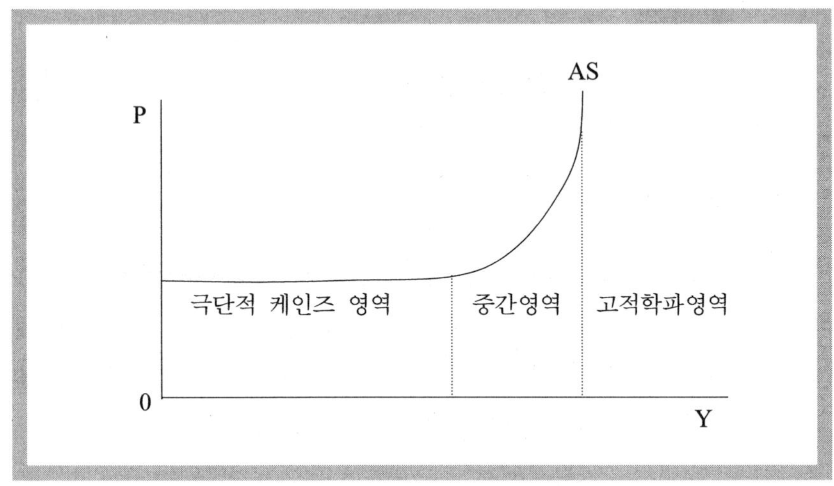

[그림 10-5] 단기에서의 총공급곡선

② **고전학파영역**(AS곡선은 우상향) : 고전학파이론에서는 모든 자원이 완전고용수준 이르고 있으며, 임금과 물가가 서로 완전히 신축적으로 반응한다고 보고 있다. 또한, 시장의 모든 참가자들은 시장가격에 대한 완전한 정보를 갖고 있다고 가정하고 있기 때문에 고전학파가 생각하는 총공급곡선의 형태는 완전 수직의 형태이다.

즉, 고전학파는 기업이 어느 상황까지는 물가상승에 따라 고용증가, 생산설비 확충 등을 통하여 시장에 상품 공급량을 증가시키게 되지만, 이것이 더 이상 가능하지 못한 한계상황에 다다르면, 물가가 상승하더라도 기업은 생산량의 공급을 늘리지 못하게 된다는 것이다. 이러한 경우의 총공급곡선은 수직선이 된다는 것이다.

③ **중간영역** : 케인즈학파와 통화주의학파의 중간영역에서는 임금은 단기에서 완전 경직이나 완전 신축적이라고 생각하지 않으며, 노동의 공급은 현재 임금 및 물가수준에 의하여 결정된다고 본다. 그리고 노동의 공급은 실제의 임금과 물가수준을 명확히 반영하였다고는 보기 힘들기 때문에, 이렇게 명확히 반영되지 않은 상태에서 생산되어 공급되는 상품량을 반영하는 총공급곡선은 우하향하는 형태를 나타내게 된다.
이와 같은 중간영역에서는 물가상승은 고용량 증가로 연결되고, 이는 총생산함수를 통하여 총 생산량을 증가시킨다.

(2) 총공급곡선의 이동

총공급곡선은 총공급의 결정요인들의 변화에 의하여 [그림 10-6]에서와 같이 이동하게 된다.

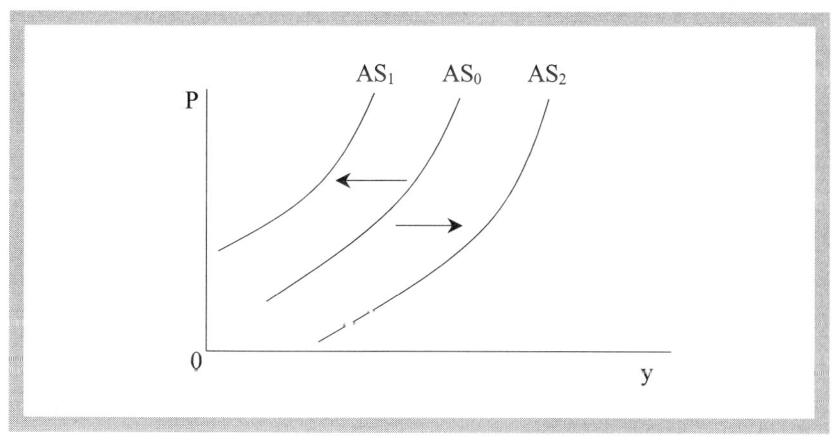

[그림 10-6] **총공급곡선의 이동(케인즈학파모델)**

[표 10-2] 단기 및 장기 총공급의 증가 및 감소 요인

분 야	총공급 증가요인	총공급 감소요인
생산요소	생산요소 공급증가	생산요소 공급감소
기 술	기술향상	기술하락(정체)
정부정책	소비 및 투자 유인정책 실시	소비 및 투자 유인정책의 부족

출처 : 이관두, 『경제학원론』, 청목출판사, 1996, p.503, 재 작성.

3 고전학파 및 케인즈학파모델에서의 총수요곡선 이동효과

1) 고전학파 모델에서의 총수요곡선 이동효과

고전학파의 모델에서는 총수요곡선(AD)이 이동하여 물가수준은 하락하게 되지만 [그림 10-7]에서와 같이 산출량과 고용수준은 변하지

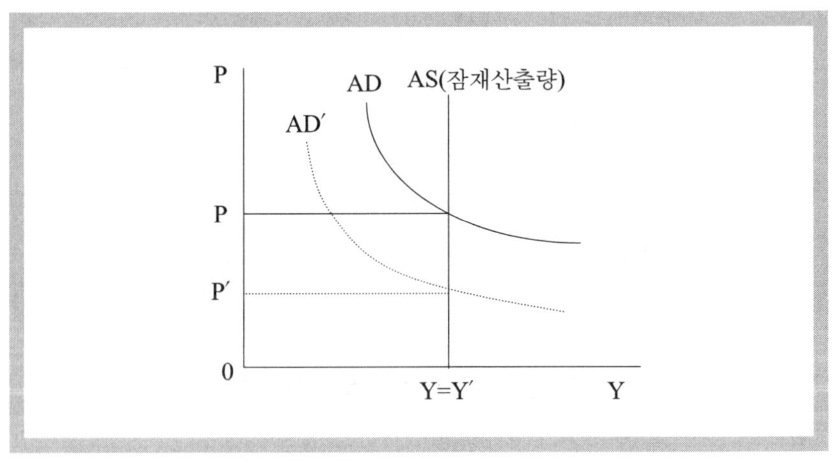

[그림 10-7] 고전학파 모델의 AD와 AS

않는다. 그러므로 노동의 고용은 완전고용수준에 있게 되며, 상품의 산출량은 잠재산출량수준에 있게 된다.

2) 케인즈학파 모델에서의 총수요곡선 이동효과

케인즈학파는 고전학파와는 달리 기업의 상품생산량 결정은 소비자의 소비재 수요량과 기업의 투자량에 의하여 결정된다고 가정하고 있으며, 임금과 물가는 하방 경직적으로 움직이기 때문에 케인즈학파에서의 총공급곡선의 형태는 수평선이거나 우 하향하는 형태를 갖게 된다.

[그림 10-8]에서와 같이 총수요가 a점에서 총공급과 만난다면 균형 산출량은 잠재적인 산출량보다 훨씬 아래에서 결정된다. 이는 신축적이지 못한 임금과 물가의 반응으로 경제가 신속하게 잠재적인 산출량 수준으로 상승하지 못하기 때문이다. 케인즈는 여기에 직접적인 영향을 미치는 것은 실업이라 생각하였으며, 이러한 영향으로 a점과 같은 고 실업의 상태에서 경제가 유지된다고 보았다. 그리고 이와 같은 실업을 해결하기 위해서는 재정정책을 통한 총수요곡선의 상승이 있어야 하며, 그 결과 산출량은 새로운 균형점 b로 증가(Y → Y')한다고 하였다.

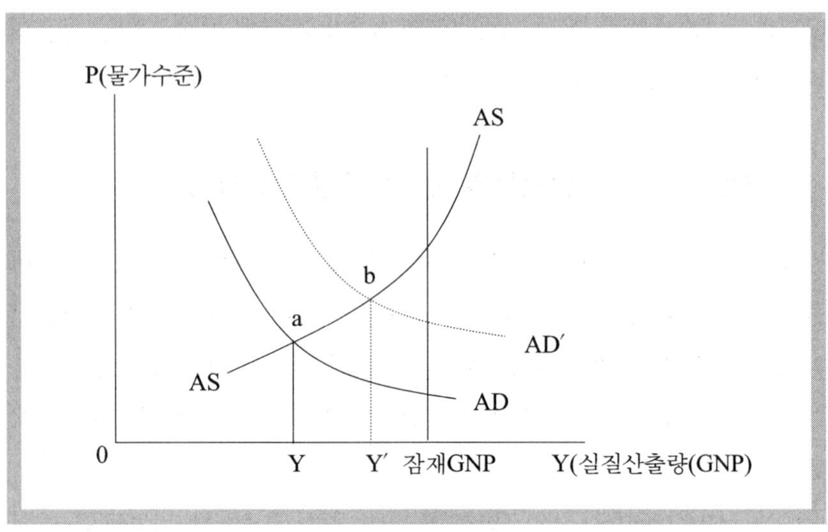

[그림 10-8] 케인즈학파 모델의 AD와 AS

제11장 물가와 인플레이션

1 물 가

일반적으로 대부분의 상품가격은 상승을 지속하지만, 상품의 기술혁신이 지속적으로 이루어지는 현대에 들어와서는 하락하는 경우도 많이 나타나고 있다. 예를 들어, 컴퓨터, TV, 휴대폰 등이 그러한 경우이다. 물론 상품과 서비스의 가격은 동일한 기간 중 상승 및 하락하는 폭이 다르다.

물가는 다양하게 개별상품들의 변동하는 상품가격을 종합하여 국민경제의 전체적인 가격수준으로 나타내는 것이다. 쉽게 표현한다면, 다양한 개별상품들의 평균적인 가격수준을 나타낸 것, 다양한 상품과 서비스의 가격을 일정한 방법으로 종합한 평균값이다.

이러한 평균값의 변화는 물가지수로 나타나며, 이 값이 의미하는 것은 상품·서비스가 화폐에 대하여 갖는 교환가치이다. 우리나라에서 작성하고 있는 물가지수의 종류에는 크게 소비자물가지수, 생산자물가지수, 수출입물가지수 등이 있다.

1) 물가지수(PI)

화폐의 가치는 화폐의 일반적인 상품과 서비스의 구매력을 의미하는데 이것을 표시하는 것이 물가지수(price index)이다.

물가지수는 물가의 변동을 나타내는 지수이며, 물가변동을 쉽게 파악할 수 있도록 기준시점의 물가를 100으로 정해 두고 비교되는 다른 시점의 물가를 이것의 백분비로 표시한다. 예를 들어 2000년을 기준시점으로 할 때, 2002년도의 물가지수가 110으로 나타났다면, 이것은 기준시점인 2000년 보다 물가가 10% 상승하였다는 것을 의미하는 것이다.

물가지수는 측정목적에 따라 상품의 거래액과 소비 지출액을 기준으로 선정된 대표적인 상품의 가격을 일정기간 조사하여 얻게 된다. 물가지수는 크게 상품생산자의 1차 거래단계에서의 거래액을 나타내는 생산자물가지수(producer price index, PPI)와 가계의 소비 지출액을 나타내는 소비자물가지수(consumer price index, CPI)로 구분한다.

(1) 생산자물가지수(PPI)

생산자물가지수는 생산자가 판매하는 단계에서 모든 재화 및 서비스의 평균적인 가격변동을 측정하기 위해서 작성되는 지수이며, 1992년까지는 도매물가지수라 불리어졌다.

생산자물가지수 작성에는 국내생산으로 국내에서 판매가 이루어지고 있는 재화와 서비스의 평균적인 가격변동을 측정한다. 여기에는 소비재 이외의 기업이 구매하는 원자재나 자본재 등도 포함된다. 여기서 사용되는 가격은 국산품과 수입품을 구분하여 국산품의 경우는 생산자 판매가격, 즉 공장도 가격이며, 수입품은 수입업자의 상품판매가격이다. 물론, 모든 상품을 대상으로 하는 것은 아니며 상품부문별로 가격변동의 대표성이 있는 품목을 선정하여 작성하게 된다.

생산자물가지수는 2000년 기준지수에서 거래액이 국내시장에서 거래되는 상품거래 총액의 1/10,000 이상이 되는 품목(서비스는 1/2,000 이상인 품목)으로서 923개(상품 846개, 서비스 77개) 품목이 조사대상이다. [그림 11-1]에는 2000년 이후 국내 생산자물가지수 추이가 나타나 있다.

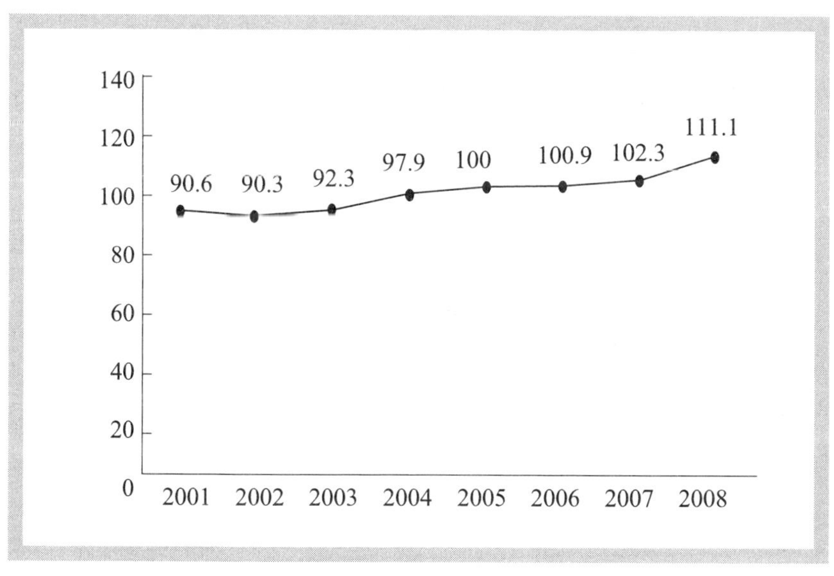

[그림 11-1] 국내 생산자물가지수 추이(2005=100)

(2) 소비자 물가지수(CPI)

소비자물가지수는 농어촌가구 및 1인 가구를 제외한 일반 도시가구가 소비생활을 위하여 구입하는 재화와 서비스의 가격변동을 종합적으로 측정하기 위하여 작성되는 것이다. 그리고 전 도시가구의 최종 구입단계에서의 물가변동을 파악하기 때문에 소비자물가지수로 일반

도시가구의 평균적인 생계비 내지는 소비자 구매력을 측정할 수 있게 된다.

즉, 소비자물가지수는 소비자가 소비생활을 위하여 구입하는 재화의 가격과 서비스요금의 변동을 조사함으로써 도시가계의 평균적인 생계비 내지는 구매력의 변동을 측정하기 위한 지수이다.

소비자물가지수는 2000년 기준지수에서 소비자물가지수의 조사대상 지역은 서울을 비롯한 36개 주요 도시이며, 조사대상품목은 가계소비 지출 중에서 차지하는 비중이 1/10,000이상인 516개 품목(상품 357개, 서비스 159개)이다. [그림 11-2]에는 2000년 이후 국내 소비자물가지수 추이가 나타나 있다.

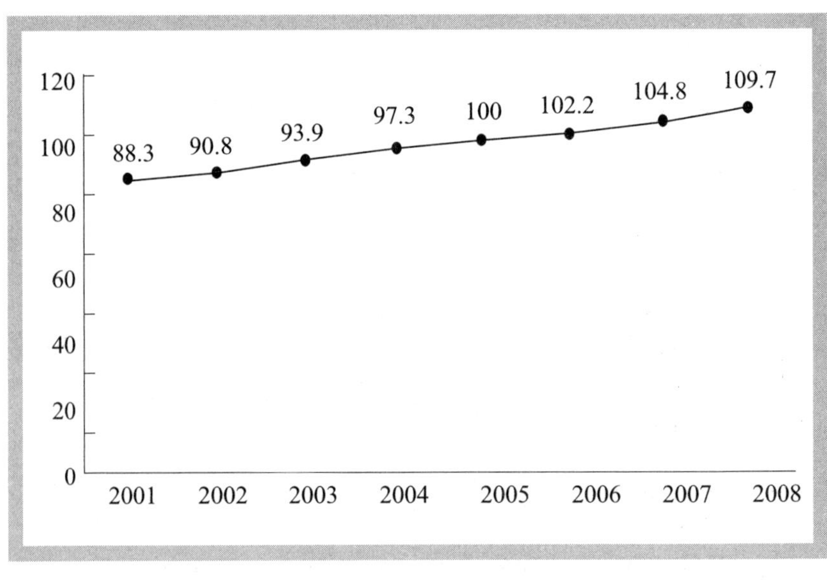

[그림 11-2] 국내소비자물가지수 추이(2005=100)

(3) 생산자물가지수와 소비자물가지수의 비교

생산자물가지수와 소비자물가지수는 조사목적 및 대상의 차이로 서로 동일 방향으로 변동하기도 하지만, 반드시 그런 것은 아니다. 이는 생산자물가지수가 전반적인 상품의 수급동향을 측정하는 반면에, 소비자물가지수는 소비자 구매력의 변화를 측정하는 것이기 때문이다. 즉, 기본적으로 두 물가지수는 작성목적이 다르기 때문에 조사대상품목도 다르므로 그 결과도 다를 수 있다는 것이다.

예로서 생산자물가지수는 소비자물가지수에 포함되어 있지 않는 원자재, 기계류 같은 자본재를 조사대상으로 포함하고 있는 반면, 소비자물가지수는 생산자물가지수에 포함되어 있지 않는 교육비, 교통요금, 외식비 등 각종 서비스요금을 조사대상으로 포함하고 있다.

그리고 두 물가지수는 상품가격을 조사하는 단계가 다르다. 즉, 생산자물가지수는 생산자 판매단계인 공장도 가격이나 수입품 판매가격을 조사하지만, 소비자물가지수는 소비자 구입단계인 소매가격을 조사하게 된다. 그 결과 소비자물가지수에는 생산자물가지수에서 포함하고 있지 않는 중간단계의 유통마진과 부가가치세, 방위세, 교육세 등 각종세금이 포함되게 된다.

또한, 생산자물가지수와 소비자물가지수는 작성목적이 다르기 때문에 동일한 품목이라도 두 물가지수에 적용하는 가중치가 서로 다르다. 이로 인하여, 생산자물가지수의 가중치는 생산자가 판매한 각 품목의 판매총액을 기준으로 하기 때문에 생산자 판매액이 큰 품목이 큰 비중을 차지하지만, 소비자물가지수의 가중치는 도시가구가 각종 재화 및 서비스의 구입에 지급한 금액을 기준으로 하기 때문에 도시가구의 소비 지출액의 비중이 큰 품목이 큰 비중을 차지하게 된다.

2) GNP디플레이터와 생활물가지수

(1) GNP디플레이터

GNP디플레이터는 생산자물가지수와 소비자물가지수에 비하여 종합적인 물가지수를 나타내는 것이다. 이것은 상품군의 가격변동을 측정하는 것이 아니라, 실제로 매년 무엇이 생산되었느냐에 따라 변동하는 상품군의 가격을 측정하는 것이다. 그러므로 GNP디플레이터는 물가지수를 구하려는 당해연도의 생산량을 가중치로 삼아 물가동향을 파악하는 성격을 갖는 지수라 말할 수 있다.

(2) 생활물가지수

소비자물가지수의 보조지수로서 작성되고 있는 생활물가지수는 소비자물가의 조사대상품목 중 소비자들의 기본 생필품 156개를 선정하여 이들의 평균적인 가격변동을 나타낸 지수를 말한다. 이 지수를 통하여 소비자들이 직접적으로 피부로 느끼는 장바구니 물가의 정도를 파악할 수 있다.

조사대상품목은 3개의 군으로 나누어진다. 첫째는 매달 1회 이상 구입하는 기본생활 필수품, 둘째는 3개월에 1회 이상 구입하는 생필품, 셋째는 자주 지출하는 것은 아니나 소비지출의 비중이 높은 품목 등이다.

2 인플레이션(Inflation)

인플레이션은 물가수준이 지속적으로 현저하게 상승하는 현상이며,

물가가 조금씩 상승하는 현상을 의미하는 물가상승과는 차이가 있다. 즉, 물가가 단순히 조금씩 상승한다고 하여서 그것이 인플레이션을 유발하는 것은 아니기 때문이다. 그리고 일부의 상품가격이 상승하여도 또 다른 상품들의 가격하락으로 가격상승 분이 상쇄될 경우에도 인플레이션은 발생하지 않는다.

인플레이션을 측정하기 위해서는 일반적으로 국민소득에 영향을 미치는 모든 물가요인을 포괄하고 있는 GNP디플레이터가 주로 이용된다.

1) 인플레이션의 유형

(1) 시장메커니즘의 작용 여부에 의한 분류

① 개방형 인플레이션(open inflation) : 시장에서 상품에 대한 초과수요가 발생하는 경우에 통상적으로 나타나는 물가상승으로 인하여 발생하는 인플레이션을 개방형 인플레이션이라 한다.

② 억압형 인플레이션(repressed inflation) : 정부는 갑작스럽게 발생하는 물가상승을 억제하기 위하여 상품가격을 규제하는 정책을 사용하게 되며, 정부는 이러한 정책으로부터 상품수요자들의 과열된 수요를 감소시켜 물가지수의 상승을 억제하는 효과를 기대한다. 그러나 그 기대와는 달리 오히려 암거래 상품시장이 형성될 수 있으며, 실제물가수준은 크게 상승할 수도 있다.

그 이후 그러한 억압적인 상품가격규제가 해제된다면, 물가는 급격히 상승하여 인플레이션을 발생할 수 있게 된다. 이러한 상황에서 발생하는 인플레이션을 억압형 인플레이션이라 한다.

(2) 진행속도에 따른 분류

① 서행성 인플레이션(creeping inflation) : 서행성 인플레이션은 연간 물가상승률이 10% 미만이면서 인플레이션에 대한 기대를 발생시키지 않는 인플레이션이다

② 주행성 인플레이션(galloping inflation) : 주행성 인플레이션은 연간 물가상승률이 10% ~ 100% 이상이며 물가상승이 점차 가속화되는 경우의 인플레이션이다.

③ 초 인플레이션(hyperinflation) : 초 인플레이션은 연간 물가상승률이 100% 이상이며 물가상승이 더욱 가속화되는 경우의 인플레이션이다.

(3) 인플레이션 기대에 의한 분류

① 예상된 인플레이션(expected inflation) : 예상된 인플레이션은 인플레이션에 영향을 미치는 과거, 현재, 미래의 관련변수와 정부정책 등 가능한 모든 정보를 활용하여 예측되어진 인플레이션이다.

② 예상치 못한 인플레이션(unexpected inflation) : 예상치 못한 인플레이션은 주로 통화당국이 경제정책을 불규칙적으로 사용하여 발생하는 인플레이션이다.

2) 인플레이션의 특징[1)]

(1) 일시적 급등

물가는 어떠한 일시적인 원인에 의하여 일시적으로 급등하는 현상만이 아니라, 어떤 원인이 반복적으로 물가에 영향을 주어 물가가 계속적으로 급등하는 특징을 갖고 있다.

(2) 공통적 원인의 반복

인플레이션이 어떤 공통적인 원인의 반복에 의하여 각종 상품가격이 상당히 높게 내지는 적게 급등하는 현상을 말한다. 그렇지만, 일시적으로 어떤 특정상품의 가격이 어떤 원인에 의하여 급등하여 물가지수가 상승하여도 이 현상을 인플레이션이라고는 말하지 않는다.

(3) 일정률 이상의 물가상승 지속

인플레이션은 일정률 이상의 물가상승이 지속된다. 물가가 조금씩 상승하는 것은 이전부터 지속되어지고 있으나, 이것을 인플레이션이라고는 부르지 않는다. 그러나 최근에 와서는 물가가 조금씩 상승하는 것을 인플레라 부르는 경우도 있으며, 일시적인 원인에 의하여 물가가 상승하여도 이를 인플레이션이라고 하는 사람들도 있다.

(4) 파행적 가격상승

인플레이션은 각종 상품가격이 파행적으로 상승하는 현상을 말하기도 한다. 이는 각종 상품의 가격이 동시에 상승하는 것이 아니라, 각각의 상품이 다른 상승률로 가격이 상승하는 경우를 의미한다.

---

1) 丁種義人, 『經濟原論演習』, 週刊住宅新聞社, 1979, pp.234-235, 재정리.

(5) 자원배분의 혼란

인플레이션은 정상적인 자원배분 상태를 혼란스럽게 만든다. 시장경제에서 자원은 가격상승률이 높은 부문으로 이동하기 때문에 정상적인 자원배분이 이루어지는 상황에서 인플레이션이 발생하게 되면, 가격상승이 발생하지 않은 부문에서는 정상적인 생산유지에 어려움을 겪게 된다.

(6) 분배의 불공정

인플레이션이 발생은 정상적인 분배상황을 불공정하게 만들며, 이는 인플레이션의 최대 문제이다.

인플레이션 발생과정에서 소득은 동시에 상승하지 않는다. 이윤은 증대하지만 임금은 그 정도로 증가하지 않는다는 것이다. 이윤도 어느 부문에서는 증가하지만 다른 부분에서는 감소한다. 또, 임금도 어느 부문에서는 증가하지만 어느 부문에서는 상승하지 않거나 소폭의 상승밖에는 이루어지지 않는다.

일반적으로 임금, 연금, 보너스, 사회보장금 등의 상승은 물가의 상승 이후에 나타나며 상승률도 물가의 상승률보다 적게 나타난다. 이와 같이 인플레이션 발생 상황 하에서는 불공정한 분배의 문제가 발생하게 된다.

(7) 국제수지 악화

인플레이션이 발생은 국제수지를 악화시켜, 한 국가의 대외가치를 하락시키게 된다. 즉 한 국가의 물가가 다른 국가들에 비하여 상승하게 되면, 수출 정체, 수입 증가로 연결되어 국제수지를 악화시키게 되므로 해당 국가의 대외가치는 하락하게 된다.

이와 같은 국제수지의 상황에서 정부는 재정·금융정책을 사용하여 국제수지를 개선하려고 하지만, 이러한 정책을 사용하게 되면 불황이 발생하게 되는 문제점도 뒤따르게 된다.

3) 주요 인플레이션

여기에서는 단기의 경우에 발생하는 주요 인플레이션에 대하여 설명하기로 한다.

(1) 수요견인 인플레이션(demand-pull inflation)

수요견인 인플레이션은 통화량증대나 생산물시장의 총수요의 구성요인들인 소비, 투자, 정부지출, 순 수출 등의 증가에 의해 총수요증가(Y_0 → Y_1)가 발생하여 총수요곡선은 AD_0 → AD_1로 이동하게 되고 물가가 상승(P_0 → P_1)한다는 이론으로, 시장에서 발생된 초과수요가 인플레이션을 유발하였다하여 수요견인 인플레이션이라 말한다. 이를 그림으로 나타낸 것이 [그림 11-3]이다.

이러한 수요견인 인플레이션에 대하여 고전학파는 총수요의 증가요인을 통화량 증가에 의한 것이라 하여 화폐적인 요인을 강조하였고, 이에 대한 치유방법을 통화량 조절에서 찾으려고 하였다. 그러나 케인즈학파는 총수요의 증가요인은 소비, 투자, 정부지출, 그리고 순 수출 등의 증가 에 기인한 것이라 하여 비통화적인 화폐적 요인을 강조하였고, 이에 대한 치유방법을 정부의 재정적인 정책에서 찾으려 하였다.

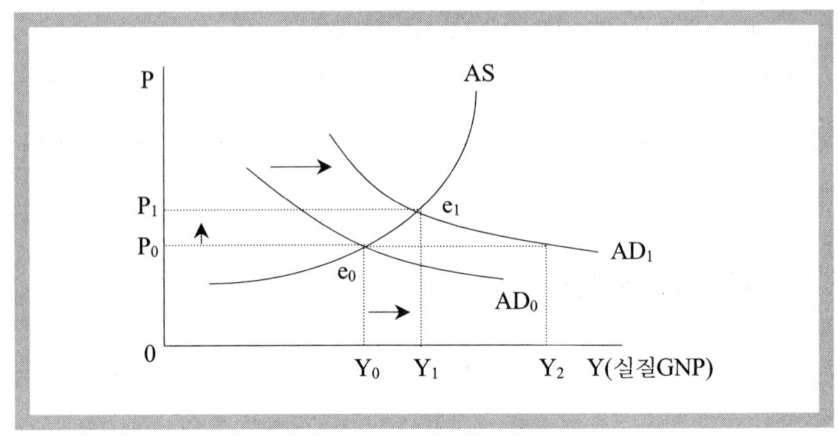

[그림 11-3] 수요견인 인플레이션

(2) 비용상승 인플레이션(cost-push inflation)

비용상승 인플레이션은 임금 및 원자재가격의 상승, 예상물가수준의 상승 등으로 기업은 비용부담이 높아지면서 상품공급에 어려움을 겪게 되고, 이것이 물가상승을 유발하여 발생하는 인플레이션을 말한다.

이 인플레이션은 경기침체에도 불구하고 물가가 하락하지 않고, 오히려 상승하는 상태에서 발생하게 된다. 즉, 석유파동으로 석유수입국들은 원유가 상승으로 극심한 인플레이션을 겪게 되고 그 결과 소득감소가 발생하게 되지만, 원유가 상승으로 인한 생산비용상승으로 연결되어 발생하는 인플레이션이다. 이러한 비용상승 인플레이션이 지속하게 되면, 스태그플레이션(stagflation)을 유발하게 된다.

[그림 11-4]에서와 같이 총공급이 감소하게 되면 총공급곡선이 $AS_0 \rightarrow AS_1$으로 이동하게 되고, 시장으로의 상품공급량인 실질GNP는 $Y_0 \rightarrow Y_1$로 감소한다. 그리고, 그 결과 물가수준은 P_1으로 상승하게 된다. 이와 같은 총공급곡선의 이동현상이 지속되면 물가수준 또한

지속적으로 상승하게 된다.

총공급곡선의 왼쪽이동을 유발하는 주요요인으로는, 원자재가격, 환율, 임금, 세금, 금융비용, 유통비용 등과 같은 생산비용의 상승을 들 수 있다.

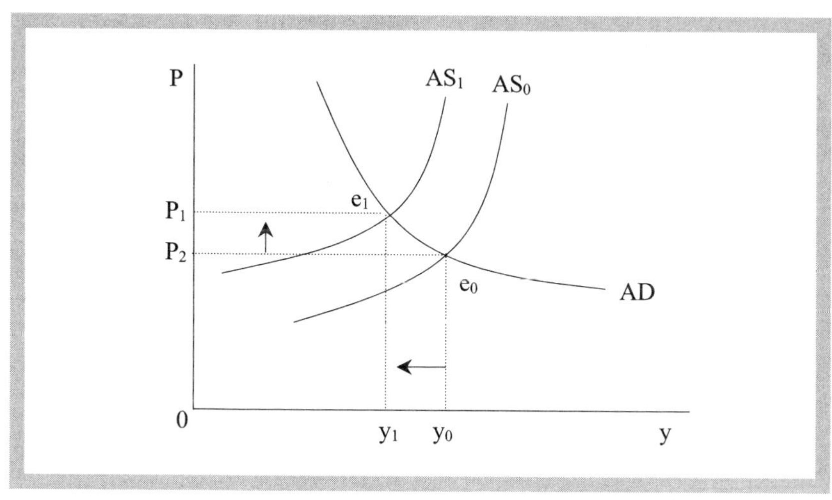

[그림 11-4] 비용상승 인플레이션

(3) 혼합형 인플레이션(mixed inflation)

혼합형 인플레이션의 예는 다음과 같다. 1970년대의 석유파동은 물가수준을 상승시켜 비용상승 인플레이션의 발생과 동시에 실업증가를 유발하였다. 이에 정부는 실업률 감소와 생산활동 회복을 위하여 확장적인 재정정책과 금융정책 실시하게 되었다. 그러나 이러한 과정 속에서 인플레이션은 더욱 높은 수준으로 진행되어 장기적인 인플레이션이 지속될 것이라는 예상되었다.

이와 같은 상황 하에서 총공급곡선은 왼쪽으로 이동($AS_0 \rightarrow AS_1$)하게 되어 기업의 생산 활동은 위축되고 실업률은 증가하게 된다. 정부는 또 다시 확장적 재정정책과 금융정책 실시하게 되며, 이에 따라 인플레이션과 기대 인플레이션의 상승은 더욱 가속화되어 이번에는 수요견인 인플레이션을 유발하게 된다.

혼합형 인플레이션은 이와 같이 비용상승 인플레이션과 수요견인 인플레이션이 혼합되어 나타나는 상황을 의미하는 것이다.

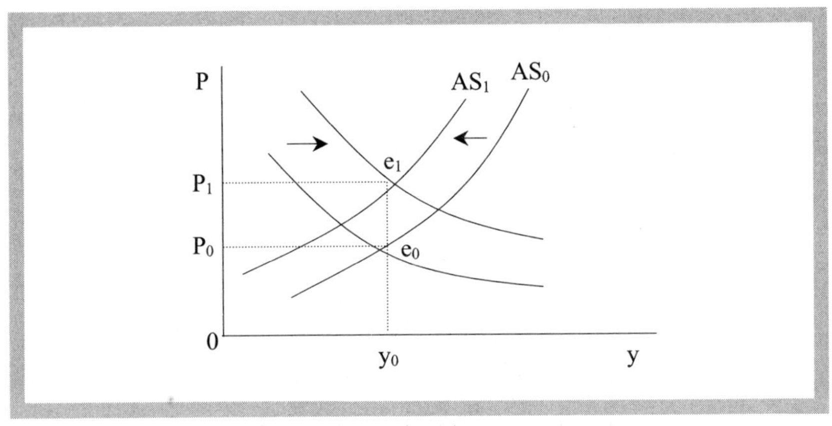

[그림 11-5] 혼합형 인플레이션

3) 인플레이션 대책

(1) 총수요 관리정책

수요견인 인플레이션이 발생하였을 경우에는 긴축적인 재정정책이나 금융정책으로 총수요를 감소시키는 것이(AD곡선을 왼쪽으로 이동) 가장 합리적인 방법이라 생각한다. 물론 총수요곡선의 왼쪽이동으로 이동하면서 국민소득이 감소하는 현상이 발생하게 되지만, 인플레이션은 억제할 수 있게 된다.

(2) 총공급 관리정책

비용상승 인플레이션이 발생하였을 경우에는 총수요를 감소시키는 긴축정책은 물가는 하락시킬 수 있지만 국민소득의 더 많은 감소를 동반시키기 때문에 유효한 정책으로 받아들이기 힘들다.

그렇기 때문에 비용상승 인플레이션이 발생했을 때에는 총공급곡선을 오른쪽으로 이동시켜 인플레이션을 효과적으로 억제하는 정책을 사용하여야 한다. 그 방법으로 가장 효과적인 것은 기술혁신이다. 기술혁신은 동일한 이전의 생산조건에서 생산비용의 감소를 가져오거나 동일한 조건에서의 생산량 증가를 가져오게 하기 때문이다. 이러한, 생산량의 증가는 총공급곡선을 오른쪽으로 이동시키게 하여 물가수준은 하락하게 되며 국민소득은 증가하게 된다.

(3) 소득정책

생산요소 가격의 상승으로 총공급곡선의 왼쪽 이동으로 인한 비용상승 인플레이션 발생하였을 경우에는 총공급곡선을 다시 오른쪽으로 이동시킴으로서 비용상승 인플레이션을 억제할 수 있게 된다. 이를 위해서 정부는 물가관리정책을 사용하여 더 이상의 물가상승을 억제하거나, 임금상승을 억제하여 상품구매량을 감소시키는 정책을 사용하여 총공급곡선을 오른쪽으로 이동시켜야 한다. 그 결과는 인플레이션의 하락과 국민소득이 증가로 나타나게 된다.

3 스태그플레이션(Stagflation)

스태그플레이션은 경기침체(stagnation)과 물가상승(inflation)을 결합한 용어로 경기불황기 내지는 침체기에 두 가지 악재가 동시에 닥친다는 현상을 의미한다. 즉, 경기가 하강하고 있는 상황에서 물가가 상승하기 때문에 경제성장률도 떨어지게 된다. 이를 그림으로 나타내면 [그림 11-6]과 같다.

일반적으로는 경기가 좋아지면 국민소득이 높아져 소비지출이 증가하게 되며 물가는 상승하게 된다. 정부는 이때에 급격한 물가상승, 즉, 인플레이션을 막기 위하여 시중의 화폐를 거두어들이든지 이자율을 높여 물가를 잡으려 한다. 그러나 스태그플레이션 상태에서는 그와 같은 정책의 효과는 없게 된다.

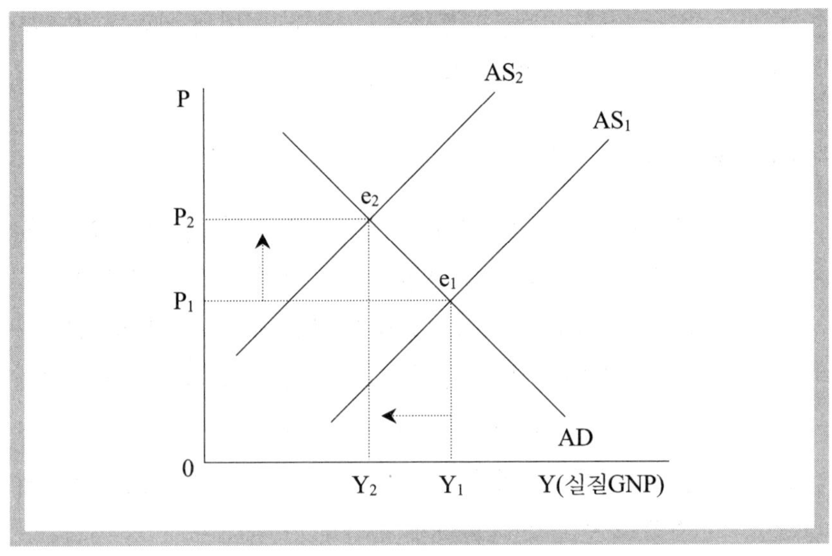

[그림 11-6] 스태그플레이션

1) 스태그플레이션의 발생요인

스태그플레이션의 주요발생요인은 수입물가의 폭등과 인플레이션에 대한 기대심리의 확대이다. 특히, 세계의 많은 국가들에서 스태그플레이션을 발생시킨 것은 국제원유가격의 폭등이었다. 원유가의 상승은 기업들의 생산비용증가에 의한 상품가격의 상승으로 연결되었고, 이에 소비자들은 가격이 상승한 상품에 대한 수요감소로 대응하게 된다. 뿐만 아니라 소비자들은 물가상승이 지속될 것으로 판단하여 현재의 소비를 더욱 감소하게 되어 상품수요량은 계속 감소하게 된다.

그 결과, 기업은 상품판매량 감소에 의해 고용을 줄이게 되므로 실업자는 증가하게 되며 기업이윤도 감소하게 된다. 정부 또한 기업의 생산활동 침체로 조세수입이 감소하게 되고, 정부의 경제정책 효과는 감소하게 된다. 이러한 상황에 의해 물가상승과 국민소득의 감소하는 스태그플레이션은 지속되게 된다.

2) 스태그플레이션의 발생 현황

1차 석유파동이 발생한 직후인 1974년, 미국의 물가는 15% 상승하였으며, 연평균 4%정도로 성장해오던 경제성장률은 마이너스 바뀌었다. 한국에서는 부동산 가격과 물가가 급등하기 시작하여 부동산 투기, 생필품 사재기 등이 발생하였다. 이에 기업들은 상품가격을 올렸으며, 근로자들은 물가상승에 따른 임금인상을 요구하게 되었다. 이로 인하여 스태그플레이션이 발생하였다.

이와 같은 현상이 1990년대 초에 다시 발생하였다. 한국경제는 저유가, 저 금리, 저 원화가치라는 3저 현상에 의해 초 호황기를 맞았던 1980년대 말 이후, 3저 호황이 끝났음에도 호황기가 지속될 것으로 기대한 소비자들은 부동산 투기에 전념하였으며, 근로자들은 임금인상 요구하게 되는 그 결과, 경기침체와 물가상승현상이 나타나는 스태그플레이션 발생하였던 것이다.

[표 11-1] 스태그플레이션으로 인한 성장 둔화

(단위:%)

국 가	1960-1973	1973-1975	1975-1979	1979-1982	1982-1989
미 국	4.0	-0.8	4.1	-0.1	4.0
유 럽	4.7	0.7	3.4	0.9	2.7
일 본	9.6	0.7	5.1	3.7	4.3
OECD	4.8	0.1	3.9	0.8	3.6

* 1차 스태그플레이션으로 인한 성장 둔화 : 1973-1975
* 2차 스태그플레이션으로 인한 성장 둔화 : 1979-1982

3) 해결방안

스태그플레이션을 해결하기 위하여 정부가 화폐를 풀어 경기를 부양시키려 한다면 실업은 감소하지만, 물가는 더더욱 불안해지며, 반대로 긴축정책을 실시하면 물가상승은 막을 수 있지만 실업자는 점점 늘어나게 된다. 그렇다고, 이와 같은 상황에서 정부가 정책사용을 망설이면 국민들은 인플레이션과 실업증가라는 이중고를 겪게 된다.

스태그플레이션이 발생한 상태에서 물가와 실업을 동시에 잡기 위해서는 정부, 기업 국민들 모두 상당한 고통과 인내를 견뎌야 한다. 이들은 기업의 도산과 실업의 증가, 그리고 조세수입의 감소라는 강력한 긴축정책을 받아들여야 하기 때문이다. 즉, 시장의 3주체인 정부, 기업, 소비자들의 체질이 새롭게 바뀌지 않고서는 스태그플레이션을 벗어날 수 없기 때문이다.

제12장 실 업

실업(unemployment)은 일할 능력과 의지를 가진 사람이 어떠한 이유로 취업하고 있지 않는 상태이거나 취업할 수 없는 상태를 말한다.

노동은 이윤극대화를 목표로 하는 기업에 의하여 수요 되는 것이며, 이에 대하여 노동을 공급하는 측은 노동을 공급함으로서 생활의 효용을 최대화 하려는 가계 내지는 개인이다. 이러한 노동의 수요와 공급이 균형(완전고용)을 이루게 하거나 불균형(실업)을 이루게 하는데 중요한 조절역할을 하는 매개체는 실질임금이다. 이것을 설명하고 있는 것은 [그림 12-1]이다.

그리고 실업에는 많은 종류가 있지만 이를 크게 스스로가 실업을 선택하여 일어난 자발적 실업과 그렇지 않은 비자발적 실업으로 구분할 수 있다. [그림 12-1]에는 실업의 종류가 구분되어 나타나 있다.

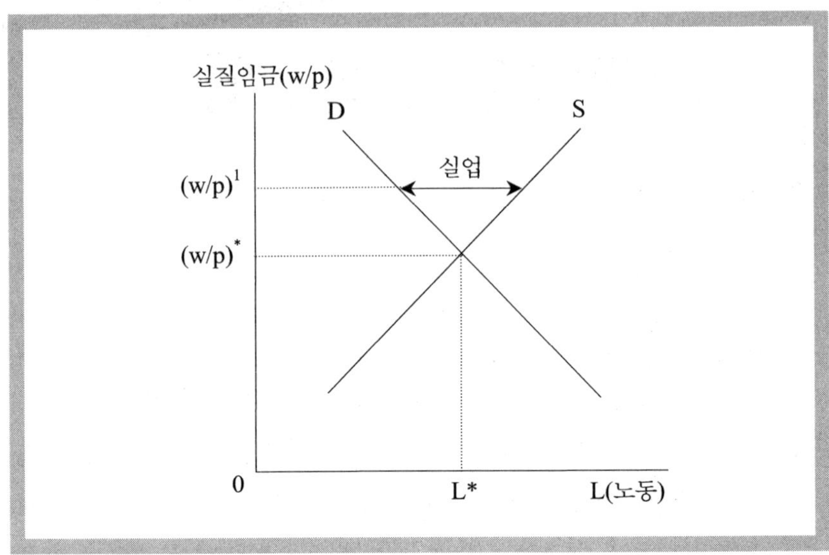

[그림 12-1] 노동시장의 균형과 실업(신고전학파)

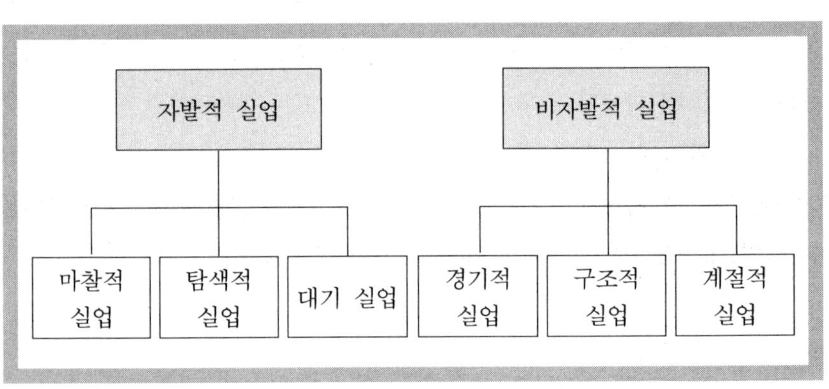

[그림 12-2] 자발적 실업과 비자발적 실업

1 실업의 종류

1) 자발적 실업(voluntary unemployment)

자발적 실업은 현재의 임금이 자신이 제공하고 있는 노동의 고통(한계불효용)보다 작다고 생각하여 취업할 의욕이 없는 상태에서 발생하는 실업이다. 이와 같은 생각은 임금은 근로자들이 제공하고 있는 노동의 한계생산력과 일치하여야 한다고 생각하기 때문이다. 그렇기 때문에 불효용을 임금보다 낮게 평가하는 사람은 그 임금으로는 노동을 하려고 하지 않는다.

물론, 근로자 개인들이 느끼는 노동의 한계효용이 동일하지 않기 때문에 노동에 따른 불효용 또한 개인에 따라 다르다. 이러한 점에서 본다면 현재의 노동임금 하에서 노동인구가 모두 고용되지 않는다는 점을 받아들일 수 있게 된다.

그리고 자발적 실업에는 개인적으로는 현재의 임금으로 고용되기를 원하고 있으나, 노동조합의 강제에 의해 고용될 수 없는 경우와 함께 자영업자나 과거의 저축으로 생활하고 있는 자 등도 포함하고 있다.

이와 연관된 사례를 보기로 하자. 한국의 전국경제인연합회(전경련)의 보고서에 의하면 자발적인 실업의 상태를 의미하는 실업상태에 있거나 경제활동에 참여하지 않고 장기간 취업준비상태에 머물고 있는 사람들(무급가족종사자, 실업자, 구직단념자, 취업준비자 등 포함)을 한국형 NEET(Not in Education, Employment or Training)족이라 하였으며, 이러한 계층 중 청년NEET에 대한 조사보고서를 발표하였다. 그 내용은 [그림 12-3]에 나타나 있다.

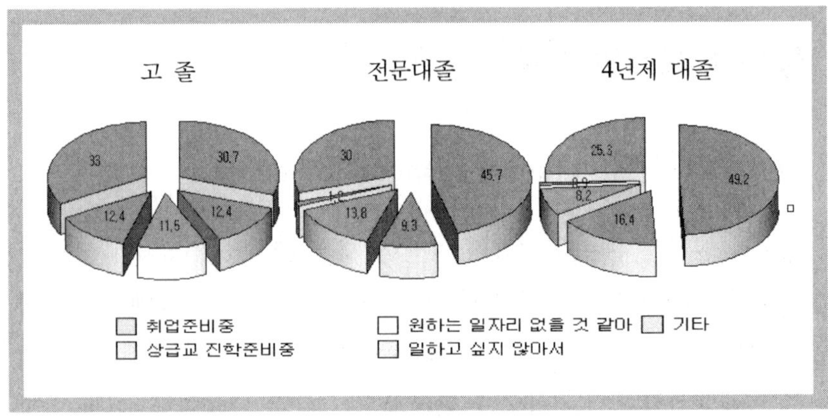

[그림 12-3] 청년 NEET의 학력별 사유

(1) 마찰적 실업(frictional unemployment)

마찰적 실업은 근로자들이 노동시장에 대한 정보부족과 다양한 요인들에 의한 노동이동의 곤란, 그리고 관습적인 요인 때문에 취업되지 못하고 있는 상태의 실업을 의미한다. 이와 같은 상황 하에서는 여러 지역에서 노동부족과 노동과잉 지역이 병존하게 되는 현상이 나타나게 된다.

이에 대한 대응방안으로는 근로자들에게 각 지역의 노동시장에 대한 정보제공과 타 지역으로부터 이동해 오는 근로자들에 대한 주거문제 해결의 편리성 부여 등을 들 수 있다.

(2) 탐색적 실업(search unemployment)

탐색적 실업은 현재의 일자리 보다 더 좋은 노동임금, 노동환경 등 선호하는 일자리에 취업하고자 해당조건의 취업 장소를 찾고 있으면서 실업의 상태에 있는 경우이다.

(3) 대기실업(wait unemployment)

대기실업은 현재 받고 있는 임금에 노동을 제공하는 것보다는 차라리 여가를 선택하는 것이 더 나을 것으로 판단하고 일을 그만두고 실업의 상태로 있는 경우이다. 물론, 이 경우에 해당하는 실업자들은 현재보다 더 좋은 조건의 일자리가 있을 것으로 판단하고 있다.

2) 비자발적 실업(involuntary unemployment)

비자발적 실업은 현재의 임금에 노동할 능력과 노동할 의사를 갖고 있으나, 고용해줄 기업이 없기 때문에 어쩔 수 없이 실업의 상태에 놓여있는 경우이므로, 자본주의 사회에 있어서 중요하게 다루어야 할 실업 중의 하나이다.

케인즈는 비자발적 실업이 발생하는 요인으로 실업자들에 대한 유효수요의 부족을 들고 있다. 그리고 이를 극복하기 위해서는 정부의 재정 및 금융정책에 의한 유효수요 증대와 장기적인 인구 억제, 기술진보 및 산업구조 개선, 그리고 신산업의 개척에 의한 유효수요 증대가 있어야 한다고 하였다.

(1) 경기적 실업(cyclical unemployment)

경기적 실업은 경기변동 과정에 의해서 발생하는 실업으로 경기침체기에 나타나는 실업이다. 이에 대한 대응방안으로는 경기성장기로부터 경기침체기로 이동되는 과정의 급격한 변동을 막을 수 있는 경기안정화를 구축해 나아가야 한다. 일반적으로 선진국의 경기변동곡선은 완만한 곡선을 유지하고 있으나, 개발도상국이나 후진국으로 갈수록 급격한 곡선 내지는 경기침체기의 장기적인 지속모양을 나타내고 있다.

(2) 구조적 실업(structural unemployment)

① **선진국 및 개도국형 구조적 실업** : 구조적인 실업은 경제구조의 변화, 기술진보 등과 같은 자본주의의 구조변화에 의해서 발생하는 실업으로 막스(K. Marx)는 자본의 유기적 구성의 고도화에 의해서 이러한 실업이 발생한다고 하였다.

이에 해당하는 실업의 형태로는 첫째, 만성적인 총수요부족으로부터 발생하는 선진국형 구조적인 실업으로, 이것은 실제의 시장에서 불완전고용이 이루어지고 있다는 점을 그 예로 들고 있다. 다음은 자본부족에 의하여 발생하고 있는 저개발국형 구조적 실업이다. 이는 저개발국에 존재하는 과잉된 인구를 고용하기 위해서는 막대한 자본의 투입이 필요하지만 이를 해결할 수 없기 때문에 발생하는 실업의 형태이다.

② **잠재적 실업(disguised unemployment)** : 잠재적 실업은 주로 개발도상국에서 많이 발생하는 실업의 형태로 현행의 임금으로 고용되고 싶은 욕망은 있으나, 고용기회가 없어서 잠정적으로 낮은 수입밖에 얻지 못하는 일에 종사하고 있는 경우의 실업이다. 즉, 취직자리를 찾지 못해서 가업을 돕고 있어 약간의 수입밖에 얻고 있지 못하는 경우이기 때문에, 이들은 기회가 있다면 언제든지 현행의 임금에 고용되고 싶은 마음을 갖고 있다.

③ **기술적 실업(technological unemployment)** : 기술진보에 의하여 신산업의 창출되거나 새로운 산업구조로의 변화될 때, 기존의 근로자들이 이에 적응할 수 있는 노동자로 변화하지 못하여 발생하는 실업이다. 즉, 생산환경이 노동력 중심에서 기계중심으로 대체되면서 나타나는 실업으로, 기술수준이 높은 국민경제일수

록 기술적 실업률은 증가하게 된다.

(3) 계절적 실업(seasonal unemployment)

계절의 변화에 따라 발생하는 실업의 형태로 상품의 성수기와 비수기에 나타나는 상품수요의 증가와 감소에 의하여 실업률이 영향을 받게 된다. 이 경우의 실업은 주기적인 현상이 지속되기 때문에 연간 지속적인 실업의 형태를 나타내는 것은 아니다. 이러한 실업자들을 비수기에도 또 다른 일자리에서 노동을 제공하는 경우가 많기 때문에 다른 실업에 비하여 그리 심각한 형태의 실업이라고는 볼 수 없다.

2 실업대책

1) 고전학파의 실업대책

고전학파는 임금과 물가가 신축적으로 움직이는 경제에서 노동은 항상 완전고용상태를 유지한다고 간주하고 있다. 고전학파는 실업이 노동조합의 압력이나 정부의 최저임금제와 같은 제도적인 요인 때문에 임금과 물가가 신축적으로 움직이지 못하여 발생한다고 보았다. 이와 같은 요인이 해결되지 않는 한 실업은 지속된다고 하였다.

2) 케인즈의 실업대책

케인즈는 실업의 발생이 노동에 대한 유효수요의 부족으로부터 발생한다고 보았기 때문에, 이를 해결하기 위하여 정부는 확장적인 재정 및 금융정책을 실시하여 유효수요를 증대시켜야 한다고 하였다.

3 한국의 실업률

한국의 실업률 추이(2003년 ~ 2008년)는 [그림 12-4]에 나타나 있다. 남녀 및 남녀 전체의 실업률 그래프에서 나타난 것을 보면, 남성의 실업률이 여성보다 높을 뿐만 아니라 남녀 전체의 실업률보다도 높은 것으로 나타나 있다.

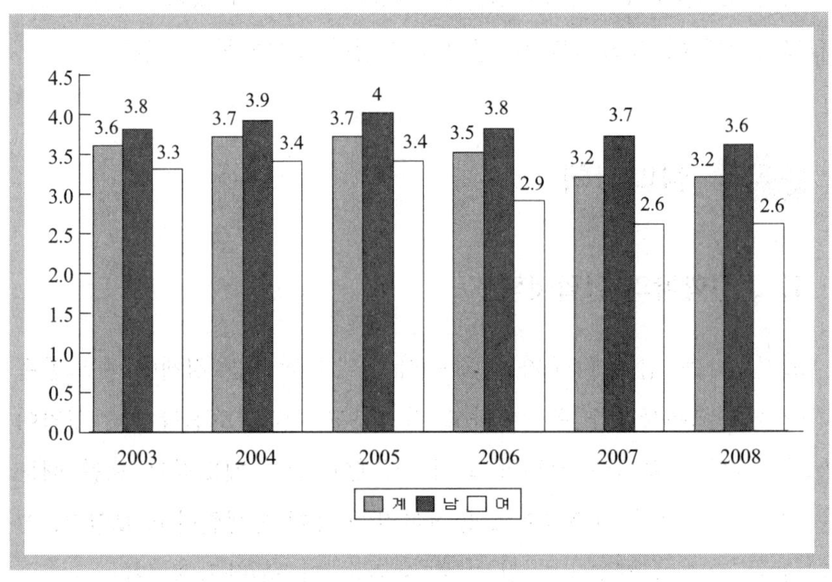

[그림 12-4] 한국의 실업률 추이

제13장 조세

1 조세

정부부문의 경제활동을 통칭하여 재정이라고 하며, 이러한 재정활동은 정부가 기업과 가계로부터 거두어들이는 조세수입, 세외수입, 기여금과 부담금, 국채발행 등의 수입으로부터 이루어지게 된다. 여기서 조세는 구체적으로 국세와 지방세로 구분된다. 정부의 경제활동(재정활동)은 [그림 13-1]에 나타나 있는 것과 같이 정부수입과 지출 활동

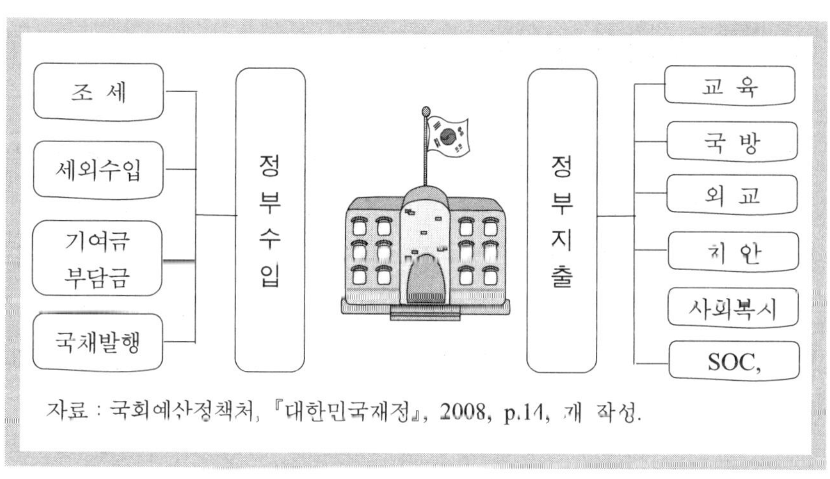

자료 : 국회예산정책처, 『대한민국재정』, 2008, p.14, 재 작성.

[그림 13-1] 정부의 경제활동(재정활동)

으로 구성된다.

조세수입은 정부측면에서 정부 경제활동의 매개체가 되지만 국민에게는 경제적인 부담을 주게 된다. 그러므로 정부는 조세를 기업과 가계에 부과할 때에 효율성과 형평성을 고려하여야 한다.

조세의 종류에는 납세자와 납세부담자가 일치하는가에 따라 일치하는 직접세(direct tax)와 일치하지 않는 간접세(indirect tax, 재화와 용역의 소비를 대상으로 부과)로 구분할 수 있다. 직접세의 예로는 법인세, 소득세, 재산세 등이 있으며, 간접세의 예로는 부가가치세, 특별소비세, 주세, 수입관세, 전화세 등이 있다[2].

그리고 과세표준의 기준에 따라 구분하면, 과세표준을 화폐단위로 표시하고 판매가격의 일정비율을 세금으로 부과하는 세금인 종가세(ad valorem tax)와 과세표준을 수량이나 부피로 표시하고 상품의 판매단위마다 일정액의 세금을 부과하는 세금인 종량세(specific tax)로 구분할 수 있다.

2 조세의 전가와 귀착

조세는 정부가 자원배분, 소득재분배, 경제안정을 실현하기 위한 재정수입을 조달하기 위하여 개인이나 기업들로부터 징수하는 것으로 반대급부가 없다. 조세는 조세를 사용하는 주체에 따라 국가가 징수하는 국세와 지방자치단체가 징수하는 지방세로 구분할 수 있다. 국세는 다시 내국세와 관세로 나누어진다. 그리고 조세의 사용목적에 따라 보통세와 목적세로 구분할 수 있다.

---

2) 김승욱 외3명, 『알짬 시장경제』, 2008, p.381.

조세의 전가는 정부에 의하여 부가된 조세를 자신의 경제활동을 조정하여 일부 또는 전부의 조세부담을 다른 대상에게 이전되어 가는 현상으로 조세 자체를 납부자가 기피하거나, 회피하는 것은 아니다. 그리고 조세의 귀착은 정부에 의하여 생산품에 부가된 조세가 시장 기구를 통하여 생산자와 소비자들에게 어떻게 나누어져 부담되는가를 보는 것이다.

1) 조세의 귀착(tax incidence)

여기에서는 정부가 밀에 대하여 1g당 1원의 판매세를 부가한 경우에 이 세금의 최종적인 귀착이 어떻게 나타나는지를 알아보기로 한다.

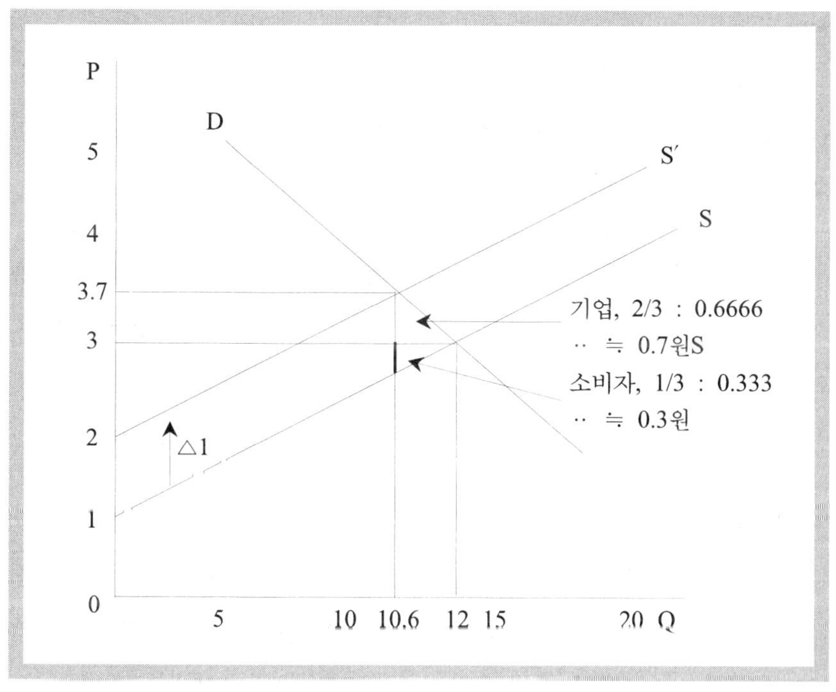

[그림 13-2] 조세의 귀착

밀은 세금부과 전에 1g당 균형가격 3원에 의하여 판매되고 있었으나, 밀의 많은 소비량 증가로 인하여 정부는 이에 대한 1g당 1원이라는 판매세를 부가하기로 결정하였다.

이에 밀의 생산자는 정부의 판매세 부가에 대한 대응하여 시장에의 밀 공급량을 감소시켜 밀의 가격상승을 유도하려고 행동한다. 그 결과 밀의 공급곡선은 왼쪽으로 이동하게 되어 예상했던 밀의 공급량 감소와 가격상승을 얻을 수 있게 되었다. 이로 인하여 판매세 부가이전보다 밀의 구입량과 판매량은 감소하였다.

이와 같은 밀 생산자의 반응으로 인하여 밀의 시장가격은 [그림 13-2]에서와 같이 밀의 가격은 3원에서 3+2 / 3(0.6666) ≒ 3.7원까지 상승하게 되고, 균형판매량은 12백만g에서 10.6백만g으로 감소하게 된다.

그렇다면, 밀의 생산자는 부가된 1원의 판매세에 대하여 0.7원의 가격상승으로 대응하여 조세부담을 소비자들에게 전가시키고, 밀의 생산자들은 0.3원의 조세부담만 지게 되는 것이다.

이상과 같이 일반적으로는 정부가 밀 생산자에게 부가시킨 판매세는 생산자들보다는 오히려 소비자들에게 조세부담이 귀착되는 결과가 나타나게 되었다는 것을 알 수 있다. 그러나 조세귀착이 대부분의 경우는 부가된 조세의 일부가 전가되지만, 때로는 부가된 조세의 전체가 전가되는 경우와 그 이상이 전가되는 경우도 있을 수 도 있다.

(1) 밀 생산자

[그림 13-2]에서 나타난 조세의 귀착결과 밀 생산자는 밀 1g을 판매하여 받는 가격은 3원이 아니라 약 2.7원(3.7원－1원(판매세) = 약2.7원)이며, 정부가 1원의 판매세 부과할 때, 밀 생산자가 판매세 1원 중

약 0.3(1/3)원의 세금만을 부과한 것으로 나타났다.

(2) 소비자

소비자가 생산된 밀의 구입가격은 약 3.7원으로 판매세가 부가되기 이전보다 약 0.7원이 더 증가하게 되었으므로, 소비자는 밀 생산자에게 밀 1g당 판매세 1원 부과 시 이전보다 약 0.7(2/3)원의 세금을 부담하게 된다.

[그림 13-2]로부터, 어떤 재화에 대한 판매세 부가는 수요・공급곡선이 비탄력적일수록 가격의 상승이 크고 거래량은 가장 적게 감소한다. 반대로 수요・공급곡선이 탄력적일수록 가격의 변화는 작고 거래량의 변화가 크게 된다는 것을 알 수 있다.

그리도, 조세는 수요곡선이 매우 비탄력적일 때(소비자가 잘 모르고 그냥 지출할 때)에는 소비자 쪽으로 이동하지만, 공급곡선이 더 비탄력적일 때(기업이 조세의 부과에 별다른 문제를 일으키지 않을 때, 기존의 이익이 클 때)에는 생산자 쪽으로 이동하게 된다.

3 통제가격 및 관리가격

1) 통제가격

(1) 최고가격제(생필품의 경우)

정부는 때때로 소비자들의 소비생활에 많은 영향을 미치고 있는 생필품 가격이 급격한 변동을 일으킬 경우, 소비생활 및 상품시장의 안정을 위하여 상품가격을 지정하거나 고정시키는 최고가격제 또는 최저가격제를 실시하게 된다.

예를 들어, 국내에서 대중적으로 많이 소비되고 있는 생필품들 중 하나인 설탕의 경우를 보기로 하자. 정부에서 설탕가격의 안정을 위하여 설탕가격을 1g당 70원을 넘어서는 안 된다는 최고가격제를 실시하였다고 하고, 이를 실시하지 않을 경우 설탕가격은 1g당 100원이 되었을 것으로 가정하자.

만약 정부의 개입이 없어 설탕가격이 1g당 100원으로 상승한다면, 설탕산업에서는 상당한 부당이득을 얻게 될 것이며, 반대로 소비자들에게는 생필품인 설탕의 지속적인 사용증가와 함께 동반된 가격상승(E점에서 균형)으로 소비생활에 커다란 부담을 주게 될 것이다.

이러한 소비생활의 압박은 근로자들의 임금인상요구로 연결될 가능성이 높기 때문에 정부는 설탕가격을 제한하려는 최고가격제의 도입을 고려하게 된다는 것이다. 그러나 이것으로서 모든 것이 해결되는 것은 아니다.

[그림 13-3]에서 최고가격제가 실시되지 않는 상황에서 설탕시장의 균형은 E점에서 이루어져 있다. 그런데 이 상황에서 정부가 설탕가격을 1g당 70원으로 최고가격제를 실시하게 되면, 설탕공급자는 OA 만큼의 설탕을 시장에 공급하려고 하고, 설탕 소비자는 OB 만큼의 설탕을 수요하려고 하기 때문에 AB 만큼의 초과수요가 발생하게 된다. 그 결과 기존의 일부소비자들은 설탕을 수요할 수 없게 된다.

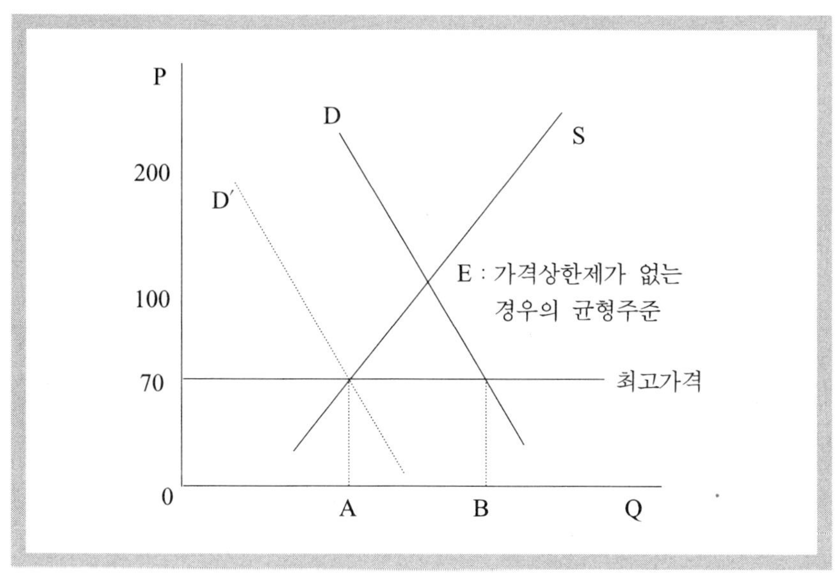

[그림 13-3] 최고가격제

이와 같은 경우에는 나타나게 되는 기현상은 다음과 같다. 즉, 최고가격제의 실시로 시장수요에 부족한 설탕을 구입하기 위하여 소비자들이 더 높은 가격을 지불할 용의가 있어도 기업은 설탕가격을 높게 받을 수 없게 되며, 반대로 소비자들은 더 높은 가격을 지불할 용의가 있어도 설탕을 공급받는데 어려움을 겪게 된다는 것이다.

이러한 상황이 지속되면 설탕의 생산자나 소비자들 모두에게 마이너스적인 효과를 발생시키게 된다. 특히, 소비자들이 겪는 욕구불만의 정도는 생산자들이 겪는 것보다 더 클 것이다. 그렇다고 최고가격제를 실시하지 않게 되면, 그에 따른 설탕가격상승으로 인해 위에서 설명하였던 것과 같이 또 다른 성격의 문제를 발생시킬 것이기 때문에 양쪽 모두 문제의 소지는 갖고 있다고 생각한다.

물론, 최고가격제의 실시와 함께 이와 같은 부정적인 현상을 해결하기 위한 방안으로 설탕판매에 있어 선착순 판매의 방식과 함께 개인의 구입량을 제한하는 방법이 제시되고 있지만, 이것 또한, 소비자들의 소비생활을 제한하게 된다는 점에서 좋은 해결방안으로 받아들이기는 힘들다.

(2) 최저가격제

최저가격제는 주로 재화와 서비스인 상품의 공급자를 보호하기 위한 제도로서, 해당상품에 대한 최저가격을 정해 놓고서 그 가격이하에서의 거래를 제한하는 제도이다. 기존에 우리들이 자주 보아왔던 것은 쌀 가격의 통제로 농민들의 생활보호가 그 목적이었다.

최저가격은 시장에서 균형이 이루어지는 쌀 가격보다 높게 설정되며, 그 효과에 의해 쌀 생산자들은 이 제도가 도입되기 전보다 높은 소득을 올릴 수 있게 된다. 그러나 쌀 생산자들은 한편으로 균형가격보다 높은 가격에서 최저가격이 설정되었기 때문에 초과공급의 상황을 겪게 되어, 쌀 생산자간에 신종 쌀의 개발, 특성 있는 쌀 생산, 품질 보증 등을 통한 판매경쟁을 하여야 하는 긍정적인 효과도 유발 할 수 있게 된다. 그러나 정부의 최저가격제 도입에 의하여 초과공급 된 쌀을 정부가 수매하고자 한다면, 이는 정부부채의 증가로 나타나 정부의 부담을 초래하게 된다.

물론, 쌀의 소비자들에게는 높은 가격의 쌀을 구매하여야 하지만, 쌀의 공급자들의 위와 같은 노력에 따른 새로운 쌀의 소비가 가능하게 되거나 또 다른 서비스를 받게 된다면 그에 대한 만족도가 증가하여 어느 정도의 쌀값부담을 감수할 수 있게 된다.

최저임금제의 실시도 비슷한 효과를 나타낸다. 만약, 정부가 노동시장에서 결정된 균형임금보다 높은 임금의 최저임금제를 도입하게 되면, 근로자들은 노동시장에 더 많은 노동을 제공하려고 하기 때문에 노동시장에서는 노동의 초과공급($L_0 \rightarrow L_2$)현상이 발생하게 된다.

이러한 경우 정부가 증가하는 실업을 막기 위하여 임금지원을 결정하고, 고용증가분의 임금을 정부가 떠안으려 한다. 즉, 그러한 정책에 의하여 [그림 13-4]에서와 같이 최저임금을 내리게($W_0 \rightarrow W_1$) 된다면, 기업은 노동수요를 증가($L_0 \rightarrow L_1$)시켜, 고용은 증가하게 된다. 그러나 전체적인 결과로 본다면, 최저임금제의 실시 이전보다 고용의 증가, 임금하락이 발생하였지만 임금의 총 지불액은 증가하게 된다. 그렇다면, 정부는 증가된 임금의 총 지불액을 해결해야 한다는 부담을 갖게 될 것이다.

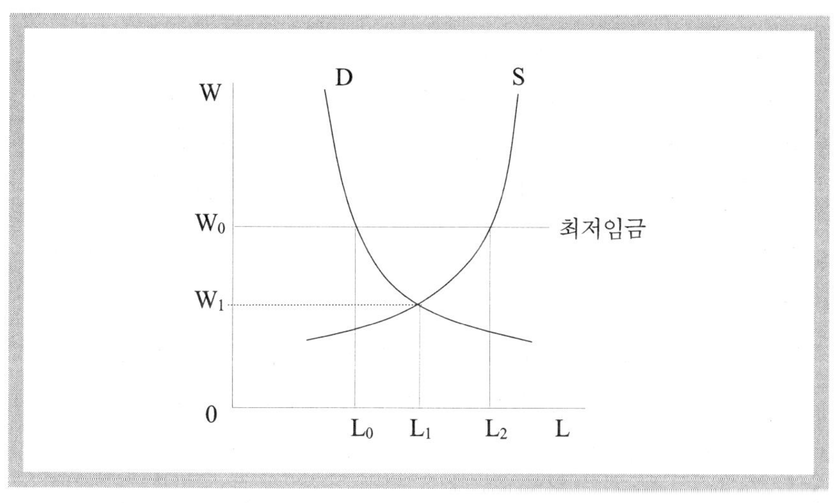

[그림 13-4] 최저가격제

(3) 농산물가격 통제

1960년대 중반까지의 농산물가격변동은 기후조건에 의한 풍작과 흉

작이 반복되면서 연도별 농산물의 가격차는 심하게 나타났다. 그 가운데 식량의 자급자족 문제가 1970년대에 중요하게 다루어졌으며, 이때 정부의 농산물가격통제에 대한 찬반논쟁 나타나기 시작하였다.

특히, 실질소득의 변화에 적응하여 민감하게 변화하지 않는 쌀과 보리, 그리고 배추와 마늘, 설탕 등의 생활필수품들은 이들 상품가격이 조금 변하였다고 하여 수요량이 급격하게 변하지 않는 특징을 갖고 있다. 즉, 소비자들의 생활필수품에 대한 수요는 대부분의 경우 상당한 가격범위 내에서 비탄력적인 형태를 취한다는 것이다. 또한, 이와 같은 소비자들의 비탄력적인 행동에 의하여 생필품의 공급자들도 상품공급에 대하여 비탄력적으로 움직이게 될 가능성이 높다.

이제 생활필수품의 하나인 쌀에 대한 소비와 생산을 중심으로 위와 같은 반응을 보기로 하자.

기본적으로 농민은 1년 1회의 농작을 하기 때문에, 쌀 가격이 상승하였다고 하여 쌀의 공급자들인 농민들이 쌀을 증산하여 시장에 공급량을 증가시킨다는 것은 불가능한 일이다. 그렇기 때문에 쌀과 같이 1년 1회의 상품을 생산하는 경우에는 시장가격의 변동에 대하여 완전비탄력적인 행동을 취할 수밖에 없다. 물론, 반대로 쌀 가격이 하락하였다고 하여 쌀 생산을 갑자기 감소시키는 것도 가능하지 않다.

정부는 쌀의 소비자들에게 안정적인 가격과 필요량을 공급해 주기 위한 동시에 쌀의 공급자들인 농민들에게 안정적인 소득을 확보해 주기 위하여 쌀의 정부수매와 함께 농산물가격통제정책을 고려하게 된다.

즉, 정부가 쌀의 풍작시기에는 쌀값의 안정을 위하여 정부 수매량을 늘려 쌀의 가격폭락을 방지하고, 흉작시기에는 정부의 비축미를 시장에 공급함으로서 쌀값의 지나친 가격상승을 방지한다는 것이다.

2) 관리가격

관리가격은 어떤 산업에 대한 지배력을 가진 생산자나 판매자에 의해서 상품의 시장가격이 조정되는 가격을 말한다. 대부분의 경우에는 과점시장에서 많이 발생하며, 여기서 결정된 관리가격은 당연히 해당 기업들의 이윤극대화를 목적으로 설정되기 때문에 균형가격보다 높을 수밖에 없다.

이와 같이 관리가격이 과점시장에서 도입되고 있는 목적을 조금 더 세부적으로 설명하면 다음과 같다. 즉, 과점기업들은 과점이라는 장점을 생각하고 과도하게 시장에서의 초과수요 발생에 의한 상품가격상승을 목적으로 상품공급량을 감소시키게 된다. 그러면, 정부는 이에 대응하여 규제 내지는 통제정책을 도입하게 될 가능성이 높으며, 이렇게 될 경우 과점기업들은 오히려 이전보다 이윤이 감소하게 되는 효과를 보게 된다. 이와 같은 과도한 행동과 그에 따른 손실의 유발은 과점기업들로 하여금 서로의 지속적인 이윤확보를 위하여 관리가격의 도입을 고려하게 한다는 것이다.

제14장 ▌ 국민소득과 국민경제

1 부와 소득

부는 건물, 토지, 주식 등과 같이 축적해 놓은 것이며, 이것은 일정 시점을 기준으로 측정(stock)한다. 이에 비하여 소득은 일정기간에 벌어들인 화폐액으로 일정기간을 단위로 하여 측정(flow)한다.

1) 국부(national wealth)와 국민소득(national income)

국부는 일정시점에 존재하는 실물자산의 총가치액으로 모든 개인과 법인, 정부의 부를 합한 것이다. 즉 국부는 국민경제전체의 건물, 기계장치, 선박, 차량, 동식물, 경작지 등의 가치를 한 시점을 기준으로 측정한 것이며, 토지, 동식물 등의 자연의 선물과 건물, 기계장치, 댐, 도로 등과 같은 자본재로 구성된다.

그리고, 국민소득은 국민경제 내 모든 가계가 일정기간동안 벌어들인 소득을 합한 것이다. 거시경제학의 주된 관심은 국민소득에 있으며, 국민소득에 주로 영향을 미치는 것은 실업과 인플레이션, 국민경제와 거시경제정책의 변화 등이다.

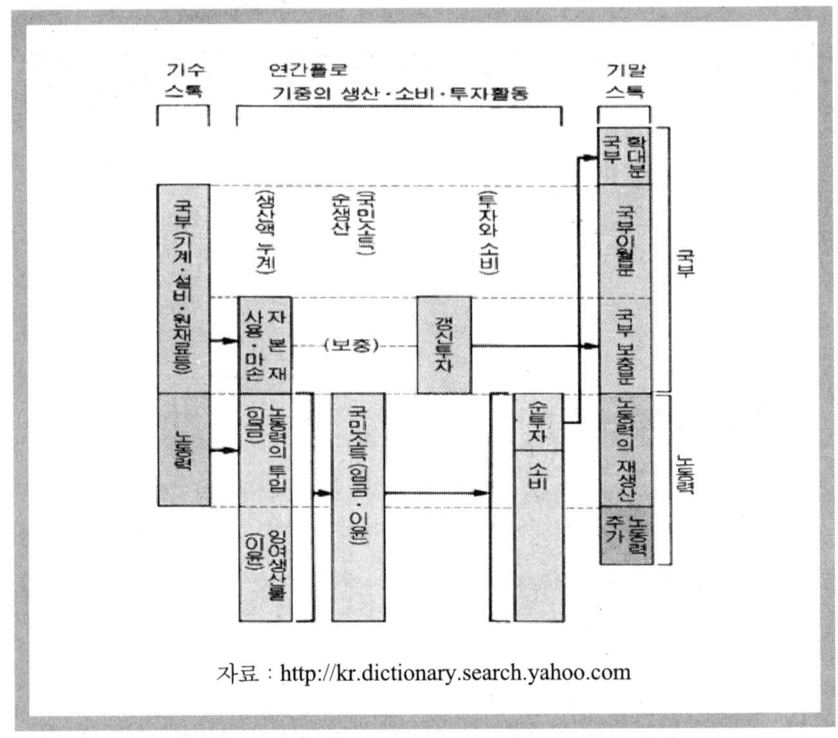

자료 : http://kr.dictionary.search.yahoo.com

[그림 14-1] 국 부

2 국민경제의 순환

국부는 자연자원과 자본으로 구성되며, 기업은 여기에 노동을 결합하여 생산 활동을 하게 된다. 이렇게 하여 기업이 생산한 상품은 중간재와 최종재로 나누어진다. 중간재는 상품의 원료나 부품으로서 또 다른 생산과정에서 사용되어지는 것을 말하며, 최종재는 최종용도로 사용되어질 수 있는 상품을 의미한다. 이 가운데 국민경제의 순환을 파악하기 위하여 분석대상이 되는 것은 최종재이다.

1) 소비(consumption)와 저축(saving) 그리고 투자(investment)

(1) 소비

소비는 개별소비형태와 국가전체의 총 소비함수로 구분되며, 가계의 소비는 주어진 소득 하에서 효용을 극대화하기 위한 최종 상품에 지출한 것을 의미한다. 이러한 소비는 총 생산량 및 고용과 밀접한 관계가 있다.

최종상품은 소비자측면에서 볼 때, 자동차, 컴퓨터, TV 등과 같이 내구성을 갖고 있는 내구소비재와 음식류 등으로 대표될 수 있는 비내구소비재 그리고 관광, 오락 등의 서비스로 분류할 수 있다.

① **소비함수** : 소비함수는 소비에 영향을 미치는 각종 요인들과 소비수준사이에 존재하는 함수관계를 말하며, 이 함수는 소비자의 소비(지출)와 실질국민소득(가계의 가처분소득)수준 사이의 관계를 나타내 준다. 이를 수식으로 나타내면 아래와 같다.

$$C = C(Y)$$

Y: 실질국민소득
C: 실질민간소비

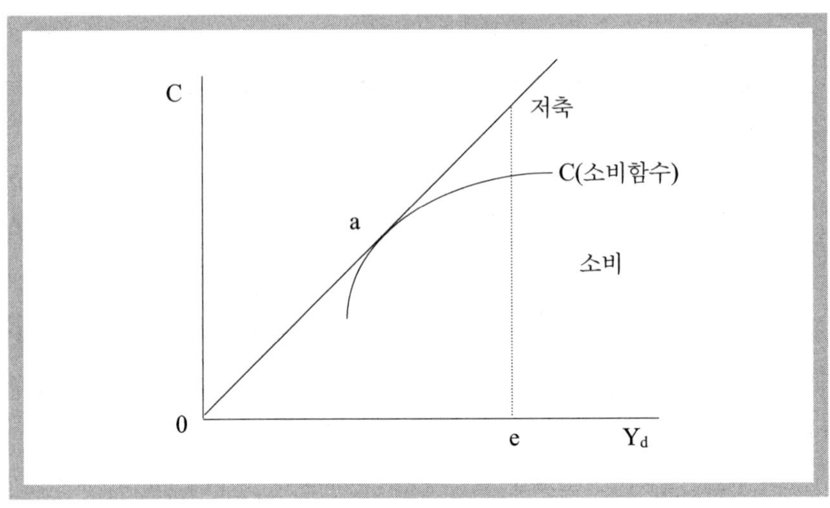

[그림 14-2] 소비함수

[그림 14-2]에서 45°선과 만나는 손익분기점 a에서는 소비지출과 가처분소득이 같아지기 때문에 소비자의 저축이나 차입이 없는 상태이다. 가계에서는 주어진 소득 하에서 소비지출을 하고 그 나머지를 저축한다고 본다.

② **평균소비성향**(average propensity to consume, APC) : 평균소비성향은 민간소비를 국민소득으로 나눈 값으로 국민들의 소비가 국민소득에서 차지하는 정도를 나타내 준다. 예를 들어, 한 국가의 평균소비성향 값이 0.78이라면 그 국민들은 국민소득의 78%를 평균적으로 소비하고 있다는 것을 의미하는 것이다. 가계의 경우에도 동일하게 적용할 수 있다.

국가전체 : 평균소비성향(APC) = 민간소비(C) / 국민소득(Y)

가계 : 평균소비성향(APC) = 가계소비(C) / 가계소득(Y)

[그림 14-3]에는 2004년 ~ 2008년까지의 각 년도 1/4분기 기준의 평균소비성향이 나타나 있으며, [그림 14-4]에는 2008년 1/4분기 기준의 가구인원별 평균소비성향이 나타나 있다.

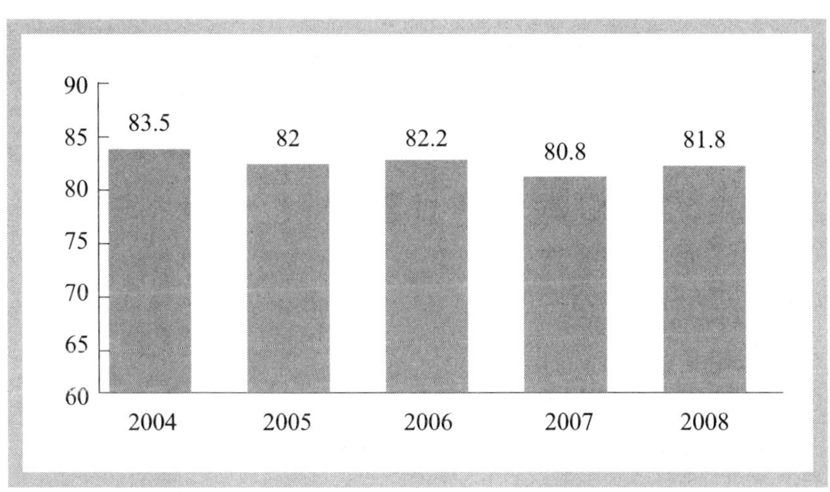

[그림 14-3] 평균소비성향 추이(2004-2008, 각 년도 1/4분기 기준)

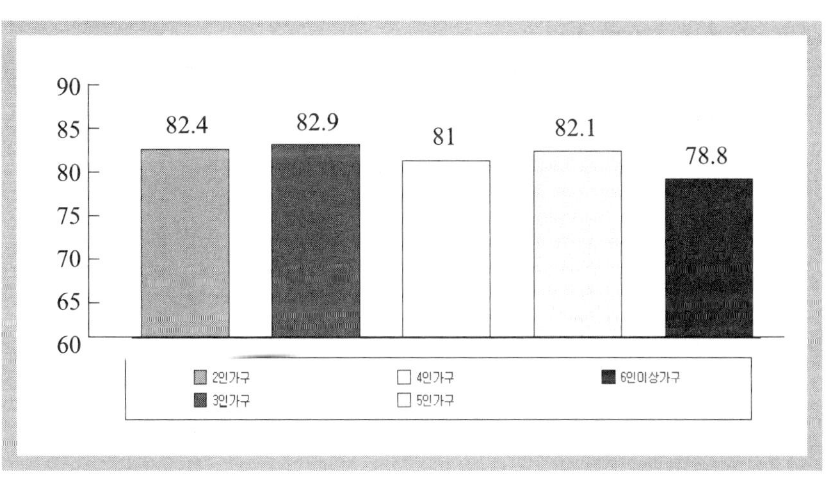

[그림 14-4] 가구인원별 평균소비성향 추이(2008, 각 년도 1/4분기 기준)

③ 한계소비성향(marginal propensity to consume, MPC) : 가계의 소비지출은 소득수준, 유동자산 및 부의 수준 그리고, 소비재에 대한 소비성향 등에 의하여 영향을 받으며, 그 가운데 가장 큰 영향을 미치는 것은 소득수준이다. 그리고 이들 요인들의 규모가 클수록 소비지출은 더욱 증가하게 된다.

만약, 소비지출에 영향을 미치는 다른 요인들이 모두 일정하다고 가정하고, 당기의 소득(Y)과 소비(C)사이의 관계를 케인즈의 소비함수로 나타내면, 아래의 식과 같이 소비는 실질소득의 함수로 나타낼 수 있다.

$$C = f(Y)$$

만약 소득을 조세를 뺀 가처분소득(Y_d)으로 본다면($Y = Y_d$), 소비는 아래의 식으로 표현할 수 있다.

$$C = a + bY(a>0,\ 0<b<1)$$

여기에서 a는 수직축의 절편으로 절대소비 또는 기초소비를 나타내며, b(△C / △Y)는 소비함수의 기울기로 한계소비성향(MPC)을 의미한다. 이를 그림으로 나타내면 [그림 14-5]와 같다.

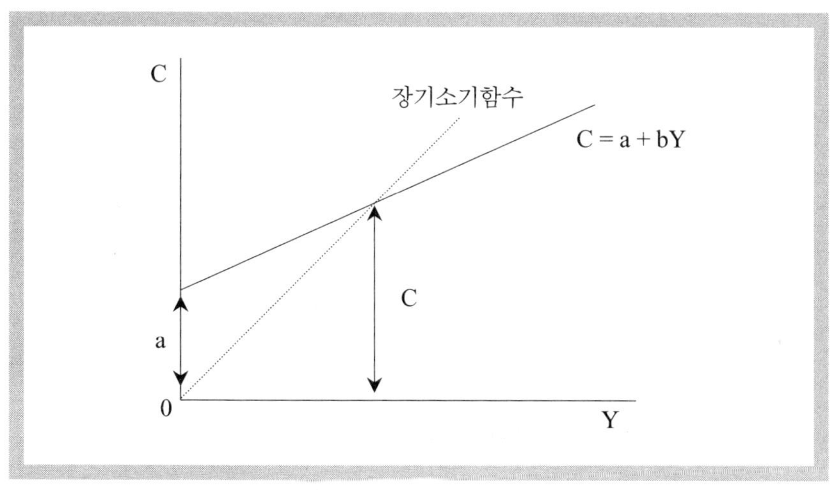

[그림 14-5] 소비량과 소비함수

(2) 저축

소득(가처분소득)을 소비와 저축으로 구분한다면, 저축은 소득 가운데 소비되지 않은 부분으로 소득의 증가에 따라 저축량은 증가한다고 볼 수 있다. 그렇기 때문에 고소득 계층일수록 소비지출도 크고 저축량도 커지게 된다. 물론, 소비와 저축은 서로 상응관계에 있기 때문에 소비량이 감소하면 저축량이 증가가 한다고도 말할 수 있게 된다.

① **저축함수** : 저축함수는 각 소득수준에 대하여 가계들이 저축하고자 하는 저축수준을 나타내며, 이때의 저축은 의도된 저축이며 실현된 저축이라고는 말할 수 없다. 저축함수는 아래의 [그림 14-6]로 나타낼 수 있으며, 식으로 표현하면 다음과 같다.

$$S = Y - C = Y - a - bY = -a + (1 - b)Y$$

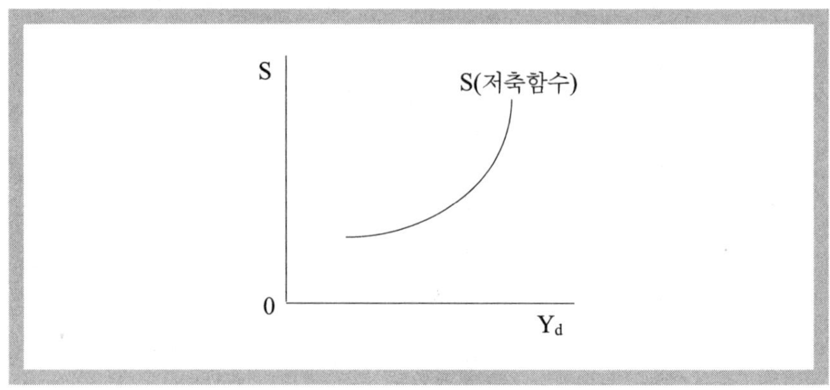

[그림 14-6] 저축함수

② **평균저축성향**(average propensity to save, APS) : 평균저축성향은 민간저축을 국민소득으로 나눈 값으로 국민들의 소비가 국민소득에서 차지하는 정도를 나타내 준다. 예를 들어, 한 국가의 평균저축성향 값이 0.22이라면 그 국민들은 국민소득의 22%를 평균적으로 저축하고 있다는 것을 의미하는 것이다. 가계의 경우에도 동일하게 적용할 수 있다.

국가전체 : 평균저축성향(APS) = 민간저축(S) / 국민소득(Y)
가계 : 평균소비성향(APS) = 가계저축(S) / 가계소득(Y)

[그림 14-7]과 [그림 14-8]에는 가계평균 저축성향과 가계소득 1분위와 10분위의 저축성향이 나타나 있다.

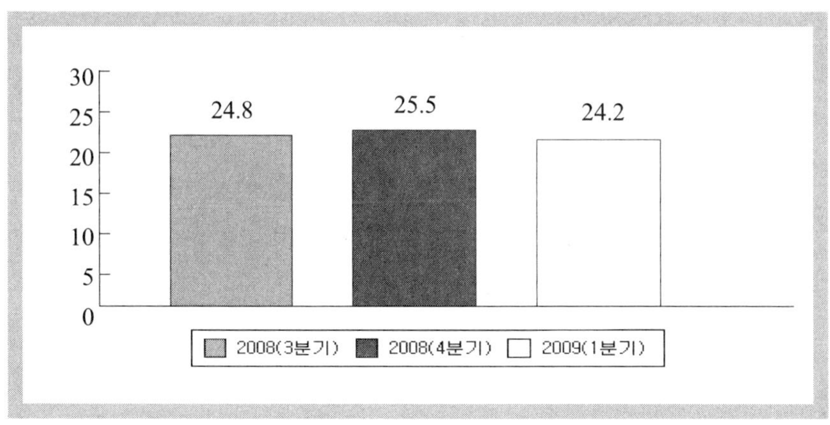

[그림 14-7] 가계평균 저축성향

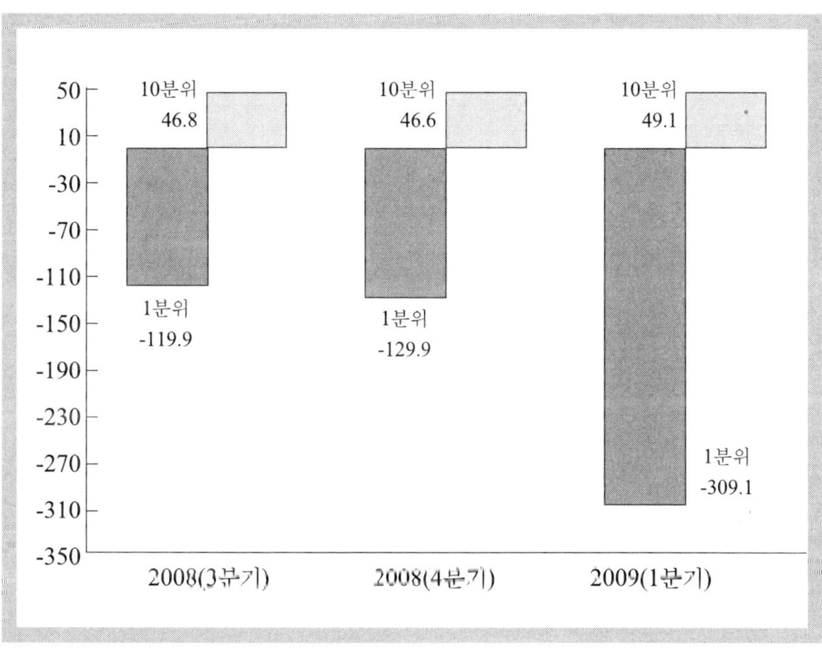

[그림 14-8] 가계소득분위별 저축성향

③ 한계저축성향(marginal propensity to save, MPS) : 위의 식에서 저축함수에서 저축함수의 기울기는 (1 − b)이고, 한계저축성향은 소득변화에 따른 저축변화를 나타내는 (△S / △Y)이다. MPS = 1 − MPC 또는 MPC + MPS = 1으로 나타낼 수 있으며, 이를 그림으로 나타낸 것이 [그림 14-9]이다. 그리고 [그림 14-10]은 소비함수와 저축함수의 관계를 나타낸 것이다.

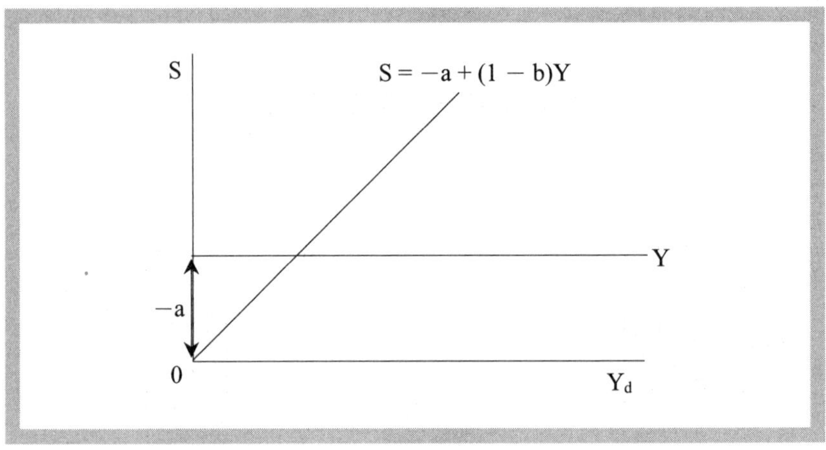

[그림 14-9] 한계저축성향

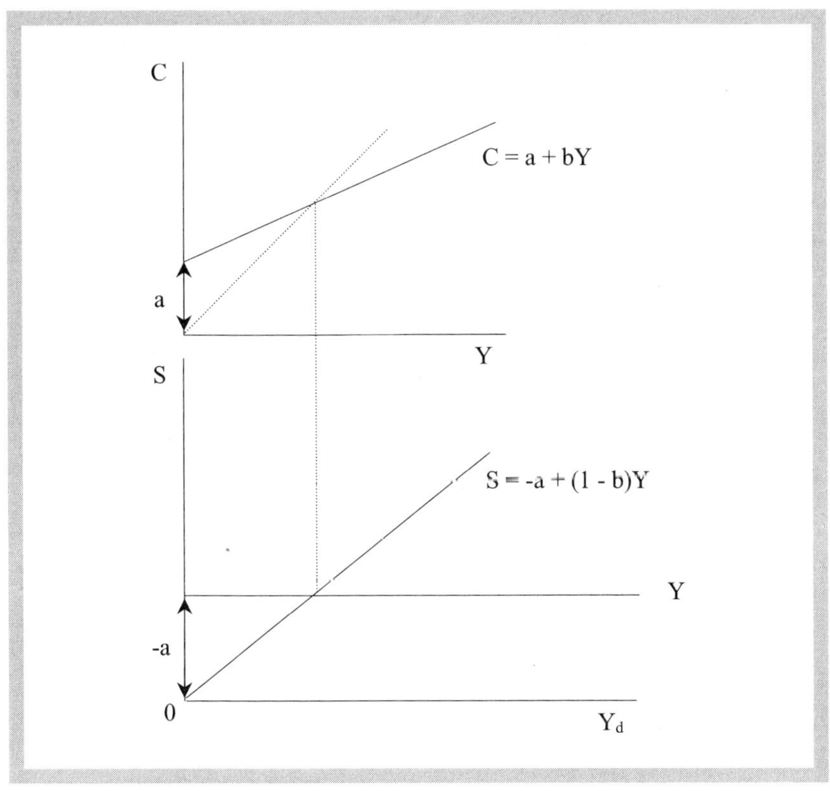

[그림 14-10] 소비함수와 저축함수의 관계

(3) 투자

투자는 자본재의 증가 또는 유지를 위하여 여러 가지 자원을 사용하는 것, 즉 기업이 생산시설 확장이나 상품생산을 위해 원료나 부품을 구입하는 것을 말한다. 이와 같은 투자는 총수요, 산출량 및 고용에 영향을 미치며, 효과적인 투자의 결과는 자본축적을 유발하고 결과적으로는 경제성장을 가져온다.

① **민간투자** : 민간투자에는 공장건설과 기계구입 등 기업의 설비투

자(fixed investment)와 기업과 가계의 주택투자(housing investment), 그리고 원재료 및 제품재고와 생산과정에 있는 제품 증가를 가져오는 재고투자(inventory investment) 등이 있다.

② **투자결정에 미치는 요인** : 투자결정에 미치는 요소로는, 총소득의 변화, 이자율, 그리고 기술변화 및 신제품, 신산업 출현 등이 있다.

③ **투자의 한계효율**(marginal efficiency of investment, MEI) : 투자의 한계효율은 새로이 투자된 자본의 추가적인 단위로부터 기대되는 순수익을 그 자본비용과 일치시키는 할인율이다. 그리고 이것은 새로운 자본의 추가이기 때문에 한계라고 부르며, 비용에 대한 기대수익률이기 때문에 효율이라 부른다.

[그림 14-11]은 이를 그림으로 나타낸 것이다.

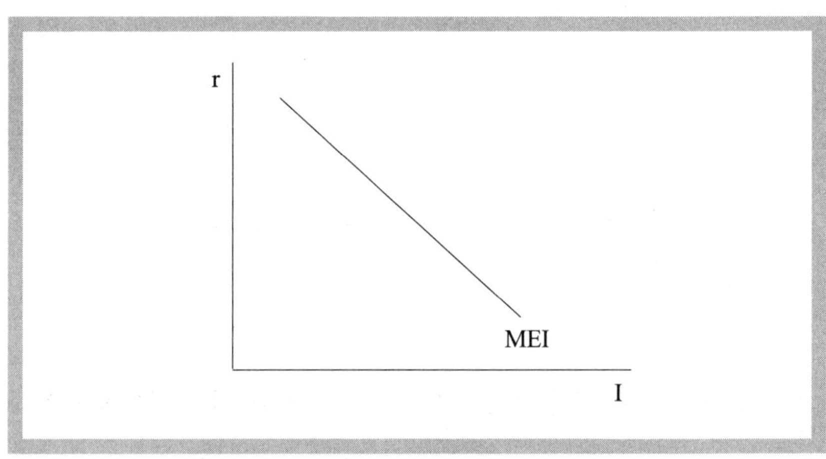

[그림 14-11] 투자의 한계효율

일반적으로 투자의 수익은 투자수익률이 시장이자율을 초과하는 한 발생한다고 본다.

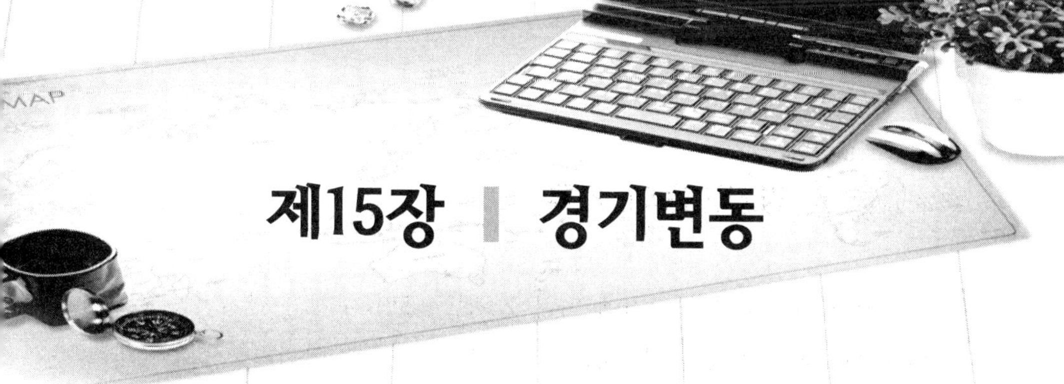

제15장 ❙ 경기변동

1 경기변동의 의미와 요인

1) 경기변동의 의미

한 국가의 경제는 국민소득, 고용, 물가, 이자율 등 여러 경제변수들이 상호작용하여 변동되어 간다. 이와 같은 경기변동은 주기성을 가지고 있는 어느 정도 규칙적으로 올라가고 내려가는 경제활동의 변동형태를 의미한다.

2) 경기변동요인

경기변동은 일반적으로 3가지의 변동요인에 의하여 변동한다고 본다. 그 첫째 변동요인은 기술발전, 기업의 투자, 원자재가격의 변화 등의 실물의 변화이다. 두 번째는 중앙은행이 시장의 화폐량을 조절에 의한 것이며, 세 번째는 원자재가격의 변동이나 국외 금융시장의 변동 등에 의해서 나타나는 해외요인에 의한 것이다.

2 경기변동의 종류

경기변동은 주기의 크기에 따라 2.5년 ~ 5년 주기의 단기변동, 5.6년 ~ 11.2년 주기의 중기변동, 50년 ~ 60년 주기의 장기변동으로 구분하며, 각각의 변동을 발견한 이들의 이름을 붙여 Kitchin's waves, Juglar's waves, kondratieff's waves라 부른다.

1) 단기변동

가장 주기가 짧은 변동이며, 기업의 적정재고와 실제재고와의 차이를 조정하는 과정에서 발생한다고 보아 재고순환이라고도 한다. 소매상, 도매상과 생산자는 장래의 판매를 대비하여 항상 적정수준의 재고를 유지하려고 한다.

만약 수요가 줄어 판매가 부진하게 되면, 소매상과 도매상의 재고는 적정수준을 초과하게 되어 이들은 생산자에 대한 상품주문을 줄이게 되므로 기업의 생산은 감소한다. 결국, 기업에서는 고용감소를 선택하게 되어 근로자들의 소득은 감소하게 되며, 경기는 수축국면 진입하게 된다.

또, 고용과 소득의 감소는 소비수요와 투자수요를 더 줄어들게 하므로 재고는 감소하여 생산활동을 더욱 위축시킨다. 이렇게 된다면 경기는 누적적으로 더욱 침체기로 빠져들게 된다.

반대로 상품수요의 증가 시에는 소매상과 도매상은 재고가 줄어들어 판매량을 고려하여 주문을 증가하므로, 기업에서는 생산 및 고용의 증가현상이 발생하여 근로자들의 소득은 증가하게 된다. 이에 따라 소비는 증가하고 상품재고는 감소하게 되어, 소매상과 도매상은 다시 적정재고를 넘어서 재고확보를 위해 노력하게 된다. 그 결과 상품판매량은 지속적으로 증가하여 경기는 확장기로 진입하게 될 것이다.

2) 중기변동

중기변동은 가장 중심적인 변동으로 주변동이라고도 한다. 중기변동의 주요 변동요인은 기업의 설비투자 변동이다. 설비투자는 총수요의 증가요인이면서 동시에 공급능력도 증가시킨다. 경기확장국면 이후 노동력 공급부족 등으로 총체적인 경제활동의 증가가 한계에 도달하면, 총수요는 감소하여 설비투자의 감소를 초래하기 때문에 경기는 수축되며 수축국면이 진행된 일정기간 후에 대체투자를 위한 설비투자는 다시 증가하여 회복국면으로 진입하게 된다.

3) 장기변동

장기변동은 약 50 ~ 60년 주기로 하는 경기변동으로 영국, 미국, 프랑스, 독일 등의 실증분석에 의한다면 약 40년을 주기로 장기변동을 경험하였다고 한다.

3 경기예측

복잡한 경기변동의 형태를 일반적으로 일파벳 글사를 이용하여 설명한다.

1) V자형 경기변동

V자형 경기변동은 경기의 변동이 빠르게 변동하여 반전되는 형태로 한국경제를 설명할 때 주로 사용한다. V자형의 경기변동(회복)이 있기 위해서는 그 나라의 경제규모가 일반적으로 작아야 한다.

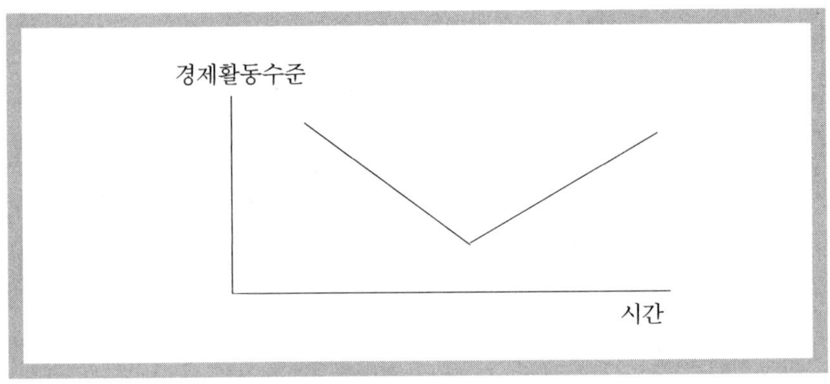

[그림 15-1] V자형 경기변동

2) U자형 경기변동

V자형 경기변동보다는 상당기간 밑바닥을 다진 뒤 회복을 나타내는 유형으로, 2000년대, 한국의 경우 U자형 경기를 나타낼 것으로 예측하는 전문가들이 다수 있다.

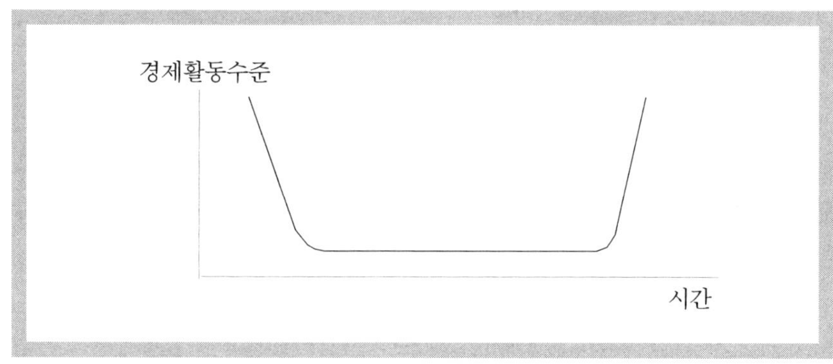

[그림 15-2] U자형 경기변동

3) L자형 경기변동

L자형 경기변동은 경기침체 후 그 기간이 장기화되는 경우가 해당한다. 일본은 1990년대 진입하면서 경기침체기에 빠져들어 10년 이상 침체기를 거친 경험을 갖고 있다.

이러한 경기변동에 한번 빠져들면 헤어 나오기 힘들고 많은 사람들이 불행해지는 것이 특징이다.

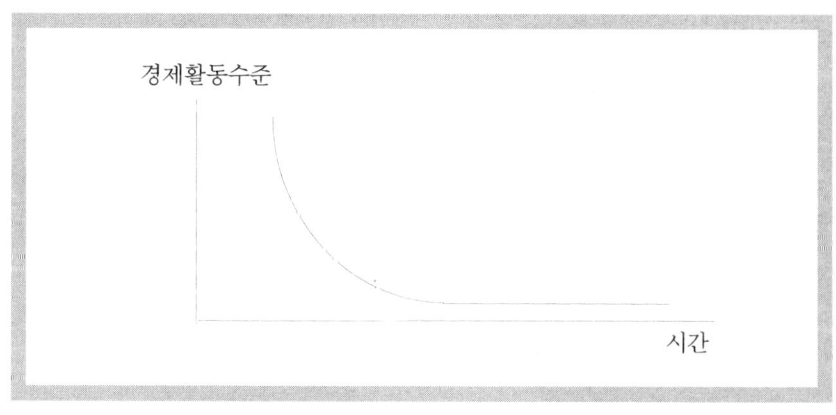

[그림 15-3] L자형 경기변동

4) 바나나형 경기변동

바나나형 경기변동은 바나나를 뉘어 놓은 것과 같은 모양의 형태로 V자형보다는 빠른 회복이 나타나지는 않지만 U자보다는 빠른 회복을 나타내는 경우의 경기변동을 말한다.

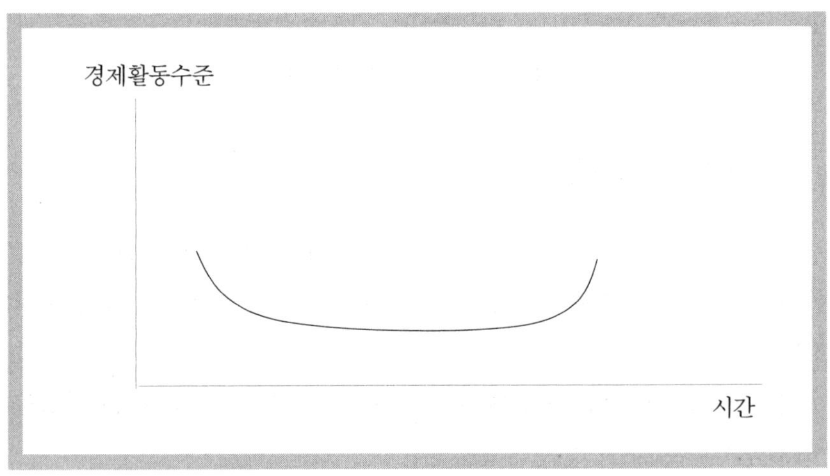

[그림 15-4] 바나나형 경기변동

5) W자형 경기변동

W자형 경기변동은 바닥을 두 번치는 더블 딥(double dip)의 형태로 경기가 침체국면에서 회복할 조짐을 보이다가 다시 침체국면으로 빠져드는 형태이다.

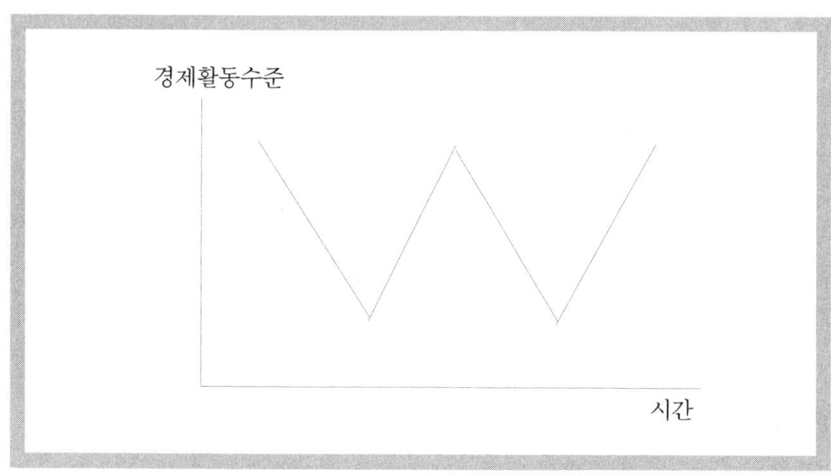

[그림 15-5] W자형 경기변동

4 경기의 경착륙과 연착륙

1) 경기의 경착륙(hard-landing, 불시착)

경기의 경착륙은 비행기가 활주로에 부닥쳐 부수어질 정도로 거칠게 착륙한다는 의미를 갖고 있으며, 비행기의 바퀴는 활주로에 닿을 때 덜컹덜컹 심하게 흔들리므로 비행기내부의 사람들과 기체에 좋지 못한 영향을 미치게 된다. 즉, 소비자 · 기업 · 정부 모두 좋지 않은 영향을 미치게 되는 것으로 한국의 1997년 IMF외환위기의 경우가 이에 해당한다.

경기 경착륙의 기준은 경제성장률, 물가, 실업 등의 거시지표에 의해서 만들어진다. 실질성장률이 잠재성장률에서 어느 정도의 격차가 있는가를 판단하며, 실질성장률이 잠재성장률을 밑도는 상태를 경착륙의 상태라고 한다. 이에 따른 효과는 주가폭락, 실업자 급증, 내수 · 수출 급감 등으로 나타난다.

2) 경기의 연착륙(soft-landing)

경기의 연착륙은 비행기가 활주로에 부드럽게 내려온다는 의미를 갖고 있으며, 비행기가 적정속도로 사뿐히 착륙하는 경우에 해당한다. 즉, 경기가 좋지 않더라도 소비자, 기업, 정부에게 커다란 충격을 미치지 않게 된다. 이에 따른 효과는 주가 완만한 하락, 성장률 둔화, 실업률 다소 증가 등으로 나타난다.

찾아보기

ㄱ

ㄴ

ㄷ

ㅈ

ㅊ

ㅌ

ㅍ

저자 약력

■ 조 현 수

- 아주대학교 경제학과 경제학사
- 단국대학교 일반대학원 경제학석사
- 일본 히로시마수도대학 대학원 경영학석사
- 일본 히로시마수도대학 대학원 상학박사
- 현 재
  - 평택대학교 무역학과 주임교수
  - 한국지역경제학회 상임이사(편집위원장)
  - 한국통상정보학회 상임이사

<저서>

- 세계화와 국민경제(공저), 기초경제의 이해,
  기업경영의 이해(청목출판사) 외 2권

■ 황 희 정

- 한양대학교 경영학과 경영학사
- 단국대학교 일반대학원 경제학석사
- 단국대학교 일반대학원 경제학박사
- 단국대학교, 경원대학교, 평택대학교 등 강의
- 현 재
  - 정·경제무역연구소 소장 및 대림관리회사 대표이사
  - IAGBT 학회 상임이사, 국제지역경제학회 이사
  - 경희대학교 일반대학원 호텔관광학과 박사과정

<저서>

- 새경제학원론(법문사), 기업경영(다사랑),
  국제통상이론 및 정책(범한서적), 경제원론(범한서적),
  국제금융(범한서적) 등 공저

인 지

Point 경제학 입문

초 판 1쇄 발행 — 2010년 2월 25일
초 판 2쇄 발행 — 2014년 8월 15일
지은이 — 조 현 수 · 황 희 정
펴낸이 — 전 두 표
펴낸데 — 도서출판 **두남**
서울시 강동구 성내로6길 34-16 두남빌딩
신고 : 제25100-1988-9호
TEL : (02) 478-2065~7, 478-2311
FAX : (02) 478-2068
E-mail : dunam1@unitel.co.kr
http://www.dunam.co.kr

정가 14,000원
ISBN 978-89-6414-038-3 93320